国家社科基金项目 (编号 :15CJY004)

李青果 著

沈从文的双城记

从文学边城到学术边城

中华书局

图书在版编目(CIP)数据

沈从文的双城记:从文学边城到学术边城/李青果著. —北京:中华书局,2024.12. —ISBN 978-7-101-16910-2

Ⅰ. K825.6

中国国家版本馆 CIP 数据核字第 20249NG547 号

书 名	沈从文的双城记:从文学边城到学术边城	
著 者	李青果	
责任编辑	王贵彬	
装帧设计	刘 丽	
责任印制	韩馨雨	
出版发行	中华书局	
	(北京市丰台区太平桥西里 38 号 100073)	
	http://www.zhbc.com.cn	
	E-mail:zhbc@zhbc.com.cn	
印 刷	北京盛通印刷股份有限公司	
版 次	2024 年 12 月第 1 版	
	2024 年 12 月第 1 次印刷	
规 格	开本/920×1250 毫米 1/32	
	印张 9¼ 插页 2 字数 220 千字	
国际书号	ISBN 978-7-101-16910-2	
定 价	68.00 元	

目　录

上编　文人与学者

序一 跨越文学史与学术史的鸿沟

吴承学

　　李青果完成新著《沈从文的双城记：从文学边城到学术边城》，问序于余，我欣然应命。

　　回想起来，我和青果相识已近三十年了。1996年青果考入中山大学中文系，攻读中国现当代文学专业硕士学位，我当时负责中文系的研究生工作。开学时，我给新生讲话，说道：有些同学虽然出版过书籍，但入学后也要以从零开始的心态，接受系统和严谨的学术训练。这话是以青果为例的。他喜欢写文章，在本科阶段就发表过现当代文学批评的文字；本科毕业后不久，出版了评论集《诗歌理解》。这在硕士新生中颇为颖出。读硕期间，他学习非常刻苦，读书甚多，写作甚勤，善于选题，文章写得颇有灵气，在《读书》杂志发表了两篇文章。《读书》的作者名家很多，一个硕士生能在上面发表文章颇为不易。

　　青果有着丰富的编辑经验。他本科毕业后在广西文联学术刊物《南方文坛》担任编辑，硕士毕业后一度任职广州花城出版社，在中山大学攻读中国现当代文学专业博士学位期间，还在《中山大学学报》兼事文学学科编辑。那时他还很年轻，同行对他也不熟悉。当时高校学报界有一个望文生义的传闻，说《中山大学学报》有个年轻漂亮的女编辑叫"青果"。其实，青果是湘西人，他身材高大健壮，又善饮酒，有些蒙藏血统，外貌颇具康巴汉子粗犷味道。但他办事细致缜密，感情也非常丰富，甚至多情善感。

2007年，我受学校之命，兼任中大学报社科版主编，次年青果博士毕业，在学报的工作由兼事变为专职，我们的关系从师生变成同事。2012年他开始担任主编助理，2014年升任副主编，2021年当选为第十一届广东省高等学校学报研究会会长。我在中大学报工作的十余年间，和青果有了更多的交集。2008年，中大学报社科版在学校领导的支持下，为了提高办刊质量，增容学术和扩大交流，进行了较大规模的改版、扩版；制定了以"体现中国特色学术"为目标的办刊旨趣，对封面、版式、印制进行了焕然一新的升级优化，并采用新的文献注释规范，篇幅也由原来的128页扩版到208页，成为当时国内尚不多见的大型学术期刊。中大学报社科版的新思路、新风貌，一时间引起同行与读者的广泛关注和支持，在二次文献转载方面，很快从排名较后跃居全国高校学报的前列。在编委会与编辑部同仁的努力下，中大学报社科版入选教育部名刊工程、首批国家社科基金重点资助期刊，连续三届获评"全国百强报刊"。在此过程中，青果和社科版编辑团队一道，承担了大量的具体工作，他的贡献是突出的。

当时，我对中大学报社科版编辑团队提出"敬畏学术、理解学术、服务学术"的要求。理解学术和服务学术，需要和一流学者对话，这就要求编辑具有学者的素质，要了解何谓第一流的学术,何为有价值的前沿问题。有此素质的编辑才能具备敏锐的判断力,才能有与前沿学者对话的能力。青果正是努力地成为这样一名学者型的编辑。

青果的读书很杂,可称杂家,这很合适当编辑,而他的学术研究,也正是在"杂"的基础上走向"通"的。我对一篇稿件的印象很深。当时学报开设了一个"中山大学与现代中国"专栏。2010 年,由中山大学地理学者参与的"中国丹霞"成功申报世界自然遗产,我希望有人从现代学术史的角度对此加以研究,发表在专栏上。关于"中国丹霞"的稿件有一定的时效性,时间非常紧迫。但据了解,研究历史的学者对于地理学不太熟悉,兴趣也不大,而研究地理学的学者对撰写学术史又不很在行,所以一时物色不到合适的作者。在我颇感为难之际,青果请缨,很快就撰写了一篇《中山大学地理学者的丹霞地貌研究》。此文从上世纪 20 年代写起,阐述从丹霞地貌的发现、命名和研究,到"中国丹霞"的申遗成功;从学术研究带动地质景观美学价值开发推广,到以争取中国丹霞世界自然遗产彰显其地理学意义,凝聚了近百年中大地理学者的才学心力。这篇论文成为中山大学学术史的重要文献。后来知道,青果之所以请缨,是因为之前他在阅读哲学家冯友兰、文学家冯沅君的时候,了解到中国第一个研究丹霞地貌的中大地理学者冯景兰,和他们是弟兄关系;冯友兰写有《回忆吾弟景兰的一幅中国画》,描述的正是关于丹霞的风景。青果在接触史料的过程中,还发现几代中大地理学者大多精于绘事,工于诗书,由"地学"到"地景",他们的科研成果往往挥洒成一篇篇美文。这种"科学研究中伴随着美的欣赏,美的欣赏又以感性情怀增益对于学术的理解,乃证才情与学术贯通之妙"〔李青果:《中山大学地理学者的丹霞地貌研究》,《中山大学学报(社会科学版)》2011年第1期〕,是符合青果的兴味的。其实,青果发表的学术论文,在分科设卷的《中国人民大学复印报刊资料》上,被《中国现代、当代文学研究》转载过,也被《中国古代、近代文学研究》转载过,还被《考古学》转载过。

我逐渐体会到,由"杂"而"通"的学术视野,打通学术与文学的边界,正是青果独特的学术追求。从2005年开始,青果就着手学术变迁与文学发展的研究课题。2013年他出版专著《学术变迁与近代文学的中国想象》,指出近代文学赓续古典中国"学文一体""学者与文人一体"这一传统,在古典学术的内部转移和西学东渐的外缘影响下,学术变迁对文学转型和民族性文学生产具有直接的推动作用。这部著作探讨近代学术变迁与文学转型,触到了中国文学古今衍变的"内生性"问题,涉及古典中国学与现代中国学的连续性,丰富和拓宽了近现代文学研究的方法和视野。

青果的新著《沈从文的双城记:从文学边城到学术边城》(下简称《双城记》)更是自觉而鲜明地张扬跨越学术与文学边界的旗帜。他在书的前言中说:

> 沈从文创作了一部文学的《边城》,又创造了一座学术的"边城"。这个学术的"边城",就是他的物质文化史研究。这使他的文学创作和学术研究出现了"跨界"现象,事实上却是他接榫于古典中国"学者而兼文人"的传统,并成为这个传统在现代中国的一道亮丽风景。

《双城记》以"文学史"与"学术史"的融合视野,梳理沈从文的人生道路及其文、学跨界交织的轨迹,研究沈从文的文学创作和学术研究发生的深刻紧密联系,阐发跨越文、史的现象在中国现代学术文化上的价值和意义。

在中国人文传统中,学术、义理、考据、辞章本就浑然一体。近代以来,作家趋于独立,尤其是分科治学以后,文人与学者渐至两分。但是传统的回力依然强大,推动不少作家或以学术滋润文学,或从文学复归学术,体现了文学与学术的反复"纠缠"。沈从文所处的时代,是古今折冲、中西碰撞的时代,旧学和新知,不同程度地汇集在这个时代的人物身上。早于他的梁启超、王国维、鲁迅、周作人、胡适、陈寅恪、郭沫若,和他基本同时的朱自清、闻一多、陈梦家、钱锺书、林庚、施蛰存等,都在学术上、创作上和旧学新知发生各种各样的联系。青果把沈从文的文学与学术放到这个独特的中国文化语境中,互相映照,显示沈从文的"双城"现象并非个别、孤立的案例,而是具有普遍而深刻的学术史意义。

在一般读者的心目中,沈从文文学创作的影响远大于学术研究。其实,他在学术上取得的重大成就可与他的文学成就双峰并峙。史学家蔡鸿生在《中国学术三名著》文章中,曾以当代三部中国学术名著为例,分别说明不同的学术路径与研究方法:钱锺书的《管锥编》是"中西打通",陈寅恪的《柳如是别传》是"知人论世",而沈从文的《中国古代服饰研究》,则是"以物证史"。这虽是一家之言,但把沈从文与陈寅恪、钱锺书并论,仍可见其学术研究的方法与成就具有代表性。

沈从文从文人转型为学者的历程,似乎冥冥中有一种命运的齿轮在转动。青果的《双城记》，就是力图去追寻与解释这种看似宿命历程的底层逻辑和内在驱动力。沈从文把"五四"新文学与20世纪新学术绾合一身，这种因缘际会不仅取决于他的天赋和兴趣，也是由时势与命运所推动的。在青果的笔下，这一历史既关乎沈从文对其安身立命事业一以贯之的预设和想象，也关乎时代变迁提供的压力与助力。可以说，在沈从文身上，文学与学术的双轨并进是和他的自我选择与时代语境分不开的。

《双城记》视野融通。它把沈从文置于20世纪学术变迁中进行考察，揭示其身份转型"渊源有自"。通过揭披史料，观察沈从文在清末民国以来的古史新证、二重证据、整理国故、古史辨、民俗学运动、美术考古等学术思潮中表现出来的心态、心志和作为，描写他的"学术养成记"。由于不囿于以书证书，沈从文重视实物（文物）证史，也因为爱好工艺美术，沈从文取向于美术考古。而文物的制作者主要是代表下层文化的普通民众，这使沈从文在20世纪50年代唯物主义、人民史观成为主流之后，很快适应潮流，把劳动人民的物质文化创造作为研究对象，启疆拓土，取得丰硕成果。沈从文其实一向"预流"于现代中国新学术。这对于他文学创作的影响，是他在进行学术准备的同时，以取法绘画、雕刻、玉器、瓷器等古代文物精致纯粹的审美精神，形成创作上的技巧和风格，使其作品具有"文画同一"的鲜明特色，创造出如诗如画的美学意境，并表现出同情下层劳动人民的价值取向。这样的论述颇有发覆之功。

学术研究的基础是材料。学术创新既需要发现新材料，也需要重建视野，释读常见材料，有所"发明"。《双城记》有许多精彩的发现和论述,就主要得益于作者独到的学术史视野。在学术史视野的范围之下,有关沈从文的一些常见材料的本义被激活,一些虽"目寓"而实"不见"的材料被发现并且呈现新的含义,因此可以提出新问题,进行角度新颖的解读与阐释,从而得出新结论。沈从文身份转型的"具体情节"就是这样被叙述出来的。青果利用沈从文不同时期的三个自传,在文本对照之间细致委曲地钩沉出沈从文从青年时期就立定的学术志向和树立的学人品格,由隐伏到显豁终至于完形的过程,是让人信服的。又如沈从文在西南联大讲谈文学之际,往往旁逸斜出,以绘画、雕刻、瓷玉、丝帛等的治艺过程为文学创作的取法和准则,青果看到的是沈从文在文物世界的浸淫之深和学者身份的日趋自觉。只有在文学史与学术史的视野融会之下,才能彰显出材料细节的特别意义。在漫长的岁月里,沈从文在各种文献如书信、自传、小说、诗歌、散文、讲演、访谈中,不时抒发古代文物对于他文学创作发生的深刻影响,他建构的"双城",就散置在这样杂而多的"建筑材料"之中,等待着研究者去发现、提炼和重组,去作通观的研究。

《双城记》面对的材料是跨学科的:文学、史学、金石、博物、考古、书法文字、工艺美术等,研究者需要具备相应的跨学科知识背景和储备。沈从文曾说他是由读杂书而具备了种种杂知识,青果读书也杂,在文史学术方面有一定的基础和常识,由他来研究这样的沈从文,可谓解语人。所以青果能贴紧作品和人物进行研究,尽量拉近与研究对象的距离,以意逆志,对沈从文使用多种资源和手段构建起来的文学世界产生同情之了解。比如讨论"宋人画本与《湘西》的抗战叙事",青果从沈从文描写的风景与绘画、历史典故与当前时事的对话中,读出隐伏其中的深意;又从古代画史、画论传统,发掘出作家的写作寄托。20世纪70年代沈从文下放咸宁五七干校,曾以五言古体撰写"文化史诗",生产出一批富有特色的诗体学术论文,研究它们需要文学史、文化史、艺术史等多种知识背景,缺乏相关的知识,很可能无从下手。青果论定这些诗歌既表现了沈从文的学术创新和对古典诗学的敬重,又为当代诗歌贡献了新的品种。在这里,他的杂知杂识发挥了融通的作用。

青果从杂识寻绎融通,得以从多种材料中建构视野,沈从文的虚实作品、人生轨迹和世事变迁都成为他研究的"文本"。在文本和文本、文本和语境之间,进行比较周密的排比对照,钩沉索隐,拼合出揭开问题的证据链,这是《双城记》贯彻始终的一个思路与方法,对于解释发生在沈从文身上的诸多现象颇为有效。仅举一个小例:青果在研究1949年沈从文自杀事件的时候,是把这一事件和沈从文自杀之前写作的表示其有志于从事文物研究的自传《关于西南漆器及其他(一章自传——一点幻想的发展)》,和自杀之后民主进步人士袁翰青参观沈从文用力甚深的北大博物馆,并致信鼓励沈从文投入新中国博物馆事业,合观并读,组合起来进行研究的。这样就在文本、时势和人事之间建立了有机联系:沈从文是"以书言志"之后又"以死明志",从而引起有关方面的注意,机缘成熟,促成他人生命运的转换。这是仅依据于当时的政局变化来研究沈从文身份转型所难以做到的。它显示沈从文在其身份转型上的主动性,是对"沈从文转型之谜"作出的新解释。

青果的《双城记》通过研究沈从文在文学与学术上的历程,

解答了沈从文何以成为沈从文这样的看似简单实则纷繁的问题。他的基本结论是沈从文在文学创作的同时一直进行着学术准备，两者是互相影响的。沈从文的创作手法和审美理想浸润着他学术积累时期的一系列心绪，其对古代文物制作技艺的学术理解影响了他的文学观念，是形成他具有自家面目的文体风格、文学旨趣的重要因素。已有文学史著述的理论和方法尚不能对此予以很好的整理和复原，文学史叙述与"真实"的沈从文之间还存在一定的罅隙，《双城记》通过视野融合和史料重组，尽可能地接近丰富驳杂的历史实相，树立起沈从文作为文学家和学问家的立体形象。

我读了《双城记》，掩卷而思，引发了一些联想。

如果从"五四运动"算起，现代文学史也不过百余年，在悠久的中国历史中，只是一瞬之间耳。但是，历史的重要性并非由时间的长短来衡量的。有些平庸的历史时段或者历史的垃圾时间，并无多少学术分量。现代中国的时间虽不长，但正处于古今中外风云际会之时，学术研究方法极为活跃，学术视野相当开阔。现代学者之杰出者往往能融汇古今之变，贯通中外之学，在更大的学术空间中讨论文学。现代中国学学者有强烈的问题与方法意识，接连不断推出一系列新问题、新方法，故可为治中国古典学者所借鉴。作为一名中国古典学学者，我一直关注中国现代学的研究。我认为，现代中国研究是古典中国研究的强大助推力，在许多方面都具有重要的借鉴意义，比如，跨越文学史与学术史的鸿沟，这正是我读李青果《双城记》的最大受益与启示。

2024 年 6 月 30 日于美东波士顿

序二　纯文学与大文学的"双城记"

李　怡

青果兄的著作《沈从文的双城记:从文学边城到学术边城》即将付梓,来信希望我撰序,这让我深感惶恐,因为我从来没有踏足过沈从文研究,在这方面指手画脚,显然就会贻笑大方。但青果兄提其要而认为:他的这项研究搭建文学史与学术史交叉视野,阐述沈从文在文人和学者之间穿插位移的踪迹,以及治学与文学的关系,或许合乎李老师倡导的"大文学(史)"。这似乎打动了我,因为沈从文的选择和命运,的确引发了我对于"大文学"之于现代作家历史命运的感触和思考。

我是从20世纪80年代走过来的,夏志清《中国现代小说史》的冲击至今记忆犹新,就是这部文学史将"纯文学"的评判方式公开标举,引发了"重写文学史"的历史潮流。沈从文和张爱玲的作品一起成为百年中国文学的重要经典,中国现代文学史的格局从此为之一变。特别是沈从文,他在我们熟悉已久的"政治"逻辑之外另筑"希腊小庙"供奉人性,抗拒商业文明与都市文明对乡村的侵蚀,讴歌自然人性,书写田园牧歌,以"文体家"的艺术品位营造自己的文学艺术理想,强调"不管是故事还是人生,一切都应当美一些"(《看虹摘星录·后记》),在那些沉浸在艺术梦想中的青年学子心目中,几乎就是神一般的存在。然而,众所周知的事实却是,就是这位不相信"政治"的艺术筑梦人,恰恰在历史波诡云谲的变幻中,无可置辩地被卷入了政治的旋涡,而且是在政治的方向上获得了历史性的定位——"桃红色作家"。来自批评界的判断也是政治性的:"存心不良,意在蛊惑读者,软化人们的斗争情绪",是"有意识地作为反动派而活动着"(郭沫若:《斥反动文艺》)。当然,拉开历史的距离,这样的判断和定位都可以再审视,再掂量。只是,这样巨大反差的存在无疑又提醒我们一个重要的现象:在现代中国,所有纯文学、纯艺术的幻想都很难独善其身,它们时刻都在接受现实世界的严峻检测和挑选,沈从文的命运不过只是其中的一个代表性案例。

当然,除了历史或他者的检测和挑选,也有作家们自己的不断抉择和调整。例如现代中国"纯文学"旗帜最早的揭橥人是鲁迅,他留日时期的文言论文已经早早阐发了"纯美术"(即纯文学)的理想。但"为了人生"的鲁迅,在从小说到杂文的走向上,最后跳出了"艺术之宫",融杂文学的传统和文体家的艺术于一炉,展开了全新的"大文学"实践。

就这样,"大文学"成为了认知现代中国文学的一种基本形式,它不仅解释了纷繁复杂的文学现象,而且帮助我们读解"纯文学"理想的源起和历史限制性。所以,从上世纪初年,"大文学"概念自日本引入中国开始,我们对于中国现代文学发生发展和历史演变的许多描述,都可以纳入到这一框架之中。有学者考证:"早在 1909 年,日本学者儿岛献吉郎就曾经出版过一部《支那大文学史》，这恐怕是'大文学'这一名称见于学术论著的最早例证。稍后谢无量于1918年出版的《中国大文学史》，则将文字学、经学、史学等，都纳入到文学史中，有将文学史扩展为学术史的趋势，故其'大'主要表现为'体制庞大，内容广博'。这里的'大文学史'虽与第一阶段的文学史写作没有本质的差别，但这一名称的提出对于后来的文学史研究者却无疑具有启示意义。"（刘怀荣：《近百年中国"大文学"研究及其理论反思》，《东方丛刊》2006年第2期）在我看来，谢无量提出"大"，乃是有感于五四时期西方"纯文学"的定义无法容纳中国固有的写作样式，以"大"扩容，方能将固有的庞杂的"文"类纳入到新近传入的"文学"范畴。《中国大文学史》的出现，形象地说明了两种"文"（文学）概念的冲突，"大"是一种协调、兼容的努力。

那么，像沈从文这样的艺术梦想人是不是一生都陷落在"纯文学"的想象之中呢？其实也不是。联想到沈从文后半生跳出文学，转入文物工作这一重要史实，并结合他一生的趣味和追求，也依然如此。青果兄的著作为我们揭示了发生在沈从文身上的文学与学术交织共生的"双城"现象，作为作家的沈从文与作为学术研究者的沈从文如何并存，如何互动，书中都作出了相当细致的考察与阐释。由于引入了学术史视野，一些沉默的史料开始说话，若干草蛇灰线逐渐清晰。原来沈从文的学术准备、积累与研究，和他的文学创作并行不悖：他取法、借鉴古代文物如绘画、雕刻等的巧思与性格，塑造出英华精粹的文学品质，他用文字供奉的"希腊小庙"沁润着工艺美术及其制作者的心灵之美；他从"文人"转型为"学者"也就不像习见观点所认为的那么突兀与悲情,反可称得上相当顺遂,他在这之后取得的学术成就,也可谓十分亮丽。因为其身份转型除了天地玄黄的时代压力,更有一份学术的自觉作了牢实的铺垫。从沈从文的整个生命史来看,这种转型或许就是恰当其时的。这也导致其后他结合文物进行古诗文研究,用"以物证史"的方法拓展了古代文学研究新视野、新方法。在困难时期,沈从文用古体诗形式撰写"诗化学术论文(兼批注)",以古物学者的姿态走进当代文学史,并使其"文人"而兼"学者"的"抒情性"和"抽象性"得到统一。这说明沈从文的文学创作沉淀着他的学术思考,他的文学活动其实建基于厚实的"文史之学"背景上。这种文学中"兼容"着学术乃至于美术、文字和书法,是对已有的沈从文研究进行了"扩容"才能发明的见解,这样的研究其本身也是对沈从文的文学创作进行了"扩容",庶几或近于"有将文学史扩展为学术史的趋势"。因此,在我看来,这样的"双城"就不仅仅是兴趣"领域"的分野,在认知领域的背后,一定还有思想和情感的多样需求,以及思维方式和理论研究的多重走向,所以,真正的"双城"也可以说是并立在"纯文学"与"大文学"之间。青果兄以自己的发现再一次提醒我们留意于这个重要的历史事实,本身就是对中国现代文学视野和方法的一种重要贡献。

我愿向读者郑重推荐这一著作,并祝青果兄的文学研究由此进入历史的深处,带给我们更大的启示。

2024 年 7 月 18 日于成都长滩一号

前　言

　　沈从文创作了一部文学的《边城》，又创造了一座学术的"边城"。这个学术的"边城"，就是他的物质文化史研究。这使他的文学创作和学术研究出现了"跨界"现象，事实上却是他接榫于古典中国"学者而兼文人"的传统，并成为这个传统在现代中国的一道亮丽风景。这种现象是如此迷人且具魅力，研究其所以形成之"内在"缘由和具体"情节"，及治学与文学之关系，就显得很有必要。本书搭建文学史与学术史交叉视野，梳理沈从文的人生屐痕及其为文为学相互映射的轨迹，对沈从文文学与学术的跨界交织作一初步的整理研究，尝试揭开其文学创作与学术研究的丰富立体面相，命其名曰沈从文的"双城记"。值此出版之机，特作简要前言如下：

　　上编题名"文人与学者"，旨在揭示沈从文由文人转型为学者的人生道路与心路历程，阐释这种表面看来令人意外且费解的身份转变，其实渊源有自。它既关乎沈从文对其安身立命事业虽有转折但又一以贯之的预设与想象，也关乎几次时代变迁提供的压力和助力，形成他多轨并进的人生轨迹，最终把"五四"新文学与 20 世纪新学术绾合于一身。在文学史与学术史的互联互动之中考察,沈从文构建的文学"边城"与学术"边城",体现了中国文学现代转型的内生性,实是一笔宝贵的文史文化财富。

下编题名"治学与文学",旨在厘清沈从文学术研究之特色及与文学创作的关系。沈从文治学深受传统金石博物、文史之学与排比考证学风影响,又吸纳20世纪由王国维首倡并得到民国以来学人发覆、赓续之"二重证据法"与综合研究的学术新知,填补我国物质文化史研究的空白。他的学术研究,尤其是述论由百工技艺创造的物质文化的辉煌成就,彰显中华优秀文化传统,体现了我国固有的自主知识体系及其现代转型的一条富有自家面目的路径。其治学影响到文学:一是沈从文的文学创作沉淀着他的学术思考,他在艺术原则上取法古代文物精致纯粹的审美精神,形成小说创作上的"巧思"与"性格",特别是运用别出心裁的"美术考古",使创作朝着"文画同一"的方向发展;二是在20世纪50年代,沈从文提出"以物证史",主张"文史研究必需结合文物",他运用实物材料进行的文学研究,对古代文学作品的断代与释读屡收一锤定音之效,其研究呈现出更多的由实物材料烘托出的想象世界,具有文学考古的鲜明特色;三是在20世纪70年代,沈从文以物质文化研究作为古体诗题材,创作"文化史诗",形成"诗化学术论文"新文体,成为当代文学史上一个新的诗歌品种。

本书主要采用文史考辨、以意逆志等研究方法,重视材料的具体语境和在不同文本间的对照阐发,发掘研究对象的人生轨迹与为文为学的内在深层逻辑,尽量贴近人物展开研究,贴紧作品展开研究,钩沉、体味文本中潜伏的人物心境,发覆其文学创作和学术研究的发心所在与命意所归;亦欲通过学术研究体察"知人论世"之旧义,故在阐释相关问题之同时,间夹若干"抒情意味",以略表学术研究"人文学性"之微意。

本书的写作从2012年撰成并发表《学术养成:读书,收藏,"日知录"和学人影响——论沈从文先生的学术养成》起始,陆续成章,以至完成全稿。它们虽为考察沈从文文人与学者、治学与文学的若干个案式研究文字,但每一个个案均建基于整体的、综合的视野,而其中的问题意识,仍是可以继续挖掘、开拓和深入研究的。这不仅是因为沈从文的跨界身份充满魅力,而且还因为这个跨界现象承接了古典中国为学与为文相统一的文道、文学传统。略而申之,这种学术和文学互相影响的现象,在中国现代作家那里,并不是孤立的。不少现代作家古学学殖深厚,又经历了近代新学的洗礼,他们的旧学新知如何影响到文学创作,在创作观念、审美精神,尤其是在实际的创作过程中,存在着怎样的草蛇灰线关系,在何种程度上影响并塑造了现代文学,无疑是值得追踪发覆并呈现其价值意义的。也就是说,在中国现代文学史、学术史上,还存在着为数不少的像沈从文这样构建出来的"双城记",同样体现了中国现代文学文化的"内生性",如能得到有心研究者的注意和研究,必可整理出一部新的现代文学史。

上编

文人与学者

学术养成：读书、收藏、"日知录"和学人影响

　　沈从文的学者之路曲折多姿。他虽没有接受过正规的体制化学术训练，却通过自我摸索探寻到研治国学的正途：受近代以来古史研究学术新风影响，他自少年起就领悟到出土实物与传世文献对勘的读书法，读书范围从经史子集扩大到工艺杂著，逐步完成他研究文物的知识积累；通过文物的收藏和捐献，他进入"好古—集古—考古"的传统学术轨辙，也参与到"从个人研究到集团合作"的现代学术序列；由于追踪王国维、胡适等国学大师的考证方法，他精于"文史研究与实物相结合"，不囿于"以书证书"，而拓殖于"以物证史"新领域，具有学术创造的意义。沈从文从文人到学者的转身，使其接榫于古典中国"学者而兼文人"的传统，并成为这个传统在现代中国的一道亮丽风景。

　　沈从文（1902—1988）创作了一部文学的《边城》，又创造了一座学术的"边城"。这个学术的"边城"，就是他后半生所从事的物质文化史研究。之所以这样称谓，一方面是为了表明他在文学创作和学术研究上取得的双峰并峙成就，另一方面也借以表明他的学术研究在当时属于少人问津的边缘题材；但从

学界常见的"从边缘走向中心"之位移,这个"边缘"实寓"前沿"含义。当然,学术"边城"的称谓也表明一种多少有些"被遗忘"的寂寞,相对于"作家沈从文"研究的热络,"学者沈从文"的研究要落后一大步。早在沈从文诞辰一百周年纪念时,就有人感叹他的学术研究成果"似乎从来没有引起过严肃的检视、争鸣,更无批评驳斥之声,这就如同巨人的肩膀已立在那里了,却没人肯登上去凭高望远。倾注半生的研究心血,在身后激不起波澜,引不来争议,这又是何等的寥落光景"①。这就不得不引发人们的一些联想:究竟是他的学问令人高山仰止难以至之,还是有人对他的学术成就尚在信疑之间?黄裳曾发表文章,重提他多年前的一个观点:"沈是一位写文章的人……真实的意思是,他是凭一支笔闯天下的人。"②这种对沈从文"凭一支笔闯天下"的定位,文字之下隐伏的波澜,或多或少地有些质

①孟晖:《沈从文"服饰研究"开创新的学术方向》,《北京青年报》2002年12月27日。1998年南京师范大学董志翘教授曾为《学术集林》作《〈中国古代服饰研究〉在名物训诂方面的价值》,因该刊停刊未能发表,后加"纪念沈从文先生百年诞辰"为副题发表于《淮阴师范学院学报(哲学社会科学版)》2002年第5期,是为当时笔者仅见之关于沈从文学术成果的严谨深入的研究性论文。
②见黄裳《也说汪曾祺》(《读书》2009年第3期)及《宿诺》(《珠还记幸》,北京:生活·读书·新知三联书店,1985年,第336页)。黄裳的书评《沈从文和他的新书——读〈中国古代服饰研究〉》(《读书》1982年第11期),在对《中国古代服饰研究》欣赏之余,亦称沈著为"札记","不是一本结构完整的中国历代服装史,不是先有了一个严密的理论体系精细的大纲,再来搜集资料,论证成书的"。而据徐城北《记沈从文先生》,当时有人认为沈著"只有资料、没有观点",徐为之辨正,指出:"沈并没有高兴地大声疾呼,宣布自己取得了如何重大的科研成果。我觉得,沈的这种态度,就丝毫不低于他的发现价值。沈做学问(转下页注)

疑的意思在。

　　然而,笔者更愿意认为,造成这种情况的原因与学界权势网络的运转规则密切相关。沈从文师出无门,及门弟子有限,所处位置不居某籍某系的统绪之内,所做学问也不在时流大学者的优选之列,逸出权势网络势所难免。但不在权势网络之中,并不排斥他在一个更大的学术脉络中的存在,沈从文虽然学非正途,其实也是自有门径和学人圈子的。在他通往学者的道路上,就是从"爱智慧"的求知启智强烈兴趣入手,追踪时代学术发展流向,取学多方,凭借"苦读""眼摹""手追""默识""心研""自度""交往",以刻苦自学打下学问根柢而修得学术正果,并非随便翻书攒得零碎的知识学问。本章拟爬梳传记、书信、日记、著述、回忆文字等相关资料,从读书、收藏、学人影响各方面,寻绎他学术养成的脉络,试为"学者沈从文"的治学道路作一点开篇处的申论。

读书:社会大学文物历史系

　　读书是治学根柢。传统读书治学讲究师门出身,现代读书

(接上页注)是有观点的,但是内涵在短短的说明中。或许他认为,把问题搞明白、说清楚了,就是有了学问。"(徐城北:《直上三楼》,武汉:湖北人民出版社,2008年,第33页)此处反差,或照陈寅恪说法:"其言论愈有条理系统,则去古人学说之真相愈远。"[陈寅恪:《审查报告一》,冯友兰:《三松堂全集·中国哲学史(上)》,郑州:河南人民出版社,2001年,第613页]沈从文给黄裳留下"不讲求严密的理论体系"印象,或正是他务求实事求是,逢佛杀佛,逢祖灭祖,以期一个一个解决问题的学术理想所在。

治学更重视体制学历，而这两点，都和沈从文搭不上界。在他各个时期的人生履历表中，学历一栏填的都是"高小"，可1980年11月7日在美国哥伦比亚大学作学术讲演时，他又自道是"社会大学文物历史系预备班毕了业"①。学制内的高小和学制外的所谓"社会大学"本就难以相较，但它提醒我们注意，沈从文的读书不是那种考试修学分的"学历"，而是一种虽逸出常轨而又是真正读书的"经历"。后来沈从文回顾平生，谈及"书本的影响"，说："书籍对我发生的影响，比人的影响大许多。"②可见读书对于他的问学实具有非凡的意义。

最早比较集中反映沈从文读书经验的，是他作于1932年秋的《从文自传》。这部本意介绍自己从边地少年变成新文学家的传书，留下了他大量阅读品鉴古史书籍、古器物文字图录和古书画作品的经历。从后视角度观察，毋宁说这也是一部讲述他何以成为学者的"前传"，而这一点常为人目寓却不深究。有意味的是，自传中的沈从文从来都是学校里的"逃课生"，但步入军旅生涯后却变成真正的"读书人"。这种刻意区隔的书写，表明他的读书动力来自于内在体会和自我选择。

沈从文所读的那些书，包括他自有的"一本值六块钱的《云麾碑》，值五块钱的《圣教序》，值两块钱的《兰亭序》，值五块钱

---

① 沈从文：《二十年代的中国新文学》，《沈从文全集》第12卷，太原：北岳文艺出版社，2002年，第377页。
② 沈从文：《沈从文自传》，《沈从文全集》第27卷，第139页。此传作于1956年3月，系为有关部门写的交代材料。

的《虞世南夫子庙堂碑》。还有一部《李义山诗集》"①,并石印《千家诗》等②,是为他书法诗文习得的起步。芷江驻防时,他在翰林出身、曾任北洋政府总理的同乡熊希龄公馆,读过《史记》《汉书》和一些其他杂书,并从其中十来本白棉纸印谱,认识了许多汉印古玺款识③;但更多的还是来自军中将尉的藏书。他从一个文姓秘书那里经常阅读甚而梦中也翻看的"宝书"《辞源》,获得有关《老子》《淮南子》等古典文史知识④。由于书法出色、缮写能力强,他得以担任军队统领陈渠珍的贴身书记,负责管理这个"以王守仁曾国藩自许的军人"所藏的"四五个大楠木橱柜,大橱里约有百来轴自宋及明清的旧画,与几十件铜器及古瓷,还有十来箱书籍,一大批碑帖"。由于经常和旧画古董打交道(包括为它们编目、造册与登记),便"知道这一幅画的人名时代同他当时的地位,或器物名称同它的用处";由于成天翻看所藏《四部丛刊》,在遇到不懂的时代、人名时查阅《四库提要》,终至"把那些旧书大部分也慢慢的看懂了"。其时,沈从文已经摸索到读书问学的基本门径,不仅仔细阅读古籍图录,钩稽文献查明各种知识的出处意涵,而且还掌握了传世文献和出土实物互证法以达格物致知的途径。如在阅读《西清古鉴》《薛氏彝器钟鼎款识》一类书时,他就经常"努力去从文字与形体上认识房中铜器的名称和价值",逐渐熟悉所读古文字和古器物各种形制及相关知识,故而自道:"我所读的一些旧书,差不多

①沈从文:《从文自传》,《沈从文全集》第 13 卷,第 343 页。
②沈从文:《书赠张香还条幅跋》,《沈从文全集》第 14 卷,第 515 页。
③沈从文:《芷江县的熊公馆》,《沈从文全集》第 12 卷,第 292、294 页。
④沈从文:《从文自传》,《沈从文全集》第 13 卷,第 316—317 页。

就完全是这段时间中奠基的。"①1923 年他到北平苦住以后,文学创作之余,"为扩大知识范围",又把"北平图书馆(从宣内京师图书馆起始)的美术考古图录,和故宫三殿所有陈列品"当作"真正的教科书","读诵的方法也与人不同……看形态,看发展,并比较看它的常和变,从这三者取得印象,取得知识"②。

从所读书籍可知,沈从文已触摸到传统学问的脉络,如所叙及的"宝书"《辞源》,是 1915 年由商务印书馆编纂出版的一部大型古汉语专用工具书,不仅有着像《老子》《淮南子》这样的丰富文史知识,它的文字分类和音义训释,对沈从文奠定传统"小学"方面的基础也一定大有帮助。又如他所列举的《四部丛刊》《四库提要》两书,网罗我国古代经史子集重要文献,分类流别而予钩玄提要,是研治古代学术的必备之书,后者还被誉为"书即师也……读一过即略知学问门径"③。再如他所提到的《西清古鉴》,为著录清宫大库所收藏古代铜器的大型图录,共 40 卷(另附钱录 16 卷),收录商周至唐代铜器 1529 件,每卷

①沈从文:《从文自传》,《沈从文全集》第 13 卷,第 355—357 页。
②沈从文:《关于西南漆器及其他(一章自传———一点幻想的发展)》,《沈从文全集》第 27 卷,第 23—24 页。"京师图书馆"为 1909 年张之洞执掌学部时奏请成立的藏清宫内阁宋元明清四朝图书所在(王国维:《库书楼记》,《王国维集》第 2 册,北京:中国社会科学出版社,2008 年,第234 页),旨在"保存国粹,造就通才,以备硕学专家研究学艺,学生士人检阅考证之用"[《京师图书馆及各省图书馆通行章程折》,见李希泌、张椒华编:《中国古代藏书与近代图书馆史料(春秋至五四前后)》,北京:中华书局,1982 年,第 129 页];1928 年改名"北平图书馆",则沈从文为其长期的读者。
③〔清〕张之洞:《增订辅轩语》,光绪乙未夏陕西学署刻。

先列器目，按器绘图，后有图说，注明方圆围径，高广轻重，如有铭文，则附铭文并加考释，考证精审，"折衷于欧阳修董逌黄伯思张抡薛尚功诸人之论说，要其指归，皆原始于书传，更探讨于形模色泽之间，而世次先后，固已昭然可睹"①。《薛氏彝器钟鼎款识》为南宋薛尚功所著20卷金石考证汇编，临摹古器物铭辞，逐条加以笺释，开后世考释金文著录的体例。两书图文并举，合古人"左图右史"读书法则，也启发后来沈从文学术著述图文映衬的文章体例。更为关键的是，从这些线装书中，沈从文体会萌生了关于人类文化的历史意识，这种意识实为读书治学的极则和动力："这就是说我从这方面对于这个民族在一段长长的年分中，用一片颜色，一把线，一块青铜或一堆泥土，以及一组文字，加上自己生命作成的种种艺术，皆得了一个初步普遍的认识。由于这点初步知识，使一个以鉴赏人类生活与自然现象为生的乡下人，进而对于人类智慧光辉的领会，发生了极宽泛而深切的兴味。"②

上述读书经历和所得体会，与沈从文后来的学术范围、使用材料、治学旨趣都有所关联。如果意识到这个自传是为传主如何成为一个新文学家现身说法，那么他对这段阅读古代文献经历的叙述，就通过"书写"的方式保存着传主在现实中暂时压抑了的另一个"自我"和"自性"，也刻画了一个"学者沈从文"的起始面目。这种早期的读书经验，其实就是所谓"童子功"的学术训练。释读古史旧籍书画及金石图录文字诸书，使他得以

---

① 〔清〕于敏中：《西清古鉴跋》，上海书店出版社编：《西清古鉴（上）》，上海：上海书店出版社，2023年，第4页。
② 沈从文：《从文自传》，《沈从文全集》第13卷，第356页。

用一种"默识"的读书方式，不期然"预流"于学术，为他多年之后的回归埋下了伏笔。

然而这个自传中的"伏笔"也并非无意为之，而实与作传时传主的心境有所关联。青年作传，除追述往昔外，必寓透析当下而想望将来之意。结束湘西军旅流寓的读书生涯之后，沈从文经过多年磨砺，终成文坛新秀，并从1929年起，到1931年他二十九岁时，有了先后执教中国公学、武汉大学、青岛大学的资历。此时他以新文学家身份担任大学教职，学者之路于事实上已无法逆转，故必须"把力气管束到学问上"①，所以追溯早年读书经历，就有为将来开新路的准备，并可与当时读书旨趣互为印证。如他在武汉大学"教书时间既不多，因此有四分之一时读书，有机会把碛砂藏内诸故事经卷大致看过一或二次"②；同期看的还有"金文一类书籍，因为在这方面我认得许多古文，想在将来做一本草字如何从篆籀变化的书"。他向胡适汇报自己阅读王国维研治古代史地书籍，并敦请胡适"指示一下，关于古地理、古史，近人同往人有些什么书可看"，因为"我对于治古文字形象学问必不可少的上古中古史，知道不多，且具常识而缺少正确知识，对于古地理学也处处感到无所措手"③。此时

---

① 沈从文：《致张兆和（1930年7月12日）》，《沈从文全集》第18卷，第93页。丁玲带有不满情绪回忆此一时期沈从文的话也可资证明："沈从文因为一贯与新月社、现代评论派有些友谊，所以他始终有些羡慕绅士阶级……他很想能当一位教授。"丁玲：《一个真实人的一生——记胡也频》，新文学选集编辑委员会编：《胡也频选集》，北京：开明书店，1951年，"序言"第17页。
② 沈从文：《题〈月下小景〉》，《沈从文全集》第14卷，第468页。
③ 沈从文：《致胡适（1930年9月28日）》，《沈从文全集》第18卷，第107页。

他还准备作一部"中国之巫研究",拟对"中国在儒、道二教以前,支配我们中国的观念与信仰的巫,如何存在,如何发展,从有史以至于今,关于他的源流、变化,同到在一切情形下的仪式,作一种系统的研究",并"已抄得不少材料"①,表现出对当时兴起的中国古史、古代神话和民俗研究的跟进兴趣。从他当时撰作《中国小说史》②负责的"绪论""神话传说"部分看,约四万字篇幅,所涉典籍和引用文献,自先秦神话传说、诸子百家、各朝史传文册、小说演义,至日本汉学家盐谷温《支那文学概论讲话》、鲁迅《中国小说史略》,竟达百余种之多③。即使称引如此宏富,沈从文尤有"无书在手边"的不足之感④,可察他意欲广览群书的心愿及对读书与治学关系的理解。该书是沈从文最早付梓行世的学术著作,其价值不在学问之大小高低,而在于它呈现了一份早年沈从文的读书清单和他因"志于学"而进行的勤学苦练,以及由读"杂书杂识稍多","从传统方面得到些方便",从而具备了"综合消化古典"的强力⑤。此时沈从文读书已具明确的学术意识,其范围在古代文史、金石文字、民俗宗教之间,并窥探、接触学界名流如王国维、胡适、鲁迅等所谈问题和考据方法,准备把自己的所知从"常识"向"正确知识"推进,实为他后来治学之奠基。

---

① 沈从文:《致王际真(1931年11月19日)》,《沈从文全集》第18卷,第151—152页。
② 与孙俍工合著,上海暨南大学出版社1930年出版。
③ 沈从文:《中国小说史》,《沈从文全集》第16卷,第3—68页。
④ 沈从文:《中国小说史》,《沈从文全集》第16卷,第3页。
⑤ 沈从文:《总结·传记部分》,《沈从文全集》第27卷,第86页。此为沈从文1950年在华北人民革命大学学习结束时所作"总结"。

如果考虑到沈从文在文学上是一个高产作家，那么他的学术性读书实为不易之举，而且到了 20 世纪三四十年代，他的读书范围有日益扩大之势。据他的学生汪曾祺回忆，西南联大时期沈从文读书多而且杂，除一般中外人文社科如四部书、文学书、哲学书、道教史、马林诺夫斯基的人类学著作外，还有《陶瓷史》《髹饰录》《糖霜谱》及观赏植物等博物之类的书籍，兼收并蓄，五花八门①，"大概除了《相对论》，在他的书架上都能找到"②。从现今《沈从文全集》新编《见微斋杂文》看，其中收录沈从文 1943—1947 年的杂文《见微斋笔谈——小说上吃人肉记载》《宋人演剧的讽刺性》《吃大饼》《应声虫》《宋人谐趣》五篇，涉及古书已从经史子集等常见书籍转向野史杂录残丛笔记③。诸篇联类古史杂著记述中国故事，以古喻今来针砭国民性，对中国社会进行文明批判。虽然沈从文以"无怪乎饱读旧书的吴稚老，总说旧书读不得"④来解旧书之毒，但还是引来读者责其为"古董"且"读古书入迷"，可见其文章足具学人面目，

————————

① 汪曾祺：《沈从文先生在西南联大》，《汪曾祺文集·散文卷》，南京：江苏文艺出版社，1994 年，第 131 页。
② 汪曾祺：《我的老师沈从文》，《收获》2009 年第 3 期。1938 年秋沈从文初抵昆明，有"重建书房"之举，其中书籍包括随身携带之书、暂停武汉时在武汉大学图书馆书库所抄各书、妻子张兆和从北平陆续邮寄或从北平家中携来图书，以及在昆明旧书店所购书籍，林林总总，蔚为可观，以至向人夸示"书房很像样子了"。见沈从文：《复沈云麓（1937 年 11 月 26 日）》；张兆和：《张兆和复沈从文（1938 年 8 月 25 日）》；沈从文：《复沈云麓（1938 年 11 月 5 日）》，《沈从文全集》第 18 卷，第 270、335—336 页。
③ 沈从文：《见微斋杂文》，《沈从文全集》第 14 卷，第 183—236 页。
④ 沈从文：《应声虫》，《沈从文全集》第 14 卷，第 213 页。

已不再符合读者对他旧有的新文学作家印象①。

由读"杂书"进而写"杂文",起铺垫作用的其实是博览群书所积聚的"杂学"。沈从文曾自道:"因为学无专门,看的书就比较杂……早打下个'杂学'底子。"②但自1946年北大复员返回北平,他参与北大博物馆事务后,其读书便多集中在文物研究、工艺美术范围。他虽不愿坦承"读古书入迷",却敢号称是"东方迷","受中国文化熏陶至深……对于中国文史,古典文物艺术,特别倾心,亦若具有高度兴趣,及文艺复兴梦想"③,所以读书渐趋专门,虽在学艺上位列"杂项",但圈地清晰,且作文时考述称引具足本色当行。比如讨论唐代王维画,他从晋代"顾恺之述画"探源,以下推及唐代《酉阳杂俎》《历代名画记》和唐人集中题跋王画者,五代荆浩"洪谷子论画","宋人《广川画跋》《图画见闻志》……《德隅斋画品》,东坡、山谷、秦少游、刘后村诸人题跋"及"米芾叙《画史》"、韩拙"《山水纯全集》"、邓椿"《画继》"等,"入元则汤垕……虞集、郝经、鲜于伯机、赵松雪……每人集中都有画跋涉及王维(宋元集子文章极重要,中日写美术史的俱因力不及而忽略)"者,"入明则更得从刘基集中起……除论画如《式古堂书画汇考》董其昌意见外,还有著录画目如文氏子侄所叙严家灭籍诸王画,项子京过眼之画,张丑还有《清河书画舫》,以至于孙承泽、高江村清人

---

① 沈从文:《致彭子冈(1946年12月上旬)》,《沈从文全集》第18卷,第443页。
② 沈从文:《沈从文自传》,《沈从文全集》第27卷,第139页。
③ 沈从文:《试谈艺术与文化——北平通讯之四》,《沈从文全集》第14卷,第383页。

大收藏家的诸王画过目记"和"清人集子中跋王画和收藏目中涉及王画"者,最后是当代大村西崖(日籍)、向达、邓叔存、余绍宋、黄宾虹、张伯驹、滕固等人的著述①。1947 年 1 月 19 日,他在《给一论文作者》的信中说道:

> 清人集子中跋王画和收藏目中涉及王画的都极多,必须有那么个准备,谈起这个人的画,方有意见,有发现。否则引述美术史上的辗转抄撮意见,在北平发表,会为人笑话的……会一看即知道你所引的书并非真正看那些书,只是从一二美术史转抄的。若论画,你读画的经验,和有关书本准备工作还不够,属于这个人的作品,和并世异世画人同异点,提出意见自然难中肯。比如谈王画山水傅彩处,要见过若干唐画,至少要见过若干影印唐画,才敢说如彼如此的。又如同属隐逸画人,所作与《辋川图》相似而不同,即唐人卢鸿之《草堂图》,谈辋川不能不用之作比较,因《辋川图》如今只见宋人摹与石刻卷子,然《草堂图》却在故宫。邓先生之甥为作一卢鸿《草堂图》考,并论"卢鸿"是否"卢鸿一",即至数万言(与王维比较一段极得体),而拟维笔之《鹊华秋色图》,也在故宫,用淡彩。在笔墨上影响到明人则为陆包山傅色法,文氏父子傅色法。这个发展,美术史不甚道及。由于大村西崖或滕固都是纸上谈兵

---

① 沈从文:《给一论文作者(1947 年 1 月 19 日)》,《沈从文全集》第 18 卷,第 460—462 页。《沈从文全集》编者在信末注记:"这封信是作者保留的废邮存底,在文化革命中被抄去,专案人员附加的纸条上写有'专门谈画,无大用'等批注文字。"

人物,见画不甚多,且不大从画上作比较印象。你文章若要发表,极容易。若求好些,至少得在时人美术史外用材料,或就《佩文斋书画谱》(清华必有。画论画跋大多在内,清代的却不曾有。)上涉及维画处好好加以贯串,才像个样子。若就这么用到《大公报·文艺》,人一看你把八相成道引作人相成道,就知你是外行。而加上所注出处,更要笑你,为的是你当真若把这些书(如《历代名画记》、《图画见闻录》、洪谷子论画、顾恺之记画、米芾叙《画史》、《山水纯全集》……《画继》)等等全看到,意见也会大不相同!虽注出去,事实上你并不真看过这些画论画记!我对于画和画史还不入门,就所见已如此,也从不敢在这个题目上作论……创作好坏还有个不同标准可说,论文最怕的是一二内行不能通过认可。文学论文还有个派别兴趣观点可借口,艺术史论述可不大能随意解释。①

　　由此可见,沈从文对于王维画的画史记载、研究源流,已经通读精审,对故宫、清华所藏唐画也寓目得相当精熟,且对图文对照、文献考辨的研究方法及引证规范方面的要求说得头头是道。如果考虑到这仅仅是对给知识普及性的《大公报·文艺副刊》投稿作者的要求,则又可见沈从文杜绝学术不端、严明学风文风的高标准、严要求。这也可视为转行之后,沈从文学术风范的预演与体现。

---

①沈从文:《给一论文作者(1947 年 1 月 19 日)》,《沈从文全集》第 18 卷,第 461—462 页。

同一时期,沈从文还接触到瑞典汉学家安特生从西北出土彩陶判断中国文化西来的考古调查资料,表示"见解可疑"。他认为中国文化应是"本土的综合,决非全盘外至",并对斯坦因、伯希和、奈柯克、羽田亨等汉学家的相关著述有所研究应对①。从现存几款"从文用书题识"看,他读书常对心得、心情有所交代。如题郑师许《漆器考》卷首:"卅四年十月五日从枪声盈耳中购来。书过于简率不合用。多错误,材料少。"题小山富士夫《支那青磁史稿》"用越州青瓷片筑墙的农舍插图旁":

> 就花纹考捡,亦可知粉定来源。花纹单片极可贵,因尚可知唐代纹饰繁复到何等程度。
>
> 我如住一年,得上万不同单位,一定有许多新发现,足供美术史、陶瓷工艺史作重要参考资料。但这一生那有希望?
>
> 这些事始终就无一个人肯来作。我想作也能作,可来不及自由使用生命,生命即萎谢了。

又题该书封面:"此书具创始性,引用史料也极丰富,万里先生之作实多抄自此书,但极多中国文献反而遗落不称引。"题寂园叟《匋雅》日译注本《支那陶器精鉴》卷首:"三十八年九月廿六,天地忽清朗异常,已入深秋。"《匋雅》一书,原著以随笔形式分为910节,日译者盐田力藏对每节均附加注释文字,沈从文研读之余,意犹未尽,以自己的见解,据新实物材料对该书近

---

① 沈从文:《彩陶的衍化》,《沈从文全集》第28卷,第55—56页。

600节又作了上千条评注，达数万字①。他因比较中日文物研究而对中国"恐怕永远要走在日本后面"产生紧迫感②，遂起东渡观摩交流之意。1948年中央大学（南京）友人吴学义到日本参加审判战犯工作，他曾起意赴日考察日本漆工艺："如真能赴日，弟实亦想看看日本漆工艺，因私意中国漆工艺技术，可从日本取法必甚多也。"③1982年，沈从文随团访问日本，对于日本"文化出版物之丰富，在具体应用事物反映艺术，所达到的标准，实十分佩服"④。以此观之，人们常用"从边城走向世界"称扬沈从文的文学成长轨迹，即在读书治学一面，也是恰如其分的。

沈从文读书深符博闻强记之道。这种读法，使他在原稿散失以后，于"文革"干校中，即便手边无书也能凭记忆进行《中国古代服饰研究》的改订重写工作，以至有人回忆："他埋头在写，未见他读书，写出来的，引经据典，毫厘不差，记忆力委实惊人。"⑤由于研究领域特殊，其读书状态与研究常见题目的学人相比，也需特别的手眼和心力。如他研究服饰、陶瓷、玉器、漆器等工艺杂项，所使用的材料，除有限专书外，还须到其他文献中大海捞针，广为搜罗。一些吉光片羽、断碎记载，只有经过通

①以上见沈从文：《从文用书题识选》，《沈从文全集》第14卷，第478—480页。引文中的"万里先生"，当指陶瓷专家陈万里。
②沈从文：《致凌叔华（1948年10月16日）》，《沈从文全集》第18卷，第512页。
③沈从文：《复吴学义（1948年1月27日）》，《沈从文全集》第18卷，第489页。
④沈从文：《答〈日本与中国〉编辑部》，《沈从文全集》第27卷，第331页。
⑤林蒲：《投岩麝退香》，巴金、黄永玉等著：《长河不尽流——怀念沈从文先生》，长沙：湖南文艺出版社，1989年，第155页。

览细读披沙拣金才能见到。所以他重视经史，也重视子集，对跋文杂记图录等边缘文献尤其留意。由此还引发他对一般史学家专重经史，轻慢子集，拒绝工艺美术部门进行大胆的非议："友人中有治史学，正如大学近三十年习惯，平时阅看《九通表志》，能熟诵大事年月，条理清楚，对于《四部》中之子集二部，及工艺美术部门，复能狠心加以拒绝，完全不生兴趣。"①这对他圈定研究范围、在学术领域辟土启疆，具有重要的意义。由读书进而购书、用书，以及他对所藏图书的聚散在"自用"和"供他人参考"方面，沈从文的态度尤其值得追述。如是自用之书，沈从文则珍视如宝藏，必以购进坐拥观睹为要务。在 20 世纪 70 年代"读书无用论"环境下，被打成反动学术权威的沈从文犹在尽力买书和索讨已借出的书籍，下放咸宁干校时曾请史树青在京中旧书店代购图书。书目包括：

一、《北堂书抄》　　似有新印。

二、《艺文类聚》　　似有新印的。

三、《太平御览》　　新影印本。

四、《子史精华》　　旧小字印本。

五、《格致镜原》　　木刻不贵，扫叶山房似有石印本。

六、《全唐诗》　　新印。

七、《杜佑通典》　　清刻或新印本。

八、《大明会典》。

①沈从文：《试谈艺术与文化——北平通讯之四》，《沈从文全集》第 14 卷，第 387 页。

九、《元典章》。

十、新印通鉴　　上海旧石印本也成,主要是查查。

十一、新印四史。

十二、《文选》　　中华印,如你上次给我那种也成。

十三、《艺术丛刊》　　似黄宾鸿编小本。

十四、《佩文斋书画谱》　　旧小字印本。

十五、《三才图会》。

十六、《淮南鸿烈解》　　刘文典?

十七、开明印小字廿五(四)史　　一折八扣本也行,主要是为诸志作注。

十八、《绎史》　　小字石印似不贵。

十九、中华印图书集成零散部门　　如食货、舆地等部门和文物关系较多的。

廿、一些成为处理品的近廿年出的图录。

又雷海宗教授在云南似印了一本《历代兵制》,记得曾看过,也有用。

廿一、顾炎武《天下郡国利病书》　　似有石印本或扫叶山房出。①

总计远超 21 种。他在不少地方交代图书的版本、用途,似可摸索当时他的学术关怀的方向。返京后他又好几次在住处兼工作室贴上"还书告示",上写:"凡在京友好,借过我一切图书、资

---

① 这些书册沈从文原即有藏,但在被迫让出旧居房子时散失毁去。见沈从文:《致史树青(1971 年 11 月 14 日)》,《沈从文全集》第 22 卷,第 561—562 页。

料,务请即早一律见还,便于清理一下,万万不要再冻结在任何个人手中,失去原来好意,使我工作无法进行。"①这些书包括"《中国古代石刻》(王子云编)、《唐宋名迹》(谢稚柳编)、影印《燕寝怡情》、《秦会要》、《图书集成》中有关泽运部分一册及其他廿年来所借各图书"等②。对于勤力聚书之举,他曾自作解释:"在博物馆工作,就事言事,就只希望手边能够多有些书,多有些对于古器物的知识,便于明天能更好些完成任务,因为明白'爱祖国文物'及'接受优秀传统',都不是空口说的空话,只有能掌握丰富知识,并具体理解问题,明白传统优秀伟大何在的工作者,才能完成这个新的历史任务。"③1952年和1964年,他曾经历两次"书厄",所藏图书数千卷被没收处理,其中包括重要大型图录、工具书和稀世文献《知不足斋丛书》原刻本(30集,207种)等,使他激愤之下发誓:"必须牢牢记住,且尽可能不读'四旧'书,免得中毒,任一回倏然而来风雨中重作代为消毒,麻烦别人!"④这种非常时代冲冠一怒为图书的大胆表露,正显示一个迂阔老书生的本真和本色。

但在珍视所失之书的珠还璧归之外,沈从文又有慷慨"散书"之举。他曾向中国历史博物馆、故宫博物院捐献《阿房宫图》长卷和上千种乾隆朝以前珍贵旧纸等,意在"或足为其他好

①沈从文:《告示选·1974年秋、冬贴于住处兼工作室》,《沈从文全集》第14卷,第505页。
②沈从文:《告示选·1974年夏贴于住处兼工作室》,《沈从文全集》第14卷,第504页。
③沈从文:《交代社会关系》,《沈从文全集》第27卷,第136页。
④沈从文:《写于赔书单上》,《沈从文全集》第14卷,第501—502页。

事热心人作参考,增加一点常识……必可给别人一种新教育"①。而从 1953 年起,他为方便同行研究与集团协作,经常从自己经手过眼的实物、图录、书册文献资料中,"梳理出某一类别、某一问题线索,列出草目",为他人提供导引性质的研究资料,"因随写随送,多不留底稿,总量无从查考,但估计以三位数计"②。从《沈从文全集》所辑 21 篇研究课题草目看,《龙的图案在工艺美术上的应用》所涉图书、实物资料达 100 种,《鸾凤百种(有代表性)》达 65 种,《关于玉的图录和文献资料》达 34 种,《带子种种》达 114 种,《可供参考的新出土文物中特别精美重要艺术品》达 47 种,《山水形象在古代工艺品上的反映》达 31 种,《前期山水画问题图像部分目录——由汉到隋的反映种种》达 25 种,《水纹在工艺中或艺术上应用的发展》达 85 种,《乐舞杂伎与戏剧》达 84 种,《杂伎图像参考》达 38 种,《唐以来乐部形象反映》和《关于唐代种种》各达 57 种,《〈卧薪尝胆〉参考资料应用》达 25 种,《〈文成公主〉演出形象参考》达 11 类 69 种,《〈武则天〉戏用参考》达 24 种,《宋戏文服饰、生活、行住、人物形象参考》达 46 种,《曹操像参考》达 5 种,《有关唐玄奘绘画》达 7 种③,致王家树信谈及"玉工艺的常识"达 20 种④,《关于马——给鸿祥同志信》达 44 种⑤,《马和马具的应用及其

①沈从文:《写于赔书单上》,《沈从文全集》第 14 卷,第 502—503 页。
②《〈文物研究资料草目〉说明》,《沈从文全集》第 29 卷,第 316 页。
③沈从文:《沈从文全集》第 29 卷,第 317—372 页。
④沈从文:《致王家树》,《沈从文全集》第 24 卷,第 261—262 页。
⑤沈从文:《沈从文全集》第 31 卷,第 172—173 页。

发展》达 84 种①,共计有 1061 种之多!不少地方或作钩玄提要,或罗列研究思路,"用这种方法,把若干孤立的材料'排排队',从中发现它们相互间的联系、影响和制约关系"②,经过如此的"材料一汇集……专门知识即可一变而为共同常识"③。这并"成为他实践'古为今用'和'为人民服务'的一种常用方式"④。由此可见,这种对于书册聚散流布的态度实际上表明了沈从文阅读史上"书缘"与"学缘"的关系——读书既是个人学术上独得之秘的津渡,也是还其天下之公器的孔道。

收藏:由个人"私有"到博物馆"公藏"

对于收藏家而言,他们搜寻、收藏古代遗存下来的金石铭器珍玩,虽不乏趋风附雅以提高文化身份或待价而沽以为囤奇生利者,但以"好古而敏求之"的态度收集古物,展开"玩物"而"研物"的学术活动,破解这些古代遗存的文化密码,进而发掘隐匿其中的历史演进轨辙和时代传承变异的文化踪迹,却是其中名门正派的作风。起码自北宋刘敞刊刻《先秦古器图碑》、吕大临撰作《考古图》,尤其是欧阳修"吾家藏书一万卷,集录三代

---

① 沈从文:《沈从文全集》第 31 卷,第 174—177 页。
② 《〈文物研究资料草目〉说明》,《沈从文全集》第 29 卷,第 316 页。
③ 沈从文:《马和马具的应用及其发展》,《沈从文全集》第 31 卷,第 174 页。
④ 《〈文物研究资料草目〉说明》,《沈从文全集》第 29 卷,第 316 页。

以来金石遗文一千卷,有琴一张,有棋一局,而常置酒一壶"而号称"六一居士"①并作《集古录》以来,有宋一代由"好古"进而"集古"再到"考古",逐渐演为风气。在好古之风的吹拂下,宋人致力于撰写关于文物收藏和评鉴的著作,后起之赵明诚《金石录》、赵希鹄《洞天清禄集》都可称为其中的代表。"宋人对收藏及馈赠文物的兴趣,几乎所有的赠物诗中皆以'好古'、'古雅'称赏收藏者和文物,'雅俗'观念结合'古今'时态,广泛适用于评价文物,论定良窳。"②这种风气影响了三百年后明代屠隆的《考槃余事》、陈继儒的《妮古录》和文震亨的《长物志》等著述,并且从晚明延续到晚清③,终至独立出来而命名为"金石之学",其中都可见出数世学者以俨然心情从事收藏,并以肃然态度进行研究的延绵过程。金石学位列史部,自近代西方考古学传入和研究对象范围扩大,更拓展为"物质文化史研究"。作为物质文化史研究大家的沈从文,宗古人之先风遗韵,其学术道路也经历了从"好古""集古(收藏)"以至"考古"的过程。随着治学方式由传统到现代的变迁,文史研究逐渐从"个人作孤立的研究"向着"团体为他寻材料"的"集众的工作"与合力

①〔宋〕欧阳修:《六一居士传》,〔宋〕欧阳修著,李逸安点校:《欧阳修全集》第 2 册,北京:中华书局,2001 年,第 634—635 页。
②郦国义等主编:《雅玩:文人与收藏》,上海:上海书店出版社,2001 年。引自衣若芬:《"好古"思想之审美文化心态试论》,《中山大学学报(社会科学版)》2010 年第 2 期。
③衣若芬:《"好古"思想之审美文化心态试论》,《中山大学学报(社会科学版)》2010 年第 2 期。

攻关转移①,古物研究也经历了从倚重个人私藏向利用研究机构公藏的转换,资料向研究者的公开远比个人私有更为重要。置身于这样的学术潮流中,沈从文的"集古"从专事个人收藏到捐赠博物馆公藏,以至形成博物馆建设要达到"集思广益,约请全国专家学人合作同工"的思考②,对其个人治学和现代中国物质文化研究的作用,都有令人不能忽视的意义。

如前所述,自在军中得览古书古器,并掌握出土实物与传世文献对勘研究方法后,沈从文好古之心油然而生。直到在北平、吴淞、武昌、青岛等地从事文学创作,他文学上的趋新似和"好古"的兴趣并行不悖。在他与亲朋好友的往来书信中,留有不少这方面活动的记载。如 1930 年 1 月他寄赠自作诗画给在美国哥伦比亚大学任教的友人王际真:"诗可裁去了。另外有一张画,还用酱油染成黄色,据说即像古董……画是不好,但请想想用酱油染黄题诗于上的心情,或者以为有趣味吧。"③同年 8 月 14 日复王际真信,问及考古学事:"不想上天,还是向地下钻,你那考

---

① 本所筹备处(傅斯年执笔):《历史语言研究所工作之旨趣》,本集刊编辑部:《国立中央研究院历史语言研究所集刊》第 1 本第 1 分,上海:商务印书馆,1928 年,第 10 页。沈从文受此影响明显,如其述说:"文化史或美术史参考图录的编印……宜由普通商人和专家个人,转而成为集团工作,不待说明也应当为国人所承认。这种工作求接近理想,应当由博协个人会员取得团体单位特别帮助,共同来进行编撰……相互衔接会通,不至于各自游离。"见沈从文:《收拾残破——文物保卫一种看法》,《沈从文全集》第 31 卷,第 297 页。

② 沈从文:《收拾残破——文物保卫一种看法》,《沈从文全集》第 31 卷,第 295 页。

③ 沈从文:《复王际真(1930 年 1 月 3 日)》,《沈从文全集》第 18 卷,第 35 页。

古学怎么样了呢?"①次年 2 月再次致信王际真,追问考古学事,并报告南京古物展览会情况:"你的考古学做了什么论文没有? 近来中国南京开了一个古物展览会,听郑振铎说,龟甲文怪美怪体面精致,其余古东西也十分好。"②信中信息披露,沈从文不仅有假造古董慰藉心灵的趣味,也有爱慕朋辈有条件从事考古学的心情,对于龟甲碑版的审美意态同样表露无遗。

"好古"成为习惯,实际上已经渗透到沈从文的日常生活中。如他结婚布置新房,都用仿古家具,追求古意盎然的效果:"木器、碗盏,皆仿古式样,堂屋中除吃饭用小小花梨木方桌外,只是四张有八条腿的凳子,及一个长条子案桌,一个茶几(皆红木与花梨木)。房中只一床,一红木写字台,一茶几,一小朱红漆书架……木器我们总尽可能用硬木,好看些也经用些。"③书房墙壁则"有杨仲子所作对联一,系集甲骨文字……家中悬挂或尚不俗气"④。同期,他的大哥沈云麓在湘西沅陵营建新居"芸庐",沈从文还写信建议大哥"过上海一看新木器新家庭陈设,再来北平一看旧家具旧陈设,则心领神会,仿造制作,无不如意"⑤。但在家具布置陈设的"京派"与"海派"之间,他对北

①沈从文:《复王际真(1930 年 8 月 14 日)》,《沈从文全集》第 18 卷,第 98 页。
②沈从文:《致王际真(1931 年 2 月 27 日)》,《沈从文全集》第 18 卷,第 135 页。
③沈从文:《致沈云麓(1933 年 8 月 24 日)》,《沈从文全集》第 18 卷,第 183 页。
④沈从文:《复沈云麓(1933 年 10 月 2 日)》,《沈从文全集》第 18 卷,第 188 页。
⑤沈从文:《复沈云麓(1933 年 10 月 2 日)》,《沈从文全集》第 18 卷,第 188 页。

京旧式花样特别称道,认为"木器样子、门样子、一切窗格样子,只有北京形式极雅极美"①,再"经有艺术思想之大大设计,美丽动人,不问可知也"②。过两天他再致信大哥云麓,答应帮助购买铜兽环,或"请专家画一图样,照式制作",并夸说自己新居的"椅子式样极美,若可照相当为照一式样来仿作"③,和兄长分享仿古器物之美。抗战期间的1938年,他曾返湘到沅陵造访这座他参与遥控设计的芸庐,并在此迎候徒步远涉昆明的文史学者李宗侗、闻一多、许维遹、浦江清等,留他们栖息小住。1937年,建筑学家梁思成、林徽因夫妇携家中老小循此路往昆明(后转至四川宜宾李庄),途中兼作古代建筑调查研究,想到附近辰州龙兴寺实地考察这座宋元时期的古建筑。他便商请大哥云麓"向当地大老、绅士、和尚、驻军(也许驻了军队)设法,使他们得到种种便利,可以好好的看一看这座大庙"④,并特别

① 沈从文:《致沈云麓(1933年11月13日)》,《沈从文全集》第18卷,第195页。
② 沈从文:《复沈云麓(1933年10月2日)》,《沈从文全集》第18卷,第188页。沈从文对传统家具的宝爱终其一生。据徐城北回忆,"文化大革命"中沈从文下放湖北咸宁双溪乡下:"沈已把北京家中大量硬木家具运到双溪,因为领导曾嘱告'多带生活用品,除了煤球'。而这许多硬木家具,是抗战后从地摊上所购。沈购此类东西与众不同,别人求新、求完整(由此取得经济价值),沈则仅仅注意式样、花纹,至于有无磕碰反倒不大注意——他追求的,仅仅是审美价值和对历史认识的价值。"见徐城北:《直上三楼》,第28页。
③ 沈从文:《致沈云麓(1933年10月4日)》,《沈从文全集》第18卷,第190—191页。
④ 沈从文:《致沈云麓(1937年10月29日)》,《沈从文全集》第18卷,第257页。

嘱咐:梁氏夫妇"专门研究建筑,注意的是大殿斗拱(檐下那种承柱撑木,形如 [斗拱符号] 样子),以及屋顶、檐口、窗棂等等……这庙如当真是宋元建筑,他们必可以来看看"[1]。其时沈从文虽是文学家名分,但对梁思成、林徽因及其营造学社破解古代"天书"《营造法式》之谜、为传统建筑的法式和艺术张本的志业甚为认同,并予以襄助。20世纪50年代,他还撰文《北京是个大型建筑博物馆》(《文汇报·笔会》1956年10月15日)、《故宫的建筑》(《人民画报》1957年第1期),与梁、林夫妇大力推行的民族建筑复兴工程相呼应。

然而,"好古"需要的仅是文化心灵,由"好古"到"集古(收藏)",则需要物质基础的支撑。沈从文有条件收藏文物,直到其文名显扬且结婚之后才得以实行。如他自道:

> 其时经济上和时间上,都像是容许我把生命一部直接消耗到美术品的搜集上,因此有机会进而从北平市面还缺少商业价值,却具有充分美术价值的明清彩瓷和青花瓷平面小件器物,有系统保留一点印象。[2]

这是沈从文的第一次收藏高峰,"专收古瓷,古瓷之中,又

---

①沈从文:《复沈云麓(1937年11月6日)》,《沈从文全集》第18卷,第266页。
②沈从文:《关于西南漆器及其他(一章自传———一点幻想的发展)》,《沈从文全集》第27卷,第28页。

专收盆子碟子",尤其是"明清两代的瓷盆"①;"他收集青花,远在外国人注意之前"②。虽无具体记载详其细末,可从他1938年避战昆明,与滞留北平的妻子张兆和谈及家中旧宅藏品存放的家信中,可见其规模已非同一般:

> 各书各物不必吝惜,丢的丢,不要紧。我那些宝盘子尽可能带来存老伯伯(杨振声——引者按)处好,带来也好,全寄存瑞蓄处更好。这里不需要它,因为走动时磕磕撞撞不便。这里有四个。最可惜的是在家打破那个小的,旁边有小眼儿的,只剩下些碎片,非常可惜。我们若当真在北方住上十年,我的收藏倒真可成一格,能印出书来必成为一本很有价值的书。现在已不可能了。我拟在无事时写一本忆盘录,用顶新方法来写它,每个盘子成为一个故事。③

从"我的收藏倒真可成一格",到刻印"必成为一本很有价值"的文物图录,再到书写"每个盘子成为一个故事"的《忆盘录》,沈从文从倾力收藏到准备从事文物著述的心迹昭然若揭,也在完全追踪前代学者"好古—集古—考古"的学术道路。而

①施蛰存:《滇云浦雨话从文》,巴金、黄永玉等著:《长河不尽流——怀念沈从文先生》,第50—51页。

②张充和:《三姐夫沈二哥》,王珞编:《沈从文评说八十年》,北京:中国华侨出版社,2004年,第71页。

③沈从文:《复张兆和(1938年8月2日)》,《沈从文全集》第18卷,第321—322页。1936年沈从文创作小说《主妇》,还记述了因为他大量购藏瓷器而影响到生活开支,致使夫妇俩闹起了严重别扭之事。见《沈从文全集》第8卷,第351—364页。

"用顶新方法来写它",意味着他在研究思路和述学文体方面也会有新的创制。这个新的创制,可能就是如《中国古代服饰研究》所运用的"总的看来虽具有一个长篇小说的规模,内容却近似风格不一分章叙事的散文"①那样的"新文体"。这种新的文体,或许还包括他"受华语训练,古籍薰淘","平时作文,即用桐城古体……沿用半通不通之古文"②,以及像《大唐西域记》《洛阳名园记》等那样对于岁时风物进行夹叙夹议③的述学风格,出现了类似于中国古代文体"破体"与"变体"及"'新学横行'与技法追求"之创格④。由于时局纷扰不定,《忆盘录》终付阙如,但这段收藏经历无疑成为沈从文文物研究的起步。其后他撰作长文《清初瓷器加工》,还不忘提及:"作者在五六十年前,究竟经眼过手不少珍品,因此很多意见,还是相当重要。"⑤

　　沈从文收藏的第二次高峰是在抗战时期的云南昆明。如果说北平收藏的便利是由于自圆明园劫余且江山易代之后,大量大库及官绅私藏宝物流落民间,给收藏提供机会,并为学术研究带来方便,那么昆明虽然偏居西南一隅,却与中原交通日久,和东南亚各民族国家来往密切,地方文化积淀深厚且独具特色,对沈从文的收藏而言,同样是"一个大有希望的

---

①沈从文:《中国古代服饰研究引言》,《沈从文全集》第 32 卷,第 10 页。
②沈从文:《试谈艺术与文化——北平通讯之四》,《沈从文全集》第 14 卷,第 383 页。
③沈从文:《谈"写游记"》,《沈从文全集》第 16 卷,第 517 页。
④吴承学:《中国古代文体学研究》,北京:人民出版社,2011 年,第 120—125、359—363 页。
⑤沈从文:《清初瓷器加工》,《沈从文全集》第 28 卷,第 102 页。

拓荒地"①。

其实在 1938 年由湘黔入云南的路上,沈从文就被沿途所见"明代仿哥瓷""式样完全如宋制"的瓷罐所吸引;甫抵昆明置办伙食用具,又为"汁水浓厚,温润无匹,形制尤古秀动人"的绿釉黑釉陶器所震撼。这些陶器有的"完全保存定窑风",有的"竟和传世越窑如嫡亲兄弟",有的"转多唐三彩风味","所看见的在素陶上实可以排成一个新系统",使他起意"如能收集百十种不同器物,陈列到任何现代陶瓷工艺博物馆,也将毫无愧色"②。从此他常与同道好友朱光潜、施蛰存、李长之、张充和、吴晗、汪曾祺等到昆明文物市场"觅宝",收购瓷器、竹器、缅盒、彩陶器皿、服饰绣件、铜锡象牙杂器等等,以至"收集也日益丰富,几几乎可说是凡能用较少的钱,能买的全买到了"③。其中尤为他所宝贵者,一是康熙八骏图瓷碟三只,沈从文曾著有小说《八骏图》,可谓机缘巧合,两者相映,有文、史互达之妙,惜未凑足八匹之数;二是购藏西南漆器,并引起研究兴趣。如他所言:"对于西南漆器更深的爱以及更多的关心,几几乎把陈列市上能买的全买到了。本意以为如能搜罗到三百种时,必可就手边所有,写出个比较报告,向对于这

①施蛰存:《滇云浦雨话从文》,巴金、黄永玉等著:《长河不尽流——怀念沈从文先生》,第 51 页。
②沈从文:《关于西南漆器及其他(一章自传——一点幻想的发展)》,《沈从文全集》第 27 卷,第 30 页。
③沈从文:《关于西南漆器及其他(一章自传——一点幻想的发展)》,《沈从文全集》第 27 卷,第 33 页。

些器物有兴趣朋友,作个抛砖引玉的工作。"①对于西南漆器的发现,还触动他如扩展收集的地域范围,必将对文物研究有新创获的思考:"就川蜀接壤区域的木胎和夹纻器,与黔中接壤区域的皮胎漆器,及迤西南竹胎或编藤器物,能作较多收集,必然还可得到一个不同印象,足供漆工艺史专家学人作更深一层的探讨。"②

上述思考出自沈从文作于 1949 年的第二个自传《关于西南漆器及其他(一章自传——一点幻想的发展)》。如与创作于1932 年的《从文自传》对读,1949 年版自传的副标题"一点幻想的发展",可视为第一个自传所压抑的"学者"沈从文的浮现。其实早于此时,就有人注意到"作家"沈从文在"玩物丧志",但他自道:"古人说:'玩物丧志',两年来我似乎就在用某种癖好系住自己……需要它,我才能够贴近地面,不至于转入虚无。"他反对有人对"这人笔下枯窘,因为心头业已一无所有"的风议,进而自白:

> 我这枝笔一搁下就是两年。我并不枯窘。泉水潜伏在地底流动,炉火闷在灰里燃烧,我不过不曾继续用它到那个固有工作上罢了。一个人想证明他的存在,有两个方法:其一从事功上由另一人承认而证明;其一从内省上由自己感觉而证明。我用的是第二种方法。我走了一条近

---

① 沈从文:《关于西南漆器及其他(一章自传——一点幻想的发展)》,《沈从文全集》第 27 卷,第 36 页。
② 沈从文:《关于西南漆器及其他(一章自传——一点幻想的发展)》,《沈从文全集》第 27 卷,第 36—37 页。

于一般中年人生活内敛以后所走的僻路。寂寞一点，冷落一点，然而同别人一样是"生存"。①

据沈从文在西南联大的一些"文学士"学生回忆，他们此时"走僻路"的文学导师，"谈文学的时候，远不如谈陶瓷，谈漆器，谈刺绣的时候多"②；他"时常拿起一件竹编小器物、一件手工编织的带穗挎包、刀鞘、伞袋，向我们称道一番；或是翻出一件什么铜器的铭文拓片，要我们和他一道沉浸在对于我国古代灿烂文化的慨叹中"③。此时沈从文已经意识到"金玉木石"也是"人类一颗心走向另一颗心的一道桥梁"的材料，值得灌注深情与心力，"用各种不同的文字"加以表达④。多年之后，汪曾祺为八十老翁沈从文写下的"玩物从来非丧志，著书老去为抒情"寿联⑤，恰如其分地呈现了沈从文由"玩物"而"研物"，由"集古"而"考

---

① 沈从文：《沉默》，《沈从文全集》第 14 卷，第 104 页。
② 汪曾祺：《与友人谈沈从文——给一个中年作家的信》，《我的老师沈从文》，郑州：大象出版社，2009 年，第 109 页。
③ 刘北汜：《执拗的拓荒者——怀念沈从文先生》，巴金、黄永玉等著：《长河不尽流——怀念沈从文先生》，第 173 页。此时的沈从文似乎成了物质文化迷，在 1948 年写作的怀念朱自清的文章《不毁灭的背影》中，他记下了如此的"联大三绝"："到这时（指抗战居昆明时——引者按），佩弦先生身边还多了一件东西，即云南特制的硬质灰白羊毛毡。（这东西和潘光旦先生鹿皮背甲，照老式制法上面还带点毛，冯友兰先生的黄布印八卦包袱，为本地孩子辟邪驱灾用的，可称联大三绝。）这毛毡是西南夷时代的氆氇，用来裹身，平时可避风雨，战时能防刀箭，下山时滚转而下还不至于刺伤四肢。"见沈从文：《不毁灭的背影》，《沈从文全集》第 12 卷，第 241 页。
④ 沈从文：《沉默》，《沈从文全集》第 14 卷，第 105 页。
⑤ 汪曾祺：《沈从文先生在西南联大》，《汪曾祺文集·散文卷》，第 133 页。

古"的治学轨迹。

1946年北大复员返回北平后,即以向达为主任,梁思永、裴文中为导师,重建文科研究所文物古器物整理室,继续原北大国学门马衡、罗振玉、伯希和诸先辈开创的文物考古研究,并于1947年4月16日,由校长胡适牵头,组成十一人委员会筹备成立博物馆①。为充实馆内文物收藏,特向北大内外收集"本校文理工医农学院及文史研究所……不用的或重复的资料","近代及现在的民间工艺(手工制)品与其工具","边疆民族的文物及道佛的法物与衣冠","清代的衣饰、兵器、钱币、家具、戏剧衣饰"等②。这次文物征集,成为沈从文把个人收集转为捐献博物馆"公藏"的契机。据史料记载,沈从文先后捐赠自藏器物七批次,计有"漆器九件竹枕一个"③;"漆盒一件"④;"张墨农

① 十一人为胡适、汤用彤、向达、裴文中、杨钟建、韩寿萱、殷宏章、芮逸夫、唐兰、杨振声、冯兰洲,由胡适担任召集人。见《北大博物馆筹备委员会委员》,北京大学档案馆·全宗号(七)·目录号第一号·卷宗号977,王学珍、郭建荣主编:《北京大学史料》(第4卷,1946—1948),北京:北京大学出版社,2000年,第688页。
② 韩寿萱:《筹办北京大学博物馆的一点意见》,北京大学档案馆·全宗号(七)·目录号第一号·卷宗号977,王学珍、郭建荣主编:《北京大学史料》(第4卷,1946—1948),第687页。
③ 北大博物馆筹备处:《博物馆谢启》,《国立北京大学周刊》第37期,1948年2月15日,王学珍、郭建荣主编:《北京大学史料》(第4卷,1946—1948),第691页。
④ 北大博物馆筹备处:《博物馆谢启》,《国立北京大学周刊》第40期,1948年3月14日,王学珍、郭建荣主编:《北京大学史料》(第4卷,1946—1948),第691页。

藏古印押一册"①；"青花串枝莲舥一件"②；"民国十二年宪法起草委员会纪念笺三张"③；"绿釉陶豆，彩绘芭蕉瓶，乾隆云蝠盘，霁兰小碗，仿哥蓝花小碗，青花番莲碗，及青花碗等七种"④；"升官图八幅，清康熙青花碗一件，织绣水烟袋套一件"和"清宣统二年简报一纸，十月十一日益世报文学周刊一张，绣缎镜帘一件"等⑤，后更将从云南购得的西南漆器尽数捐献⑥。捐赠物的范围涉及珍贵瓷漆器物和画印字纸等项，沈从文为一干捐赠人中最为活跃者，致使该馆表示："本馆经沈从文、杨振声、唐阑诸教授之努力，采购藏品日增，故成立未久，已感馆址之不敷用。"⑦并非筹委会委员的沈从文名列表扬第一位，排名反倒在筹委会委员杨

---

① 北大博物馆筹备处：《博物馆谢启》，《国立北京大学周刊》第 41 期，1948 年 3 月 21 日，王学珍、郭建荣主编：《北京大学史料》（第 4 卷，1946— 1948），第 691 页。

② 北大博物馆筹备处：《博物馆筹备处谢启》，《国立北京大学周刊》第 53 期，1948 年 6 月 13 日，王学珍、郭建荣主编：《北京大学史料》（第 4 卷，1946—1948），第 694 页。

③ 北大博物馆筹备处：《博物馆筹备处谢启》，《国立北京大学周刊》第 54 期，1948 年 6 月 20 日，王学珍、郭建荣主编：《北京大学史料》（第 4 卷，1946—1948），第 694 页。

④ 北大博物馆筹备处：《博物馆筹备处谢启》，《国立北京大学周刊》第 62 期，1948 年 8 月 15 日，王学珍、郭建荣主编：《北京大学史料》（第 4 卷，1946—1948），第 695 页。

⑤ 北大博物馆筹备处：《博物馆筹备处谢启》，《国立北京大学周刊》第 73 期，1948 年 10 月 31 日，王学珍、郭建荣主编：《北京大学史料》（第 4 卷，1946—1948），第 696 页。

⑥《〈漆器及螺甸工艺研究〉说明》，《沈从文全集》第 28 卷，第 166 页。

⑦《北大前校长蒋梦麟赠送博物馆珍品》，《益世报》1948 年 4 月 23 日，王学珍、郭建荣主编：《北京大学史料》（第 4 卷，1946—1948），第 692 页。

振声和唐兰的前面。北大博物馆"暂时附设于文学院内,拟在两年成立独立学系"①,如此院、馆设置的混搭,也成为文学教授沈从文向文物学者"悄然转身"的一个重要机缘。而在北平易帜后的1949年5月,北大化工系主任袁翰青教授前往博物馆参观,随即致信沈从文谈及观感道:

> 北大博物馆只有短短的一年多的历史,又在这样穷困的情形之下,竟能有如此成绩,使我对于在馆内埋头工作的朋友们,深致敬意。后来又知道,先生在这方面所费的心血最多,更令人感佩。新中国需要各种岗位的知识分子努力工作。博物馆事业在中国虽然刚刚萌芽,可是我们认定它是人民教育的一个重要部门,政府和人民一定会重视它的。而从事这项任重道远的工作的人,也一定会受到各方面的崇敬的。我以极诚恳的心情写这封短信,来表示我对于先生和北大博物馆诸位先生的敬意。②

信中言及种种,从专业角度考量,或可看作曾以民间手工艺制作研究中国化学史的袁翰青的同人赞语;但从政治方面思索,

①《北大两专科已正式上课》,《益世报》1947年10月4日,王学珍、郭建荣主编:《北京大学史料》(第4卷,1946—1948),第689页。

②袁翰青:《袁翰青致沈从文(1949年5月3日)》,《沈从文全集》第19卷,第35页。1948年6月29日,沈从文还曾与袁翰青、陈寅恪、杨振声、朱光潜、俞平伯、潘光旦、费孝通、钱伟长、吴晗等居平名流学者,联名在北平《新民报》发表宣言,抗议国民党军队轰炸开封古城。见吴世勇编:《沈从文年谱(1902—1988)》,天津:天津人民出版社,2006年,第299页。

由于袁翰青属于亲共民主知识分子,在共和国成立后又担任过文化部科学普及局局长和商务印书馆总编辑等职务,这封书信未始没有来自新政府的"统战"授意。据此或可推测,在共和国成立之先,有关方面便有让沈从文从事文物研究的暗示。而考虑到在这之前的3月28日,因受郭沫若斥其为"反动派"作家和北大革命学生在校园悬挂"名文"《斥反动文艺》大字报等等刺激,沈从文一度自杀,则袁翰青的来信不免还有一番私谊背后的"安抚"和期许吧。

沈从文献诸博物馆公藏的热心,是他在文物研究方面越发自觉起来的反映。现代学术体制的建立,文物研究从上层文化表征的金石龟甲碑版扩大到下层文化符号的一切工艺制作,加之考古发掘使研究对象的范围和种数更加广泛,都促使文物研究越发依赖资料的集中和公开。博物馆的设立即为此项工作的顺利开展应运而生。然而在沈从文看来,个人收藏无论怎样宏富,都无法达到应付现代科学综合研究的程度,文物研究利用公藏资料显得尤其亟需和必要。博物馆正是保护"学问的原料"的最佳去处,对于博物馆的建设和功能的强调便成为沈从文关注的重心所在。特别是在抗战结束而内战复起,百废待兴同时也是千钧一发之际,文物的加紧购藏、积极保护和合理利用就显得更为紧迫,绝不能以轻浮放任的态度加以对待。1948年10月沈从文致信凌叔华,对上述问题作出明确阐述,言辞峻急而不客气:

> 为中博在云南丽江收集的东西,也丰富惊人。从近事看发展,中国美术字画铜玉时代似已过时。具地方性特种

美术品,将更能引起各方面注意,也易与现代接触。我想如果在三年后还有机会来为美术现代化运动作点事,十年后一定还可把许多有地方性工艺品,使之与现代工艺重新接触。惟照目下情形说来,我们是否还能活三年,可看不准!

北平也许会毁到近一二年内战炮火中,即不毁,地方文物也一天一天散失,什么都留不住。目下唯一还可收购的,似乎还有丝织物中的绸缎,许多还是清初东西,即是晚清出品,也多乾隆花样,照时价还不过一美金一码,收二三百种,还有办法。可惜学校还无此眼光(即艺术专校也无此认识),只有坐视它完事。凡这一类工作,我们恐怕永远要走在日本后面,军事上还可转败为胜,这类认识将打长久败仗了,因为专家学人可以说对此尚毫无兴趣,毫无认识。最作孽的无过于故宫,什么事都不作,只养下一些职员办公!木器家具除登记后搁着下来,竟若毫无用处,陈列室却用一专室放西洋钟!丝织物有上千种不注意,许多都在你们住平那个时候随意卖了,现在却还有一个房子陈列郎士宁艾蒙的大马。真是作孽子!

日本近十年在北平留下了一大分现代漆器和高丽陶,都因为没有人注意,散失到普通人手中去了,陶器有极好的。这些方面中央可没有人接收。徐悲鸿在这里作艺专校长,在交际上还活泼,在设备上却无能力补充。事实上艺专在北平办,唯一方便即利用故宫收藏,并为自己学校收藏就工艺美术方面作种种补充,因为先生比学生事实上还需要教育。但学校事实上还如一般学校,注册庶务一大堆职员,却没有几个人能研究。一个国画系慢慢的对于纸张笔墨也毫无知识,颜料也不会运用了,真可说相当可怕!中国在这些问题上才真要革命! 若照当前那样办下去,不低能即堕珞(落),如同命中注定也。①

沈从文批评的锋芒所指,认为收藏机构未能尽力收集散失文物或对文物处置不周,显然缺乏保护意识和应有的学术准备;任事者对藏品"毫无兴趣"且视之为"食余剥剩,无用当弃",将阻碍民族文化遗产的继承发扬和现代工艺美术的创新发展;而研究机构未能以"学者"为中心,配置失当终使主脑尽失而枝蔓丛集。种种不当之举不仅可能在相关研究中出现"低能",也无法在与别国的文化竞争中"转败为胜",导致一种新的"民族堕落"。而应对之策,在于"根本改造"博物馆的功能设计并加强对文物的收藏整理,在专科以上院校设立文物院编印文化史或美术史参考图录,以及扩大省市县博物馆,注重地方性文物和民俗工艺品收集②,使"文物保卫""艺术革命""特种工艺复兴"终不至于成为空洞名词③。

1949 年 8 月,经郑振铎出面,沈从文从北大调整进入北平国立历史博物馆(即后来的中国历史博物馆)④,时年四十七

---

① 沈从文:《致凌叔华(1948 年 10 月 16 日)》,《沈从文全集》第 18 卷,第 512—513 页。
② 沈从文:《收拾残破——文物保卫一种看法》,《沈从文全集》第 31 卷,第 294—298 页。
③ 沈从文:《关于北平特种手工艺展览会一点意见》,《沈从文全集》第 31 卷,第 303 页。
④ 吴世勇编:《沈从文年谱(1902—1988)》,第 317 页。

岁;虽在政治上仍被视为"反动作家",但在文物工作方面终得到"收之桑榆"之效。且"十几年来,我因为征集文物,明白好坏,也明白价值。我有能力收买,并没有作,主要原因,是不想自己占有这些东西,公家东西见得越来越多,个人收藏就显得毫无意义了"①,他除得以广泛接触馆藏文物外,还立意"让瓷器回老家"②,继续向故宫博物院、湖南博物馆、中央工艺美术学院、北京市工艺美术学校、天津工艺学校、山东大学、长春人民大学、吉林艺术师范学院、上海师范学院、贵州师范学院等捐献大量个人私藏古物③,充实各学术机构的文物馆藏建设。这一年他还和尹达、王冶秋、范文澜、徐悲鸿、启功等一起,以个人名义共向北平国立历史博物馆捐赠文物 16962 件。博物馆为此举办了"新中国人民捐赠文物展览"和"新收文物展览",表示感谢,以志其人其事④。沈从文暂别了"反动作家"队伍而获得了"新中国人民"的名义。

而早在 1948 年,沈从文"振兴博物馆的新尝试"即在紧锣密鼓地进行⑤,如建议:"北大文、史、博物馆科,清华文、史、人类、社会、建筑,以及新成立的美术考古系,师范学院的博物管理系,辅仁美术、人类学系,燕京史学系,以及美术专门学校,采

①沈从文:《我为什么研究杂文物》,《沈从文全集》第 27 卷,第 190 页。
②沈从文:《我的检查》,《沈从文全集》第 27 卷,第 201 页。
③沈从文:《上交家中破瓷器的报告》,《沈从文全集》第 27 卷,第 182 页;《我为什么研究杂文物》,《沈从文全集》第 27 卷,第 190—191 页。
④中国历史博物馆编:《中国历史博物馆 80 年》,北京:中国历史博物馆,1992 年,第 40—41 页。
⑤宋伯胤:《不应当疏忽这份无比丰富宝藏》,巴金、黄永玉等著:《长河不尽流——怀念沈从文先生》,第 247 页。

取一种崭新的进步合作态度",选派学员,"一部分时间就各校所有课目授古器物学,美术史,及近代博物馆保管与陈列等等专题训练,一部分时间就故宫所有实物分组作观摩学习,并参加故宫某部门整理研究目录卡片工作。以两年为期,这种学生训练结果,即可作如下分配:一各回本校服务,二入故宫作专门研究,三至各省市及国内公私博物馆主持工作,四出国去作国外博物馆有关远东文物艺术的助手。其次是特辟若干陈列室,将有关现代文化特种工艺美术品,如瓷、漆、玉、牙、丝织物、景泰蓝、家具,专供国内学术单位,中博协会会员,及各有关部门专家,工艺美术指导设计人研究参考,并在技术上贡献以一切便利"①。国内文史学者可利用这种成效,或兼任博物馆研究员,或于假期利用博物馆资料进行研究工作,"从实际出发,注意材料的全面性和不断发展性",使文史研究充分结合文物,必能弥补"放弃实物,自然容易落空"的缺陷,"才可望工作有真正的新的展开"②。这种崭新尝试,在沈从文身上表现得尤为典型,他在历史博物馆做"说明员"十余年,进而又"陈列员"而"研究员",识器愈广,学力愈深,研物愈精,终至在学术上取得一系列惊人成就。1980 年 11 月赴美国访问,沈从文对其文学创作往往轻描淡写,对其文物研究倒是重点论列,其中谈及博物馆与其治学乃至馆藏材料与中国文物研究的关系,尤为点睛之笔:

---

①沈从文:《收拾残破——文物保卫一种看法》,《沈从文全集》第 31 卷,
　第 295 页。
②沈从文:《文史研究必需结合文物》,《沈从文全集》第 31 卷,第 313—314 页。

那些有兴趣研究中国文化史、艺术史与工艺史的朋友，都值得回去看看。任何部门都有大量的材料，存放在各省博物馆的库房里，等待有心人来整理和研究。这大多数都是过去文献上从没提到的，我们也只是进行初步的探索。但这工作明显需要大量的对中国文化有兴趣的朋友来共同努力。这种研究的深入进展，十分显明是可以充实、丰富、纠正《二十五史》不足与不确的地方，丰富充实以崭新内容。文献上的文字是固定的，死的，而地下出土的东西却是活的，第一手的和多样化的。任何研究文化、历史的朋友，都不应当疏忽这份无比丰富宝藏……仅就这个问题而言，我们尚有一千万件历史档案有待整理和研究……光是这方面就需要有一百个历史研究员研究一百年。①

"我们地面上只有一部二十五史，地底下有一百部二十五史！"②这是沈从文从个人"小小储蓄"的"集古"出发，转移到利用研究机构公藏进行"考古"的驱动力，也是其文物研究不断扩大的疆域范围。1973年他致信历史博物馆馆长杨振亚，道及服饰史、绸缎史、家具发展史、漆工艺发展史、前期山水画史、陶瓷加工艺术史、扇子和灯的应用史、金银加工艺术史、三千年来马的应用和装备发展史、乐舞杂伎演出的发展资料等，他已统统

①沈从文:《从新文学转到历史文物——一九八〇年十一月二十四日在美国圣若望大学的讲演》,《沈从文全集》第12卷,第388页。
②沈从文:《在湖南吉首大学的讲演——一九八二年五月二十七日》,《沈从文全集》第12卷,第401页。

"拿下"，原因除"只是一个肯学而已"外，"经眼过手"馆藏"十万八万"件实物资料实为重要的因素，"毫无什么'天才'或'神秘'可言"①。就此而言，沈从文重视"地底下一百部二十五史"的无量数材料，对其在特定部类或属"窄而深"的问题，而仍需进行"广而泛"的长期发掘整理研究的建议，对后来的中国文物研究无疑是一种重要的提醒。

"日知录"：从现实学习

对于自己的文学成就，沈从文常归因于乃体味生活的"大书"所致，以此移用于他的学术功业，同样可见出其仍是从现实中逐步层累而成。1946年，在从新文学家向"用一个素朴态度守住自己，努力探寻学习的专家学人"靠拢时期，他曾自道其"忠于求知敬重知识的观念"来自从书本以外所学到的东西②。沈从文的学术疆域在服饰陶瓷漆器及各种细碎民间工艺美术之间，虽位列史部，但其学术习得过程，与在经史子集范围内沿袭授受的传统方式毕竟大不相同。其要点之一——套用"日知其所亡，月无忘其所能，可谓好学也已矣"（《论语·子张篇》）——是出入于经籍而又与现实广泛接触，尤其是在书斋之外行走于田野由渐悟寸累而得，这对他的学术认识、方向、范

①沈从文：《致杨振亚（1973年12月7日）》，沈虎雏主编：《沈从文全集·补遗卷》第2卷，太原：北岳文艺出版社，2020年，第56—57页；《无从驯服的斑马》，《沈从文全集》第27卷，第380页。
②沈从文：《从现实学习》，《沈从文全集》第13卷，第396页。

围、目的乃至方法的形成都可谓至关重要。本节依据有限史料，略举数例，考察其从现实习得之学术体会，借斑窥豹于沈从文为学治学路径形成之原委。

（一）熏染于"社会百工技艺"

对于何谓"现实"，沈从文自道："我所明白的现实，和从温室中培养长大的知识分子所明白的全不一样，和另一种出身小城市自以为是属于工农分子明白的也不一样，所以不仅目下和一般人所谓现实脱节，即追求抽象方式，恐亦不免和其他方面脱节了。"①这段夫子自道，是沈从文对其处世身份和为学方向独特性的一种刻意说明，表示其治学方式与其文学创作持守"乡下人"立场一样，既与传统书斋学者相异，也和挟工农自重以标示其意识先进的时尚知识分子不同，其"脱节"之处恰恰是他"特出"的地方。而这个特出之处，即是沈从文以"乡下人"眼光打量一切民间工艺美术，"不仅对制作过程充满兴味"，而且"对制作者一颗心，如何融会于作品中，他的勤劳、愿望、热情，以及一点切于实际的打算，全收入我的心胸"②。这种有选择性的关注方式，成为沈从文圈定以"社会百工技艺"为中心的物质文化研究的重要基点。

早在军中读书生涯之先，沈从文就对民间工艺制作产生莫大兴趣。据1932年《从文自传》记载，幼年的他对"为什么刀得烧红时在水里一淬方能坚硬？为什么雕佛像的会把木头雕成

①沈从文：《从现实学习》，《沈从文全集》第13卷，第373页。
②沈从文：《关于西南漆器及其他（一章自传——一点幻想的发展）》，《沈从文全集》第27卷，第23页。

人形,所贴的金那么薄又用什么方法作成？为什么小铜匠会在一块铜板上钻那么一个圆眼,刻花时刻得整整齐齐",均有浓厚的探究兴趣①;入伍后在从湖南到四川的行军路上,又对途经古寺佛像和寺中白骨塔里人骨手中的麻花纹银镯子予以侧目留意②。这是迄今所见沈从文对物质文化的第一次书写,范围涉及制瓷③、绞绳、织簟、磨针、染布、打铁、雕刻、榨油、造船等民间工艺制作④,虽来自其少年经验的复现,却是与当时学术文化背景的变迁密切相关的。新文化运动以来,民间文化开始受到新学之士的重视,加之田野调查兴起,下层文化有逐渐上扬之势,带动学术眼光向下位移,使传统经籍之外的一切文化创造均成为可供研究的对象和可资利用的材料。故沈从文道及"和大都市风雅人的鉴赏风花雪月是不大同的……童年中对于社会百工技艺……因之发生一种特别的关爱",更申明"对于一般感性艺术的欣赏,也由于这个深而厚的底子奠的基础"⑤,恰显示其生命历程被学术新风照亮的一面。若与1925年起因受北大"歌谣会"影响,沈从文极力采辑故乡民间谣曲并加以详尽的学术化的笺释注解行动⑥——此时史学家顾颉刚的《吴歌甲集》也刚刚在民国十五年(1926)编定出版——相对照,则他早年在新学潮流中捕获的这种知识体会,不可不谓为含有新学术的底

①沈从文:《从文自传》,《沈从文全集》第13卷,第260页。
②沈从文:《从文自传》,《沈从文全集》第13卷,第344页。
③沈从文:《从文自传》,《沈从文全集》第13卷,第274页。
④〔美〕金介甫著,符家钦译:《凤凰之子:沈从文传》,北京:中国友谊出版公司,2000年,第44页。
⑤沈从文:《总结·传记部分》,《沈从文全集》第27卷,第78—79页。
⑥见沈从文:《筸人谣曲》,《沈从文全集》第15卷,第3—60页。

色,沈从文的学术积累与新学术的演进发展,也就不可谓不同步了。

　　"到都市上来,工艺美术却扩大了我的眼界,而且爱好与认识,均奠基于综合比较"[1]——少年时代接触社会百工技艺的经验,逐渐在其后沈从文的生命历程中堆积并放大,他对古代文物之美的价值判断,大有超越现代文艺之上而认为其应对新文艺创作发生启迪作用。在 1942 年发表的《短篇小说(五月二日在西南联大国文学会讲)》中,沈从文说道:"在过去,曾经产生过无数精美的绘画,形制完整的铜器或玉器,美丽温雅的瓷器,以及形色质料无不超卓的漆器。在当前或未来,若能用它到短篇小说写作上,用得其法,自然会有些珠玉作品,留到这个人间。"[2]在 1948 年发表的《〈曾景初木刻集〉题记》中,他又以为现代木刻版画制作,若"从铜、石、玉、牙、漆、瓷上,从门扉窗棂上,从丝毛编织物绣染上,从佛道二藏宝卷弹词引首插图,从旧刻说部书插画,从带色本草纲目,从方志图录,从砚、墨、年画……扩大学习模仿改造,并供有心有手艺术家来重新配合",必然会使"木刻画从插图地位而独立,于国际艺术独树一帜而有以自见"[3]。沈从文提醒道,"百年后或千载后的读者,反而

---

[1] 沈从文:《关于西南漆器及其他(一章自传——一点幻想的发展)》,《沈从文全集》第 27 卷,第 23 页。

[2] 沈从文:《短篇小说(五月二日在西南联大国文学会讲)》,《沈从文全集》第 16 卷,第 504 页。此文是沈从文 1941 年 5 月 2 日在西南联大国文学会所作讲演稿的校正稿,发表于 1942 年 4 月 16 日《国文月刊》第 18 期。

[3] 沈从文:《〈曾景初木刻集〉题记》,《沈从文全集》第 16 卷,第 364 页。

唯有从这种作品中,取得一点生命力量,或发现一点智慧之光"①,这或可视为学者沈从文逐渐压倒作家沈从文的象征语词。而在其后展露其学者姿态的第二个自传《关于西南漆器及其他(一章自传——一点幻想的发展)》中,沈从文又一次复写了前述的少年经验,说"再次看到小银匠捶制银锁银鱼,一面因事流泪,一面用小钢模敲击花纹。看到小木匠和小媳妇作手艺,我发现了工作成果以外工作者的情绪或紧贴,或游离",从此"明白一件艺术品的制作,除劳动外还有个更多方面的相互依存关系。而尤其重要的,是这些小市民层生产并供给一个较大市民层的工艺美术,色泽与形体,原料及目的,作用和音乐一样,是一种逐渐浸入寂寞生命中,娱乐我并教育我,和我生命发展严密契合分不开的"②。

如此复写类似的现实经验并强调、扩张其与自我生命发展的联系,表明沈从文在"纯知识"的获取和"爱智慧"的积累两方面,均出自于民间工艺美术的熏染。这种"无言之美,产生无言之教"③影响及于沈从文后来的学术研究,可谓在在皆是。长期接触、关注、思索社会百工技艺,使他不同于一般收藏家和艺术史学家经过间接方式才能掌握资料。通过这种近于现代学术的田野考察活动,他直接了解了在文化社会中地位低级的

---

①沈从文:《短篇小说(五月二日在西南联大国文学会讲)》,《沈从文全集》第 16 卷,第 504 页。

②沈从文:《关于西南漆器及其他(一章自传——一点幻想的发展)》,《沈从文全集》第 27 卷,第 22—23 页。

③沈从文:《短篇小说(五月二日在西南联大国文学会讲)》,《沈从文全集》第 16 卷,第 505 页。

工匠,如何制作出文化史上可能的精品,并获得对这些工艺品制作的自然过程和本真性的认识。它的优越之处,是单纯依据文献而没有实地调查的书斋研究所不具备的。

　　循此道路,沈从文成为对出于普通匠人之手所制成的作品表现出深广兴趣并予以精心研究的"坚毅学者"①。他"爱好的不仅仅是美术,还更爱那个产生动人作品的性格的心,一种真正'人'的素朴的心"②。他在20世纪50年代之后坚定地立志为"中国文化史劳动人民成就部分作点基本功",填补通史或文化史上关于普通人民成就的空白的学术旨趣③,便造端于此。如他论"清初瓷器加工",不仅及于上层制度设计,也注意到普通画师与工匠的才华和努力:

　　　　加之清政府重视瓷业,官窑一去明代强迫命令限额贡奉制度,每有烧造,多照顾到商业成本,不过分苛索客户。御器厂重要烧造,仿古多由宫廷取真宋器作样子,彩绘多

---

①如布莱恩·斯波纳所说:"织工本身不能写作,而他们所属的文化与时代中那些有文化教养的人,即使到了现在,也对凭借穷人的技巧所制成的作品没表现出多少兴趣,即使是在皇家投资的地方也是如此……对于坚毅的学者,这迟早会使他意识到只要这个问题被定义为物质文化的问题,或即使在狭窄的意义上算作设计史的问题,那么对于可以知道的内容就会有很多限制,且这些限制往往不能被专家认识到。"见〔美〕布莱恩·斯波纳著,郑秀才译:《织者与售者:一张东方地毯的本真性》,孟悦、罗钢主编:《物质文化读本》,北京:北京大学出版社,2008年,第240页。
②沈从文:《关于西南漆器及其他(一章自传——一点幻想的发展)》,《沈从文全集》第27卷,第23页。
③沈从文:《文学创作方面检查》,《沈从文全集》第27卷,第212—213页。

由如意馆画师设计出样,反复试烧,不惜费用。委派专官监督,如臧应选,郎廷极,刘伴阮,年希尧,唐英等,本人又多具有较高艺术鉴赏水平,有的且躬亲其事,和工人一道,从生产实践上取得各种经验,所以在千万陶瓷工人、画师共同不断努力中,才创造出惊人奇迹,产生出万千件具有高度艺术产品,在世界上博得普遍佳誉。①

又论"中国陶瓷史",特别彰显制器者作为"沉默中的无名英雄",在人类经济关系和社会发展史上的重要作用,并伸张他抗战期间即认定制器者"这点创造的心,就正是民族品德优美伟大的另一面"②的观点:

瓷器在中国文化史工艺美术上的普遍成就,虽无物可比拟,使这个三千年来老大帝国,于封建统治失效,全民族受异族困辱奴役三朝(辽金之侵宋、元入主中国、清入主中国),犹仿佛从陶瓷上还可看出一种不甘屈辱、挣扎反抗的民族贞固品质和单纯信仰,表现于各自不同的进步上。然而这种器物的制作者,一切技术上的改进和品质提高,在历史上除二三人偶而知名,一个大大的群体,便照例永远是在沉默中的无名英雄。倘若说,中国的文化在陶瓷,一

---

① 沈从文:《清初瓷器加工》,《沈从文全集》第 28 卷,第 113 页。
② 沈从文:《短篇小说(五月二日在西南联大国文学会讲)》,《沈从文全集》第 16 卷,第 504 页。1948 年沈从文还撰文《〈曾景初木刻集〉题记》,道及长沙工艺美术"无名工匠作品中,还可依稀见出二千年前楚民族的幻想"。见《沈从文全集》第 16 卷,第 365 页。

部陶瓷史也既是人类经济关系和社会发达史的一系,那么这种文化史上的光荣创造者,极显明应属于《天工开物》和《陶冶图说》所提及一个劳动群的集体创造,惟他们才应当享有这种光荣的。如能从这个观点和一个新的社会观,来作中国陶瓷的叙录,应当是新美术史教程一部分极有意义的工作。①

研究对象既确立在社会百工的工艺制作,所据材料又在于文物实物,所定目标复在于要对中国文化史有所"发覆",就"必需有人能够带着一种新的探讨精神,来从文物方面下手,再联系文献,综合问题,分析问题,必可望得到许多新的知识,新的结论"②。由此导致沈从文专注于撰述"用物质文化发展作重心的中国文化史",形成他最为特出的"以物证史"③的学术特色:

> 到如今,我们就还没有一本能够用物质文化发展作重心的中国文化史,更没有一部以劳动人民的生产创造为正统主流的中国美术史或工艺发展史……读书人,不可免还存在于书本中研钻,从文字章句间找证据,以书证书。弄

①沈从文:《〈中国陶瓷史〉题记》,《沈从文全集》第 28 卷,第 52 页。
②沈从文:《文学创作方面检查》,《沈从文全集》第 27 卷,第 212 页。
③蔡鸿生:《中国学术三名著》,陈春声主编:《学理与方法——蔡鸿生教授执教中山大学五十周年纪念文集》,香港:博士苑出版社,2007 年,第 47 页。蔡鸿生认为当代中国学术产生了三部名著:一是钱锺书的《管锥编》,为"中西打通";二是陈寅恪的《柳如是别传》,为"知人论世";三是沈从文的《中国古代服饰研究》,为"以物证史"。

金石书画杂器物的,旧式的尚难摆脱玩古习惯,把握不到大处。新式的又常……概念的理解它和上层文化的结合十分紧密,可无从再进一步,理解它和生产劳动的关连——即一切出于劳动创造,而对之发生应有的敬重。①

从"读书人,不可免还存在于书本中研钻,从文字章句间找证据,以书证书"回溯到"我的知识大都是从书本外得来",沈从文学术习得之特色和学术开拓之流向,是值得反复回味的。今人,尤其是不少文学之士,仍对沈从文的转业抱有惋惜之情,认为多是他在时代政治压迫之下的无奈之举,这实在是由于对沈从文这一段人生轨迹和学术心史的陌生所致。1952 年,辅仁大学的一部分并入中国人民大学,沈从文拒绝了邀其出任国文系教授的正式聘请②;1953 年,他又明确流露了脱离文坛的心意③。个中缘由,只有沈从文了然于心——不仅是他日记中所记的"天启"般文字,以为有种冥冥之力在支配他:

> 在我生命中先是成为一种势力,随后即成为我生命向上向前一部分动力,而末后,还将转化到一组文字上,如同千百年前过去那些制瓷绘画的工人一样,充满柔情和热

---

①沈从文:《敦煌文物展览感想》,《沈从文全集》第 31 卷,第 307 页。
②沈从文:《我为什么始终不离开历史博物馆》,《沈从文全集》第 27 卷,第 245 页。
③沈从文:《我为什么始终不离开历史博物馆》,《沈从文全集》第 27 卷,第 248—250 页。

爱,转移到一个小碗上去。①

而且,沈从文自信于他在从"实践"中摸索出的学术新领域里所证悟出来的研究新方法,必将"具有学术革命意义的":

> 至于试用《实践论》求知方法,运用到搞文物新工作,不受洋框框考古学影响,不受本国玩古董字画旧影响,而完全用一种新方法、新态度,来进行文物研究……深深相信这么工作是一条崭新的路。作得好,是可望把做学问的方法,带入一个完全新的发展上去,具有学术革命意义的。②

在当时,受时代氛围影响,沈从文探讨学术不免常用到"唯物主义""实践论""为人民服务"等时尚习语,但多是学术层面的。他几乎是以"六经注我"的方式,使用它们于学术问题,而殊少意识形态意涵和庸俗社会学取向。如他说"实践论":"若一切学术研究工作,善于运用实践论求知识,反复求证的方法去进行,必可得到新的进展。"③又由服饰研究谈及"唯物":"之所以我们研究服装不是为了好看搞,也不是为了演戏搞,意思是可以探索许多,互相来证它……可以解决许多一般的或是专家不能解决的问题。我们可以轻而易举地解决,也为提的都是

①沈从文:《日记(1950 年 8 月 8 日)》,《沈从文全集》第 19 卷,第 75 页。
②沈从文:《我为什么始终不离开历史博物馆》,《沈从文全集》第 27 卷,第 245—246 页。
③沈从文:《我为什么始终不离开历史博物馆》,《沈从文全集》第 27 卷,第 243 页。

证据,一切实事求是,唯物嘛!一方面可以补充历史文献所不够的,一方面可以丰富历史文献的内容。"①显而易见,"实践论""唯物"在这里变成了"实证主义",体现着科学求实的精神,说其移花接木也好,偷换概念也好,甚至是"狐假虎威""皮里阳秋"也好,总之它们成为沈从文厘清自己现代考证派治学方法的工具。这也可视为沈从文不以书证书,而是从实物出发,用实物结合文献进行综合研究的一个生动注脚。然而也应该看到,共和国成立之初强调普通人民创造历史的时代精神,显然与沈从文一向重视"社会百工技艺"的生命经验及学术关怀是比较贴近的。沈从文由此获得以余生的全部心力进行学术研究的自信和动力,填补"物质文化史""新美术史""'陶'、'瓷'、'丝'、'漆',及金属工艺等等专题发展史"的种种空白②,他的所谓"唯物"论和人民史观所起到的作用,是十分明显且巨大的。

(二)由"偶然触机"进而"大胆假定"

学术研究需要长期积累,由熟而精;但也依靠触机而动,捕捉妙识,这都需要研究者长久保持"有心人"状态。在沈从文早年流寓京华寻索作家梦的时候,他对物质文化遗存就时时关注,经常游览自名之为"中国古代文化博物馆"的琉璃厂及其近

①沈从文:《我是一个很迷信文物的人——在湖南省博物馆的演讲》,王亚蓉编:《沈从文晚年口述》,西安:陕西师范大学出版社,2003年,第31页。
②沈从文:《我为什么始终不离开历史博物馆》,《沈从文全集》第27卷,第245页。

旁"满可以说是个明清两朝由十四世纪算起,到十九世纪为止的'人文博物馆'"的挂货铺,其"就内容言,实在比三十年后午门历史博物馆中收藏品,还充实丰富得多";这些地方遂成为他读书写作之外"安顿旺盛生命"的又一方式和"无从毕业的学校"①。期间他的收获有重要两点:一是发现存在着比博物馆所藏更为丰富的物质文化材料,在博物馆珍藏的经过反复汰选的精品之外,那些普通的工艺制作同样代表着人们生活的那个历史世界,值得研究考索,而这一点,是丝毫不逊于现代西方物质文化研究观念的②;二是为学术研究预想新领域,在"代表开明思想新一代学人,却极少有人注意到这个问题,居多只当成一份'封建垃圾'看待"的当时,沈从文便"理会到这都是一种成于万千世代专业工匠手中的产物,很多原材料还来自万千里外,具有近古各国文化交流历史含义"③。这种在知识范围和学术视野两方面均蕴含超前性的新认识,无疑可视为沈从文学术人生的"一个大发现"。

回顾这段人生履历,沈从文把它当作"为而不有"的"自我教育材料"④;待到其坚定学术志向,便把它上升为善于抓住"偶然触机"的自觉,以为"科学的发现或发明,常有些'偶然触机'记载。虽由于偶然触机,影响文化史却相当大"⑤。其经典

①沈从文:《无从毕业的学校》,《沈从文全集》第27卷,第411—412页。
②〔美〕詹姆斯·迪兹著,郑秀才译:《唤回被遗忘之物——考古学和美国的人工制品》,孟悦、罗钢主编:《物质文化读本》,第96页。
③沈从文:《无从毕业的学校》,《沈从文全集》第27卷,第413页。
④沈从文:《无从毕业的学校》,《沈从文全集》第27卷,第413页。
⑤沈从文:《关于西南漆器及其他(一章自传——一点幻想的发展)》,《沈从文全集》第27卷,第20页。

案例,当属对西南漆器的发现和思考。抗战期间,沈从文寓居云南八年,足迹不过昆明百里以外,却因市面收藏所见,即"由西南文物的残余,为历史所忽略,亦未曾为现代学人注意过的东西",获得新印象,得到新启发,而其过程,就是因偶然发现而"由幻想,到假定,终于得证实的"①。

如其发现"殷朱素漆奁":

> 偶然间,在一个本地人家中,发现了个殷朱素漆奁,形制竟完全如《女史箴图》镜前地上那个东西,边缘上有一点简单彩饰,却近于铜鼓边缘纹案。当时我心中嘀咕:"如果这是漆奁,里面还应当可以放镜子和粉。"试一掀开,不出所料,原来还有两层套盒!这一来,真是又惊又喜!因为"镜奁"一词虽人所熟习,还少有人注意过当时收藏镜子的位置。故宫嵌铜镜入木框方式不古,北方漆系中的犀毗、剔红、填彩、堆朱、描金各式器物,却多方圆大小果盒、盘碗,不见旧式奁具。川广两湖两江漆器,器材处理即已大异,虽有用竹篾编胎加灰涂漆的提篮捧盒,还保留一点古代簠簋遗制,统少古意。闽中漆器又多受倭漆影响,由朱黑改五彩,由霏金彩绘转为浅淡色泽,失去了古典美,却把纤巧俏薄学到。特别器物较好的还秀巧玲珑,漂亮美观,应市货便不免日趋堕落。长沙、朝鲜、阳高出土晚周及汉代漆器,试从器材和形制处分上考查,即可知已精工十分,入成熟期。惟应当还有些

---

① 沈从文:《关于西南漆器及其他(一章自传———一点幻想的发展)》,《沈从文全集》第27卷,第29页。

比较早期东西,可作参证,应当有些和彩陶、石镞同时存在的东西,至今为止,从地下发掘还得不到。我因此推想,具边远区域性的工艺品制作,因种种限制,或有个传统形式图案,不易改变,由今亦可以会古。目下所见漆奁年代虽新,规范可相当旧。由于这点小发现触机,因此进一步,试向昆明旧货铺和文庙街夜市小地摊巡视,不多久即得到大小不同约十件器物。初步发现就证实了原来推测。①

文中所及,不乏"覃思妙想",虽是由"小发现触机",却通过文物的演化轨迹解决了"由今亦可以会古"的文化史大问题,不仅勾勒边陲地区工艺之特色,也由此会通上古失传之制作;进而推及"有些陶器形制和商器相通",有些漆奁"和韩非子叙述古漆器还完全相同"②,均是以今例古、以实物征询文献记载之真切的经典案例,不但见出沈从文结论之新颖,也显示其方法之独特。而在这一"今古贯通"的妙识之外,沈从文也获取"中外打通"的心得。他从当地"耿马盒"(缅盒)的蛮人乐舞、王子出行、象车彩女、鱼龙百戏、兵阵行进等图纹彩饰推测,其绝非单一文化的产物,于是大胆推定:"一、这种漆器从花纹形式上看,本来或比朝鲜发现蜀制漆器还早些。二、这种漆器或为西南边民特具器物(如绘蛮女乐舞及火烧藤甲兵)。仿汉式,而成熟于南诏以前。三、这种漆器系印缅产,或受佛教影响而成。因王

---

① 沈从文:《关于西南漆器及其他(一章自传——一点幻想的发展)》,《沈从文全集》第 27 卷,第 32—33 页。

② 沈从文:《关于西南漆器及其他(一章自传——一点幻想的发展)》,《沈从文全集》第 27 卷,第 30、34 页。

子象车兵阵行列,与柬埔寨佛教遗迹作风相似。尤其是大型漆
奁多如此。但形式还是出于汉式。"①由此断定西南漆器制作
受不同民族文化影响,经交流融合而形成自己的特色,在文化
空间中既有所交错,在成熟时间上亦有所迟递。沈从文并循此
而由点及面,准备通过比证这些"惊人新发现",提出、解决有关
"西南文化史新问题"②。其后在撰作《中国漆器工艺》时,他仍
不忘提及由偶然触机而进行大胆假设的重要性,以为从"空想到
证实",方可突入学术研究新领域,方能完成"举鼎绝脰"的艰难
工作③。

(三)"游记":学术的屐痕

在物质文化的描述方面,游记被视为与历史、人类学、技术
和鉴赏力同等重要的文献④。对此,沈从文也多有体会和认同。
居昆明时,人类学家陶云逵等在云南考察二年,所作游记和报告
对西南文物有新发现,启发沈从文甚多,引起他的探索兴趣,获得
文物研究若干新认识,致使沈从文认为"那些游记和报告,增加
了世人对于这地方剩余潜伏文化的浓厚兴味,而我还分享了朋友
发现西南的光荣";他把这些学人称为"现代徐霞客",是"西南文

①沈从文:《关于西南漆器及其他(一章自传———一点幻想的发展)》,《沈
　从文全集》第 27 卷,第 33—34 页。
②沈从文:《关于西南漆器及其他(一章自传———一点幻想的发展)》,《沈
　从文全集》第 27 卷,第 36 页。
③沈从文:《中国漆器工艺》,《沈从文全集》第 28 卷,第 174 页。
④〔美〕布莱恩・斯波纳著,郑秀才译:《织者与售者:一张东方地毯的本
　真性》,孟悦、罗钢主编:《物质文化读本》,第 240 页。

化唯一的开荒者……完成了一种庄严而艰苦工作"①。

沈从文本来就是写作游记散文的高手,他在 20 世纪 30 年代所作《湘行书简》《湘行散记》《湘西》等,描摹风景,刻写风俗,表见古今更替,感叹历史兴废,堪称黄金文字。但他"也欢喜另外一种专家学者写成的游记,虽引古证今,可不落俗套,见解既好,文笔又明白畅达,当成史地辅助读物,对读者有实益"②。这些游记,一如"宋人作《洛阳名园记》,时代稍近,文体又平实易懂,记园林花木布置兼有对时人褒贬寓意,可算得一时佳作";一如"《大唐西域记》、《岭外代答》和《高丽图经》诸书,或直叙旅途见闻,或分门别类介绍地方物产、制度、风俗人情,文笔条理清楚;千年来读者还可从书中学得许多有用知识"③。

上述文字出于沈从文 1957 年 6 月所作《谈"写游记"》,发表于当年《旅行家》第 7 期,起因或为他曾在 1956 年《旅行家》第 4 期发表《春游颐和园》,应编辑部约请而写。然而此篇不应简单看作"作文法"介绍,因为其中蕴含了沈从文撰写学者游记的自我体会,循此摸索,可以侧面表见沈从文学术道路之轨辙。

其实从文人游记向学者游记转变之际,正暗示着沈从文从作家向学者的转型。20 世纪 40 年代,沈从文撰作游记已不甚多,查其《南北风景》《霁清轩杂记》,学者笔墨渐为浓厚。如《霁清轩杂记》(1948)叙写颐和园风景文物:"迎面是霁清轩,

①沈从文:《关于西南漆器及其他(一章自传——一点幻想的发展)》,《沈从文全集》第 27 卷,第 31 页。
②沈从文:《谈"写游记"》,《沈从文全集》第 16 卷,第 519 页。
③沈从文:《谈"写游记"》,《沈从文全集》第 16 卷,第 517 页。

廊柱楹桷全髹绿漆画上紫藤，别致得不免有一点儿俗气。如果是老款式，可能是新装潢，在油漆时把颜色配走了样子，所以给人印象是建筑与装饰不大调和。且不像是乾隆俗，很像慈禧时代的俗，如清末广东作风，和慈禧艺术鉴赏程度相近。"①又记"排云殿前大牌楼，是经改成钢骨水泥建筑，一切保存原来式样，只是油漆时彩绘不太好看，可能是材料不大合用……后山那一组毁废了的西藏式庙塔也重新打扫整顿，且开放了一座有铜罗汉的殿堂。工程还在进行，可能有些会被收拾以后，反而失去了游人到此本来应有的颓毁沧桑兴亡感慨，尤其是修补的材料大有问题"②。又看到无论是时髦士绅小姐还是旧式老派人物，游憩园中，恰如"刘姥姥进大观园"，实有灌输一定专门知识的必要，使他不禁感叹："要他们相信自己和科学可以重造这个世界，还要些时间！"③文章视角转换甚为频密，描写、批评、感慨交织进行，作者扮演着游人、专家和启蒙者等多重角色，其整体思考，在于国人要对文物有正确而真切的认识和处置。

《霁清轩杂记》出自沈从文有感于历史文化日趋衰退、渐不为国人熟悉而作，意在鼓动当局如文物托管会等妥善保存和修复文物，以"文艺复兴"方式重建新文化④。类似观念也见于《北平的印象和感想》(1946)。此篇系沈从文随北大复员返回北平后的所见（印象）所思（感想），其要点之一，在于彰显文物

---

① 沈从文：《霁清轩杂记》，《沈从文全集》第 14 卷，第 307 页。
② 沈从文：《霁清轩杂记》，《沈从文全集》第 14 卷，第 313—314 页。
③ 沈从文：《霁清轩杂记》，《沈从文全集》第 14 卷，第 315 页。
④ 沈从文：《收拾残破——文物保卫一种看法》，《沈从文全集》第 31 卷，第 298 页。

保护对于将来国祚之意义。沈从文以为作为"文化中心"的北平，"必拥有知识得人尊敬，拥有文物足以刺激后来者怀古感今而敢于寄托希望于未来"①；假如以"老米"（即美国。凤凰土音，"美"读作"米"②）文化为中心，则祖国故都必为"权势和财富"的辐辏之地③，既失尽固有之国性，则国运就必无将来。因此沈从文又感叹道：

> 历史的伟大在北平文物上，即使不曾保留全部，至少还保留一部分。可是试追究追究保留下来的用处，能不能激发一个中国年青人的生命热忱，或一种感印、思索，引起他向过去和未来发生一点深刻的爱？由于爱，此后即活得更勇敢些，坚实些，也合理些？实在使人怀疑。若所保留下来的庄严伟大和美丽，既缺少对于活人教育的能力，只不过供星期天或平常日子游人赏玩，或军政要人宴客开会，游人之一部分，说不定还充满游猎兴趣，骑马牵狗到处奔窜，北平的文物即保留得再多，作用也就有限……在一个惟有历史却无从让许多人明白历史的情形下，北平的文化价值，如何能使中国人对之表示应有的尊敬，北平有知识的人，教育人的人，实值得思索，值得重新思索；北平的价值和意义，似乎方有希望让少数学生稍稍知道！④

---

①沈从文：《北平的印象和感想》，《沈从文全集》第 12 卷，第 281 页。
②沈从文：《北平的印象和感想》，《沈从文全集》第 12 卷，第 286 页。
③沈从文：《北平的印象和感想》，《沈从文全集》第 12 卷，第 281 页。
④沈从文：《北平的印象和感想》，《沈从文全集》第 12 卷，第 281—282 页。

沈从文言辞恳切,认为文物保护不应只在于实物的"保留",更须通过研究和教育,以学术探索彰显其文化价值,方能使"惟有历史却无从让许多人明白历史"的民族真正洞悉自己历史的密码,才能对"未来发生一点深刻的爱",增进生命的力与美,否则"历史"将成为随意游憩之对象或政治操弄之工具;而负此责任者,非有知识的专家学人不可。

上述游记"记园林花木布置兼有对时人褒贬寓意",恰是沈从文以学者思维取代文人思维的证据,其文体转换包蕴着作者身份意识的调整。然而沈从文还写有如《大唐西域记》《岭外代答》和《高丽图经》那样的游记文章。1951 年冬,沈从文赴川南内江参加"土改",将沿途所见古物遗存、物产制度,或以长篇文字,或于文字不足之处用图画勾勒而形容之,均详细写入与家人的书信中。他发掘地方文物遗存的兴趣,与 20 世纪 30 年代所作《湘行书简》《湘行散记》的记述自然风景是大为不同的。其中所记多有新的文物发现,如样式还和汉代房子相似的花之寺、宋代石雕、明式石塔[1],保存唐代石刻的卢音寺、乾隆时木造千手观音像[2],以及各种民间金银木石制品、陶瓷漆器和藤竹编织物等等。由于四川毗邻西藏,还使他起意"到拉萨大庙里去,别的不提,即从明代以来送到那里的各种绸缎和瓷器,也就可以长多少知识。还有西藏元明以来风俗

①沈从文:《致沈龙朱、沈虎雏(1951 年 12 月 6 日)》,《沈从文全集》第 19 卷,第 211 页。
②沈从文:《致张兆和、沈龙朱、沈虎雏(1951 年 12 月 12—16 日)》,《沈从文全集》第 19 卷,第 217、220 页。

画,世界上还少有人研究的"①。

　　往西藏一游的兴趣,恰是沈从文十多年前居昆明时"一点幻想的发展"的延续,使其设计出由云南—川黔②—西藏考察西南文物的考古路线图。此次西南之行虽带有知识分子思想改造的政治目的,可对沈从文而言,也为他设想的利用边地文物遗存锻造现代新文化,提供了难得的机会。如看到遗落民间的器物极丰富极有价值,沈从文仍想起抗战之初他力劝国立艺术专科学校校长滕固购藏文物以备教学研究的重要性,使新兴现代艺术接榫于古典的和民间的活水源头:

　　　　一个艺术学校的领导人,能对于学习业务和思想真有认识,领导上布置准备就会不同得多。二十年多前,我总提醒到他们,要为教育教员多作点准备工作,主持艺术教育的总不相信。一贯作风是从外边学一点东西,从国内拼凑几个画家,即把学校办下去。一个陶瓷系,劝他们为学生买一份古典陶瓷,收一份现代国内陶瓷作参考,就决不相信这种意见是如何具体的事情。一个雕刻系也是同样情形。他们迁沅陵时,我就劝他要从古典和民间木石雕刻掌握更多材料,学生才有益。他们不相信,也不明白民间

---

①沈从文:《致沈龙朱、沈虎雏(1951 年 12 月 6 日)》,《沈从文全集》第 19 卷,第 209—210 页。
②沈从文:《关于西南漆器及其他(一章自传——一点幻想的发展)》,《沈从文全集》第 27 卷,第 36—37 页。

还有多少好东西。①

又如在市井小铺发现新见老式器物,他便欲收藏以贡献于革新现代工艺美术:

> 今天到这里街上,又发现一个小酒坛,还是六朝时花样,加上了个宋代瓷常用的富贵双全一类吉庆语,一望而知是老式……是一千五百年前到一千年前花纹式样。这地方有许许多多东西都是这样,特别是陶器……想为北大和历博各搜一份来,有用处甚多。有些设计即刻反映到新的景泰蓝器物上去,送到国外会为人看成伟大现代人民艺术的。在这里,不过是小饭铺小酒铺子里破烂罢了。我们糟蹋古代劳动人民遗产未免太多了,没有办法。一般说来都还只知道用年画学版画,从拙中学,学得好,很妩媚,泼辣,有生气。但除年画外,有万万千种造型美术都可以学,都不知道学,于是在时代过程中,就糟蹋了。②

于此,我们或可悬想作者的心事,大约是身在政治的江湖,而心在学术的魏阙吧。尤为重要的是,这些文字其实记录的是沈从文的"学术游记",为我们揭示着他从 20 世纪 30 年代便开始的学术思考。沈从文的两次西南之行,实是他学术人生的一

---

① 沈从文:《致张兆和(1952 年 1 月 11 日)》,《沈从文全集》第 19 卷,第 274 页。
② 沈从文:《致张兆和(1951 年 12 月 3 日)》,《沈从文全集》第 19 卷,第 201 页。

大关键:前一次形成了他的学术的胚胎,后一次招展着他的学术的花枝,其后更以半生精力专事于文物的研究和著述。沈从文出生于邻近川贵滇的湘西边地,其文学创作也多以湘贵川接合部的人事作为背景,这与他的学术人生行旅具有重叠之处。这样的一种地域因缘,可真算得上是传奇了。

学人影响:良师或兼益友

学有师承而不独学无友,向来是学人治学必备之资。以此反观沈从文,则线索甚为晦暗不明。究其原因,乃由于沈从文在求知阶段不隶新旧学籍,少师门问学之凭借;在其治学盛年又遭逢浇漓乱世,学人间少有商讨辩难之空气。然而沈从文治学,在如顾颉刚所主张的通过"冥行盲索","寻得一条路","寻得一块可耕的园地"①外,其在生命各阶段,利用点滴机会,或受环境影响,得到文化滋润;或因"转益多师",规仿摹习,由取法乎上而获得学术真见识。

沈从文以军旅出身而为一生传奇的起点,然其"武生"身份实含有"学人"基因。一是其父系虽出于湘军军门,祖父沈洪富且因军功拔擢贵州提督,但母系黄氏一族却是书香门第,外祖父黄河清具前清贡生功名,担任凤凰文庙山长,编纂《凤凰厅续志》16卷②,为地方儒林之翘楚。二是沈从文所在"筸军",属于

①顾颉刚:《致中山大学文史两系同学书》,《国立中山大学日报》1930年11月1日。
②〔美〕金介甫著,符家钦译:《凤凰之子:沈从文传》,第39页。

曾国藩创立的湘军一部。曾国藩提倡文人治军,以理学管束人心,军中多以读《曾文正公全集》为尚①,"武化"实与"文化"并进。沈从文发生"弃武从文"的转变②,就是缘于军中的这种"文化"氛围。沈从文原名"岳焕",其得名"从文",即为军法长萧官麟据《论语》"郁郁乎文哉,吾从周"(一说取"焕乎其有文章"),改其名为"崇文",再经他自改而为"从文"③,弃武从文的意思相当明显。可见在此地军人眼中,"文功"的价值,在安身立命处,实高于"武略"。篁军统领陈渠珍(1882—1952,号玉鍪,有《艽野尘梦》行世)凭武力而号为"湘西王",却以儒学大师王阳明、曾国藩自许④。陈渠珍常延其塾师、儒学学者,也是沈从文姨父的聂仁德进士到军中讲谈"宋元哲学""大乘""因明"和"进化论"⑤;又允许其部属阅读书籍,聚谈学问,而一些有留学日本背景的军官,又从域外带来世界新知识⑥,使这支小小地方部队,也处于清末民初新旧杂处、姿态纷呈的文化氛围里。沈从文旧学新知的孳乳,也受益于这种讲学论道的空气。后来沈从文称这支地方部队和它的讲学氛围是"一本大书"和"学历史的地方",他逐渐认识到"知识同权力相比,我愿意得到智慧,放下权力"⑦,就是根植于此的。

———————

①沈从文:《从文自传》,《沈从文全集》第 13 卷,第 358 页。
②王亚蓉编:《沈从文晚年口述》,第 138 页。
③王亚蓉编:《沈从文晚年口述》,第 138 页;凌宇:《沈从文传》,北京:北京十月文艺出版社,1988 年,第 107 页。
④沈从文:《从文自传》,《沈从文全集》第 13 卷,第 355 页。
⑤沈从文:《从文自传》,《沈从文全集》第 13 卷,第 357 页。
⑥沈从文:《从文自传》,《沈从文全集》第 13 卷,第 309 页。
⑦沈从文:《从文自传》,《沈从文全集》第 13 卷,第 362 页。

沈从文治学得益于地方名流的,还有蒙师田名瑜。田名瑜(1890—1981),字个石,自号苦学老人,早年为南社社员及同盟会会员,长期从事民国革命活动,共和国成立后任中央文史研究馆馆员。田名瑜也是知名诗人、学者,钱仲联《南社吟坛点将录》"于1100余人之社员中,选择108员入录",列田名瑜为"天损星浪里白条张顺"①,有《忍冬斋诗文集》《思庐诗集》《思庐文集》《庸言》《楚游屑录》《湘西献征初稿》《湘西献征续编》等著述行世②,称得上是一个有学问的革命家。作为沈从文在凤凰文昌阁小学时的开蒙老师,他教授沈从文的时间虽然并不长,但二人的深厚情谊却保持了七十余年之久。1934年1月,师生重逢于湘西沅陵,契阔谈宴之余,田名瑜写《送沈从文序》云:

> 庚申春,以事适黔,道梗镇远,旋晤从文芷江。从文方促刺为人佣书,而益自骋于学。迄是思且未见者十年。间自沪津报纸,睹从文有作,辄怪怪以喜。而从文值乡人,又靡不余之询也。尝致书其兄,云余曩任县校讲师时,衣一布衫澹泊状,喟然无繇聚首。今从文自北平归觐,余罢官,为陈公畀以职事栖沅上,不期而邂逅之。噫,幸矣!从文既归旬日,重过余北去。开襟谈日夕,穷天下乐莫逾。因复进之曰:"学术今隳悖极矣,非卓荦不徇于俗者,乌能彰之!明顾宁人有言:'君子之为学也,非利己而已也。有明道淑人之心,有拨乱反正之事。知天下之大势何以流极而

---

① 钱仲联:《南社吟坛点将录》,《苏州大学学报(哲学社会科学版)》1994年第1期。
② 金建陵:《田名瑜与沈从文的师生情谊》,《钟山风雨》2005年第2期。

至于此,则思起而有救之。故不学则已,学必志其大者!'
穷居深念,吾国脊脊大乱,乱自学术。苟欲救之,亦必自正
学术以正人心始。"从文才峻而气清,怀虚而志亢,所著书
已翔有闻,然非余儓于从文者。而从文或亦不以自画,愿
以宁人之言为鹄,益闳其学而致其知,不负其志与才,则与
弋一时之名者异已!从文在北都时,从绩溪胡适之游,往
见胡氏哲学史,无大类,虽似与吾不同趣,顾不得谓为不知
言者。至北时,遇胡氏,试以吾言质之。①

　　序文中的"从文方促剌为人佣书,而益自骋于学",典出南
北朝任昉的《为萧扬州荐士表一首》:"既笔耕为养,亦佣书成
学。"②是为赞赏沈从文从十年前起,在勤力笔耕谋取生计的同
时,益发驰骋于学问,其"才峻而气清,怀虚而志亢,所著书已翔
有闻",令老师"怿怿以喜"。在学生的文学与学术之间,田名瑜
是更倾向于学术的,因为学术之于救国,非博得一时文名可以
比较,所以劝勉沈从文以顾炎武"经世之学"相标榜,通过勘正
学术实现正人心、救隳世的立言功业③。而从"从文或亦不以自
画"来看,则此次相遇,学生亦曾当面向老师表露从事学术研究
的心迹,所以引来田名瑜"愿以宁人之言为鹄,益闳其学而致其

---

① 田名瑜:《送沈从文序》,《南社湘集》1936 年第 6 期。
② 〔梁〕任彦昇:《为萧扬州荐士表一首》,〔梁〕萧统选编,〔唐〕李善注,黄
　 侃、黄焯批校:《黄侃黄焯批校昭明文选》卷三八,武汉:崇文书局,2022
　 年,第 379 页。
③ 钱世明《读田名瑜〈送沈从文序〉》云:"张兆和先生亦尝谓吾:个石先生
　 于从文影响甚大。而个石师所期冀从文先生者不在作小说,而在治学,
　 故有'所著书'以下数语。"见《光明日报》2004 年 3 月 10 日。

知,不负其志与才,则与弋一时之名者异已"的点拨和劝勉。可以一提的是,田名瑜提到的顾炎武是开有清一代朴学的先锋人物,胡适则被称为现代以西法规划中国学术的领军者,田序明显褒顾贬胡,表明了他们治学路数的不同,显示出当时中西新旧学术的分歧,这或也可视为对沈从文为学治学的一种建议吧。1951年田名瑜受聘中央文史馆,居京师北海静心斋,曾作《北海寄庑图》一轴。沈从文为其题记,言及他的老师"每一接谈,总能给人一种亲切感印,深一层体会到古代学人所谓'反朴存真'意思",并追忆童蒙时期受田名瑜导引,由"'拼命逃学'转而为'一心向学'"的过程①,他们师生之间师谊与学缘的关系是非常持久深切的。

　　同时在学术上影响沈从文的,具体可着笔者还有王国维(1877—1927)、林宰平(1879—1960)和胡适(1891—1962)诸先生等。如前文所述,沈从文读王国维书甚早,在1930年前即阅览王国维所著考证古代史地书籍。《从文自传》所示出土实物与传世文献互证的读书方法,显然就是来自王国维"二重证据法"的启导②。王国维《古史新证》的"二重证据法"在沈从文

────────────

①沈从文:《题〈寄庑图〉后》,《沈从文全集》第15卷,第424—425页。原文发表于《光明日报》1962年5月26日。

②若从叙事学角度考察《从文自传》叙述沈从文阅读古书古器过程,或应有模仿学习王国维的地方。如罗振玉在《海宁王忠悫公传》中记述1911年辛亥革命之后王国维东渡日本,尽弃西方哲学美学而归于中国古学时的读书状况:"公居海东,既尽弃所学,乃寝馈于往岁予所赠诸家之书。复尽出大云书库藏书五十万卷、古器物铭识拓本数千通、古彝器及他古器物千余品,恣公搜讨。"(陈平原、王枫编:《追忆王国维》,北京:中国广播电视出版社,1996年,第9页)《从文自传》所述沈从文的读书状况与此大体类似。

揣摩学问时留下深刻烙印,使他直到20世纪50年代还不忘指出:"王静安先生对于古史问题的探索,所得到的较大成就,给我们树立了一个新的工作指标。证明对于古代文献历史叙述的肯定或否定,都必需把眼光放开,用文物知识和文献相印证,作新史学和文化各部门深入一层认识,才会有新发现。"①"文化大革命"结束后复出学苑文坛,沈从文还谈道:"研究古代文化,除了我们现有的文献资料,还有大量出土和传世的图像资料。传世的不比出土的,情况比较复杂,不如出土的那样可信,对待这些资料也要和出土的资料相比较,去伪存真……把出土的图像资料和传世的文献相结合,文献可以得到通释,图像可以得到确解。"②可见王国维治学方法对于沈从文产生的深刻影响贯穿了他的整个学术研究过程,成为他"以物证史"学术功业的重要凭借。

林宰平是著名哲学家、文学家,通晓中国旧学各个方面,诗文书画造诣尤深,有《北云集》《北云文集》等著述行世。孟心史序《北云集》"深人既无浅语,学力足以达之"③,沈从文则为《北云文集》作跋。林宰平是沈从文文学作品的第一个评论者,二人因此订为忘年交并保持终生的密切交谊,被沈从文称为"影响我一生极大,良师中最亲近的一人"④。沈从文评价林宰

①沈从文:《文史研究必需结合文物》,《沈从文全集》第31卷,第312页。
②王晓强:《记学艺沈从文大师门下》,王亚蓉编:《沈从文晚年口述》,第231—232页。
③引自沈从文:《〈北云文集〉跋》,《沈从文全集》第16卷,第379页。
④沈从文:《〈沈从文研究资料汇编〉草目旁注》,《沈从文全集》第14卷,第496页。

平，"生平爱艺术，好朋友，精书法，能诗文"，早年"留学日本，习法政，却喜爱文学、艺术和中西哲学。回国后曾讲学于清华北大。解放后任职于国务院参事室。积学聚德，至老不衰"①。林宰平擅长书画鉴定，著有《帖考》，"精于章草，除间作书画题跋，从不当成酬世之具"②，其笔势"变觚棱为浑厚"③，对沈从文章草书法和中国书画鉴定应深有影响。林宰平"交游虽广，却能取予谨严有分寸"，"做学问极谨严、认真、踏实、虚心"，作用于沈从文者有二端：一是"从事学术研究和言行践履素朴笃实的态度，能给人鼓舞启发"；二是"重在新旧文化遗产研究介绍，传播推广"，其"涵容广大而能由博返约"，尤为沈从文治学所宗风④。作为沈从文文学才华的发现者，林宰平还是其步入学林的引路人。他把沈从文引荐给徐志摩，沈从文因此得以与胡适结识，最终不像当时处境相似的好友胡也频、丁玲那样投身左翼，反是"入伙"新月派文人集团并趋近于胡适派自由主义学人圈子。这样的一种因缘，其"偶然"之处，实为沈从文人生得以不断跃进的一个大关键。

　　至于胡适对沈从文治学的影响，就更为广泛深入，二人的关系也久为人知，故此处不拟复述，仅就以下三点作一简单勾勒。一是 1929 年沈从文作为胡适的"第二集尝试集"⑤入职吴

---

①沈从文：《〈北云文集〉跋》，《沈从文全集》第 16 卷，第 378 页。
②沈从文：《〈北云文集〉跋》，《沈从文全集》第 16 卷，第 378—379 页。
③张中行：《林宰平》，《负暄琐话》，哈尔滨：黑龙江人民出版社，1986 年，第 21 页。
④沈从文：《〈北云文集〉跋》，《沈从文全集》第 16 卷，第 378—379 页。
⑤沈从文：《从现实学习》，《沈从文全集》第 13 卷，第 394 页。

淞中国公学。胡适本意是为纠北大、复旦等国文系偏重古学，皆不看重新文艺之偏，想在大学推广新文学教学研究新事业①，不料沈从文受其整理国故熏染，终至在治学范围上由新而旧，开辟学术新领域。二是沈从文曾追踪胡适考证学风，作《〈红楼梦〉衣物及当时种种》（1955）、《"瓟斝"和"点犀盉"——关于〈红楼梦〉注释一点商榷》（1961）、《杏犀盉质疑》（1961），注疏实密，言必有据，考释精审，实事求是，解决《红楼梦》中服饰、名物多种问题。据周汝昌回忆，1955年人民文学出版社拟整理重版《红楼梦》，校点之外还须加上注释，负责其事的启功在当时批判胡适"繁琐考证"学风压力下，只能"一条注释尽量字少话活，竭力避免一个'落实'的具体详实的讲解，亦即采取'繁琐'的另一极端的'策略'"，虚与委蛇，"用意甚苦"；沈从文不以为然而出示"一部质、量俱不寻常的红楼注稿，份量很重，显然是下了真功夫"，引起启功"吓坏了"的大惊恐②。即以此例而论，沈从文受胡适影响并持守其考证精神的学术立场是强固而不受世风左右的。三是胡适提倡学术研究要"博采参考比较的资料"，指出："我们现在治国学，必须要打破闭关孤立的态度，要存比较研究的虚心。第一，方法上，西洋学者研究古学的方法早已影响到日本的学术界了……我们此时应该虚心采用他们的科学的方法，补救我们没有条理系统的习惯。第二，材料上，

①胡适在1934年2月14日的日记中记道："北大国文系偏重考古，我在南方见侃如夫妇皆不看重学生试作文艺，始觉此风气之偏。从文在中公最受学生爱戴，久而不衰。"《胡适全集》第32卷，合肥：安徽教育出版社，2003年，第304页。
②周汝昌：《沈从文详注〈红楼梦〉》，《文汇报》2000年8月15日。

欧美日本学术界有无数的成绩可以供我们的参考比较,可以给我们开无数新法门,可以给我们添无数借鉴的镜子。"①这也为沈从文所服膺落实。如抗战胜利后部分中国学人持狭隘民族立场,排斥日本汉学,宣称"材料既为中国所自有,岛夷就地取材研究楚弓楚得,重作处分,何预他人事,更何容战败者置喙",沈从文对此并不完全赞同②,反转认为东洋学者"涉及文化史诸问题的讨论","排比材料客观认真的态度,罗列材料巨细不遗的方法,总能够给人一种条理贯穿的印象"③,故"对于东邻学人近三十年的研究热忱,不能不深致深刻敬意"④。就以上三点而论,沈从文治学受胡适影响是由人生选择进而学术境界的。至于胡适等自由派学人欲以建设"学术社会"来重构中国社会重心的设计和举措,对于沈从文身份转型发生的作用,则是又一个值得探索的研究课题,需要专文进行钩沉和论述。

20世纪的中国人才辈出,产生了许多超拔特卓的人物,沈从文也是其中的一个。以其起点之低而能从大作家到大学者,从而预世纪之风流,得生命之完形,使他至今仍为人津津乐道。虽从大端来说,"学者而兼文人"是中国学术文化的一大传统,但儒林和文苑、治学和创作,又有所差等,大抵是以学术为中军,而以文学为副翼的。然而自近代启蒙运动以来,文学地位上升,作家趋于独立,文人与学者渐至两分,可值此时

---

①胡适:《〈国学季刊〉发刊宣言》,《胡适全集》第2卷,第16—17页。
②沈从文:《试谈艺术与文化——北平通讯之四》,《沈从文全集》第14卷,第388页。
③沈从文:《敦煌文物展览感想》,《沈从文全集》第31卷,第307页。
④沈从文:《青瓷之认识》,《沈从文全集》第28卷,第69页。

代潮流之下,传统的回力依然强大,推动不少作家复归位于学术,或以学术滋润文学,他们的文学创作和学术研究互相影响,并且张力充溢。即以沈从文周边前辈及同侪而论,梁启超、鲁迅、周作人、胡适、郭沫若、朱自清、闻一多、钱锺书、陈梦家、林徽因、冯至、林庚、施蛰存等,也略相仿佛,为这一传统留下了或许是最后的一道风景吧。然而和这些前辈同侪相比,沈从文的存在却是最特殊的:他没有经历中西新旧的体制化学术训练,属于自学成才,治学领域不取热点而逆向于冷门,人生轨迹又非常纵横曲折,其从文人向学者的转身,资人兴味而又话题纷纷,成为中国现代文学文化、文史之学的一幅引人凝视的风景。

从"自传"所见身份转型轨迹

在人生的三个重要阶段,沈从文都写作了自传,并且靠后书写的自传均涉及之前自传所描写的内容。1932 年的《从文自传》体现文坛立名时期沈从文的个性意识和炫奇心理,也显露其对社会人生的严肃思考,同时埋设了他对学术研究的兴趣。1949 年的《关于西南漆器及其他(一章自传——一点幻想的发展)》是传主在天地玄黄之际,为改换事业方向进行的宣示。20 世纪 50 年代的《沈从文自传》及其他自传性材料,表现出经历革命教育洗礼的传主为融入新社会所作的努力。三个阶段的自传构成回旋式书写,每一阶段的自我都不固化并且衍生出新的意义,在自我重铸中勾勒不同的人生图景。置身于纷繁变化的时代背景和文化环境,沈从文因应时势对自我作出反复审视,顽强地再现了他的"人之历史"。

1937 年 9 月,以写作"海派"时髦"新感觉"小说而扬名文坛的沈从文的好友施蛰存,取道湘西前往昆明,在沈从文生活过并且留下了美丽动人文字的辰溪市镇,口占了一首七律诗《辰溪待渡》,诗云:

辰溪渡口水风凉,北去南来各断肠。

终古藤萝牵别绪,绝流人马乱夕阳。

浣纱坐老素足女,捉棹行歌黄帽郎。

湘西一种凄馨意,彩笔争如沈凤凰。①

以此表彰沈从文对于故乡的执着书写,给予读者深刻强烈普遍印象,故冠其名曰"沈凤凰"。沈从文因此和他的前辈乡贤、民国北洋政府总理"熊凤凰"(熊希龄),南社名诗人"田凤凰"(田星六)②一样,成为湘西人物的代表。沈从文习惯在作品中一再堆砌湘西世界的历史与现实,展览奇特的地方风景和人事哀乐,并以出色的"彩笔"任其"凄馨"的氛围蔓延滋长。然而正如他经常提到的,这些风格独特、故事新异,甚至很容易引发异乡人产生猎奇观感的作品,其意旨都关乎重铸民族性的话题,并为建立他心目中的现代国家与文化提供滋养。这曝露出他书写的一个特殊之处——擅长以不同笔法,从不同层面往复挖掘他的原型世界,造成一种前后覆盖、延展、衍化和回旋的叙述特色。从早期的湘西奇异现实到《长河》的宏大叙事,再到未完成的为黄永玉书写的家族历史,代表地方性的湘西被累积成一个受到再三回视、意义不断增生的想象空间,其形成的方式恰

①施蛰存:《重印〈边城〉题记》,朱光潜等著,荒芜编:《我所认识的沈从文》,长沙:岳麓书社,1986年,第302页。
②钱仲联在《南社吟坛点将录》[《苏州大学学报(哲学社会科学版)》1994年第1期]中称田星六:"土家族中二田,星六名标凤凰。《北征》一篇名世,大计关心荆襄。""二田"中的另一"田"即为田名瑜。田名瑜是田星六高足和沈从文的小学国文老师。

在于他对湘西这一"原型"反复回旋的书写。就此而言,沈从文所说的"重铸",既指向他的写作意旨,也指向他的叙述方法,其笔法和意义因此互相重叠与衍生。每一次回旋既有相关性也有相异性,新与旧纠缠中的叙事调整,带来了叙事学上的内涵增值。

本章不拟讨论沈从文的虚构作品,而是侧重于探讨他的"自传"及一些相关的自述材料。和他持续书写的湘西故事一样,他的几个自传也在不断地重铸自我。自然,正如我们都明白的,自传离不开"想象自我"的成分,但笔者在意的是在重铸自我当中,传主是如何在记忆和叙事当中建构、重构自我,并以何种方式讲述并确认"自我"的"真实性"。沈从文在1932年写作了《从文自传》,1949年写作了《关于西南漆器及其他(一章自传——一点幻想的发展)》,到了20世纪50年代的思想改造中,又写作了具有交代性质的《沈从文自传》及数个自传性材料。如果破体论之,他在1962年为表侄黄永玉的画作《木兰花长卷》题写的七言古体长诗《白玉兰花引——书永玉木兰卷》、1981年写作的散文《纪念徐志摩先生》,其中涉及的年代和故事,使我们仍然可以把它们视为自传性的资料。在今天看来,很幸运的是沈从文在不同的人生阶段都留下了自传文字,而其形成的年代,都指向他人生履历中的关键时刻,并且靠后书写的自传均涉及更早时期的自传所描写的内容。而值得追究之处也正在于这些回旋:它不是复印式的书写,而是叠加式、补述式或修改式的"粉刷"。其文字的移动之处,恰是他在另一个时间段里,在不同的时代背景和文化环境中,重新审视自我的结果。沈从文突破"昔我往矣"的线性时间观,其自传对"逆流而上"的执着,再现了他"溯洄从之云路长"的生命感知,他也在这种溯洄之间,完成了叙事学上的一次大胆尝试。

《从文自传》:风俗其表与学术其隐

沈从文1932年创作的《从文自传》是一个不期然出现的名篇。他写这个自传的时候,刚好而立之年。历来写传有许多规矩,在讲究功名爵位及伦常礼制的时代,一个年纪轻轻、功业初建的人,是不合适写自传的,写自传会给他带来僭越的指责。可到了新文化运动之后,"立人"和"人的文学"观念得以建立,"我"不分大小,只要其人其事具有可传的价值,写下来就既可为个人留影,也可以照鉴时代的痕迹,这就冲击了旧制,为自传的兴起破开了口子。胡适正是因此提倡时人写自传,并身体力行写下了《四十自述》,结果大受欢迎。受胡适召唤并应书店之邀,沈从文写作了《从文自传》,同样一纸风行。不同时代的读者均满足于作品的"别具一格,离奇有趣"[1],而其写作时间早于《边城》《湘行散记》,说它是沈从文最早的传世名篇也并不为过。

《从文自传》用奇笔勾勒了发生在偏远地方的"一个传奇的本事"。它描写了一个边城子弟的散漫童年,少年时期奇异的军旅生活,直到受新文化运动感召奔赴北平为止。就此而论,这个成长故事的套路相当"进化论",一般而言,引人注意的也

---

①沈从文:《〈从文自传〉附记》,《沈从文全集》第13卷,第367页。

是传主在这一段时间中的传奇经历。可令人击节的是,沈从文在其中铺述的数个既浑然一体又充满张力的成长路线,置身其中的传主因此显得异常丰富饱满。它投射了几种历史合力于一个人的身上,并解释了文化环境和个人成长的关系。

在笔者看来,这种张力首先形成于沈从文把他的早期成长环境置于类似于民俗学、人类学的视野。他在自传的开篇,就强调他舍弃了《苗防备览》这样以辖苗防苗为目的的政治风俗记载①。这种轻视为官方代言的方志的态度,与人类学家杨成志在 1930 年撰写《云南民族调查报告》时,认为方志"简直是不可靠的"观点甚相一致②,处于同一的学术语境。作为代表统治者意识的书籍,《苗防备览》不可避免地充斥着对苗区苗民的征服、管制、蔑视甚至敌意,以此搭建的视野,其书写必然与真实的湘西相去甚远,事实上还成为清廷镇压苗民反抗的重要参考书。在沈从文的眼里,故乡风俗殊异,充满原始性,虽在外人看来是个"古怪地方"③,却有值得张扬的独特自足的社会组织、精神信仰与文化风俗。可以想见,在 1932 年辗转上海、北平来到青岛的沈从文在和读者分享他成长故事的时候,也许想到了许多受到《苗防备览》之类书籍或传说影响的人们对于湘西的误解,想到已是名利场中都市人生活的异化与无趣。因此他使用民俗学、人类学的书写技艺,描写湘西的四时佳景、春秋稼穑、农事歌戏及敬天守礼、听受自然和古法安排命运的淳朴

① 沈从文:《从文自传》,《沈从文全集》第 13 卷,第 243—244 页。
② 杨成志:《云南民族调查报告》,《杨成志人类学民族学文集》,北京:民族出版社,2003 年,第 42 页。
③ 沈从文:《从文自传》,《沈从文全集》第 13 卷,第 243 页。

乡民①,在向读者一展故乡的风土人情之时,也告慰了自己的怀乡病。

从写法看,《从文自传》也相当接近我们这个时代人类学提倡的"讲好故事"的民族志叙事。这种叙事主张与大地相连,并且采取平视的和地方性的视角②。由此我们看到弃用《苗防备览》的叙事路线,沈从文勾勒出的自然主义与浪漫主义兼具,且熏染在农耕文明之中的湘西,正是它在 20 世纪前二十年最为真实的一面,并培养出成长于斯的传主终其一生自然浪漫的"乡下人"气质。沈从文后来主张文学要建筑自然健康"人性小庙"的立人理想,主张在现代背景下以农家许行精神重铸国家的设计③,都可以从《从文自传》刻画的风俗人情里找到立说的基础。自传中描写的各色人物,先是传主从新旧学校逃逸出来所接触的顽劣儿童、街坊邻里、苗乡人民、擅操古代兵器的老战兵、小作坊主及其学徒,然后是军旅生涯中所接触的新军官兵、土匪、船夫、妓女、施行仙人跳骗术的兄妹、睡漂亮女尸的小店员、情殇女匪首的"山大王"等。这类人物中的一些代表着沈从文所欲表达的自然而不悖于人性的健康生命,另一些则代表了他对湘西的忧郁,形成他理智与情感中对于人世充满爱与怜悯的部分和作品中浪漫传奇并且唯美的内容。由这方水土上的人物演出的这些"传奇的本事",无疑是他成长中的严肃教育,

<hr>

① 沈从文:《从文自传》,《沈从文全集》第 13 卷,第 244—245 页。
② 朱剑峰:《跨界与共生:全球生态危机时代下的人类学回应》,《中山大学学报(社会科学版)》2019 年第 4 期。
③ 沈从文:《关于西南漆器及其他(一章自传——一点幻想的发展)》,《沈从文全集》第 27 卷,第 25 页。

使他在十九年之后另一时地的自传里，仍然指认它们是他热爱乡土的强烈意识和文学中牧歌抒情传统的基础①。

然而，20世纪初的湘西已非化外之地，它所具有的自然形态就像行将消失的太阳余晖。1911年，"现代"以一场推倒清廷官军的武装起义降临在凤凰，给九岁的沈从文上了第一堂有关现代是什么的课，推动他另一方面关于生命、社会与历史意识的滋长。由父亲参与领导的这次发生在苗区的辛亥革命以失败告终，带来清军对苗人的大肆屠戮。由于等待杀头的苗人实在太多，最后只好以掷筊占卜的方式决定各自的生死。虽然第二年革命取得了胜利，但城头挂出的却是汉字旗，随即沈从文的父亲在新政权的政争中失败，负气离开了家乡。在这样的描述里，交织着沈从文在幼年就形成的对于湘西现代化的复杂感受：一方面，驱除鞑虏的革命流下的是苗人的鲜血；另一方面，则是革命胜利后以父亲背井离乡所暗示的苗人的命运。我们有理由相信，沈从文有着和鲁迅近似的对于辛亥革命的复杂态度，所不同的，是阿Q醉梦里的白盔白甲在湘西变成了一支随后沈从文在其中当了六年士兵的地方部队。在军队辗转驻防之间他看到了更多无谓的、离奇而可怕的死亡，最后形成他20世纪40年代的反战思想，并把这种消耗青年生命的行为斥为民族的自杀。自传中清军判处苗人以掷筊占卜决定是否杀头的情节，曾引起学界的不少讨论。有论者认为把人的命运交给天意实在冷漠，不具备鲁迅在处理相同题材时具有的讥诮的

---

①沈从文：《总结·思想部分》，《沈从文全集》第27卷，第99页。

批判性①。事实上,这种把生死交由天意来处置的书写,仍然处于民俗学、人类学的视线之内,即使这个天意是由清军强逼苗人接受的,但它也像人类学叙事经常使用的那种写法,寓示着外来的异己力量对于原始状态的破坏。在沈从文的眼里,苗人崇敬天命的信仰隐含着湘西自然主义的生存方式,而这种信仰在外来者及"现代"的挤压下扭曲甚或消失,也宣示了一个古老时代的悲剧性结束。

在《从文自传》中,沈从文涉笔的大多是如上那样的奇异故事。它们显示了他成长的地方性文化背景及性格与命运塑造之成因。有论者看到这些描写如此与众不同,便以为彼时沈从文的成长是"一个'得其自'的过程",他所"发现"的"自我不是事先预设好的",所以和"现代理论"及时代文化背景并无多少关系②。这个看法显然突出了沈从文的独特性,但个中具体也值得作仔细的推敲。在笔者看来,沈从文如此建构他的早年叙事,与他受到当时在中国展开的民俗学运动有明显的关系——当然也不止于此,《新潮》《改造》《国民日报》等所谈思想问题、"五四"文学中的自由主义个性主义、《史记》《汉书》《水浒传》《封神演义》的传神记人写事和英国作家狄更斯的成长小说《雾都孤儿》等,都参与构建了这个自传的叙事背景。他相当早就热衷于由周作人、刘半农、钱玄同、沈尹默等人在北大发起的这场运动。这场运动的目的之一是摆脱传

---

①参见王德威:《从"头"谈起——鲁迅、沈从文与砍头》,《想象中国的方法:历史·小说·叙事》,天津:百花文艺出版社,2016年,第135—146页。

②张新颖、刘志荣:《导论:沈从文与二十世纪中国》,张新颖:《沈从文精读》,上海:复旦大学出版社,2016年,第6页。

统,以新的文化资源重新整理、改造中国社会。沈从文从1925年起开始收集流行传唱于故乡的民间歌谣,并改编、创作了不少仿民谣作品。这些民谣以《篁人谣曲》为名于1934年结集出版,沈从文给这些谣曲作了许多学术性的注解与说明。1936年,北大《歌谣周刊》复刊,在复刊的同人合照中,沈从文与胡适、顾颉刚等均赫然在列。周作人称赞《从文自传》是他1934年所爱读的书籍①,在1938年仍向日本友人松枝茂夫谈及《边城》"其地苗人甚多,风俗殊异",可以推知《从文自传》中"沈君生活之一斑"②,这也证明了自传在民俗方面表现出的明显特色。而这些事情发生的时段,恰与他写作《从文自传》在时间上有所重叠。

　　由于运用了民俗学、人类学式的叙述方法,《从文自传》为读者展现了一幅幅幻异的人事风云画卷,并永远地留下了一道世外的风景线,令人惊奇赞叹。作者似乎乐意长久生存于这个与世隔绝的世界,所以也对它进行了挽歌式的描写。然而正是在这样的描写中,沈从文预感到自然主义的湘西行将毁灭,代之兴起的以武力为标志的"现代"绝非它的替代品。这构成他成长过程中最为严重的问题,使他意识到只有获得新的知识——不是权力,而是智慧,才能解释、解决这一切③。自传由

---

①周作人:《一九三四年我所爱读的书籍》,《人间世》1935年1月5日。
②《周作人致松枝茂夫(1938年7月11日)》,〔日〕小川利康、止庵编:《周作人致松枝茂夫手札》,桂林:广西师范大学出版社,2013年,第129页。松枝茂夫后来成为把沈从文文学作品《边城》等介绍到日本去的日文翻译者。
③沈从文:《从文自传》,《沈从文全集》第13卷,第362页。

此出现了另一种趋力,即接受其时已经传播到湘西的新文化思想,使他产生离开故乡,到外面的世界上一所更大"学校"的愿望。

就如前文提到《从文自传》的叙事融汇了多个方向的合力那样,在描写接受新文化的情节里也是如此。拥抱新文化意味着沈从文对之前的知识和经验的革新,但我们须要注意,作于1932年的自传肯定羼杂了这一时期传主的心理,使之产生了既回视也前瞻的趋向。其结果是:以成为新文学家为叙述目标的《从文自传》,留下了传主之后成为文物学者的伏笔。在自传中,当少年沈从文从学堂逃出,游荡在县城内外各种民间作坊,并对其中的工艺制作呈现的优美技艺表达流连兴趣的时候,当他在军中为陈渠珍保管、整理古代器物、书法书画收藏,并对之细心摹习、研究的时候,很可能是在隐蔽地叙述他在1932年前就具有的对于中国古史、艺术史所产生的学术上的兴趣。而这些事事物物,确实是他20世纪40年代中期以后所涉足的文物和美术史学术领域。事实确也如此,因为就在1930年,他在和胡适的往来书信中讨论了中古以上历史、金石文字知识,并起意写一部"草字如何从篆籀变化"的书法断代史[1]。而当沈从文在20世纪60年代重新对古诗产生兴趣,并立志以创作古诗完成他人生"第三次改业"的时候[2],他多次提到自己少年时代所受到的良好的古诗训练,并说他曾以"十步成诗"而被乡人夸

---

[1]沈从文:《致胡适(1930年9月28日)》,《沈从文全集》第18卷,第107页。
[2]沈从文:《致张兆和(1979年6月18日)》,《沈从文全集》第22卷,第313页。

赞为神童和才子①。这在《从文自传》中,对应的则是他经常阅读《李义山诗集》《千家诗》等古代诗歌。这些诗集和《云麾碑》《圣教序》《兰亭序》《虞世南夫子庙堂碑》等法帖,随着沈从文在沅水和酉水上转徙数年之久,构成他暮年写诗、研究美术书法史事业的第一块基石。

就像我们今天已经知道的,这些隐伏的学术兴趣虽然涉及的是古代器物和民间制品,但在 20 世纪初却是一种突破传统经史之学的新学术。这种用新的材料重建中国历史的学术新思潮,同样也是新文化运动的优秀遗产。如从下面将要讨论的沈从文的第二个自传来看,这种追求新学术的志向或许还产生在他梦想成为新文学家之前。但《从文自传》毕竟作于他文名渐著的时段,因此它结束于受到像冰心的《超人》等"五四"新文学影响的那一时间。从此他开始阅读《改造》《申报》《民国日报》《新潮》等"五四"报章杂志,而把《花间集》《曹娥碑》等旧式典籍抛诸脑后。他也开始对白话文发生兴趣,在和文言的比较中发现白话在表情达意时具有的优势。更重要的是,通过与这些现代媒介的接触,沈从文的脑质为之一换。他开始思考自己究竟是一个怎样的人,他生命的意义究竟何在。促使他产生这些思考的直接机缘是一个印刷工人,沈从文阅读他所介绍的新式书报,获得走向新世界的转机,并在 1932 年成为文坛耀眼的新星。而后面我们将看到,在沈从文第三阶段的自传里,这个印刷工人被叙述出不同的意义。

---

① 沈从文:《有关诗作的三封信·复张兆和(1962 年 1 月 28 日)》,《沈从文全集》第 15 卷,第 279 页。

《关于西南漆器及其他(一章自传——一点幻想的发展)》:学术显现与文学舍离

1949年3月6日,沈从文完成了第二个自传《关于西南漆器及其他(一章自传——一点幻想的发展)》。如不是它的副标题"一章自传——一点幻想的发展",读者断然不会把它看作自传,而以为是一篇学术性的关于西南文物的说明。自传的开篇也相当不合传的体例,它从传主居昆明八年收集西南漆器开始,谈到了北大博物馆的文物收藏,提出探讨中国工艺美术史的问题;紧接着简述他收集文物的兴趣,影响到一个年轻画家和一个年轻人类学家绕西南雪山探源,进行实地写生和人类学、民族学田野调查,使他们在艺术上和学术上均取得优异的成绩。然而一个高明的写手当然不会枝蔓他的笔墨,如此写法,其实是为了引出后文展开的关于他人生规划的转向。这是沈从文以自传方式,梳理他往昔岁月中与学术相关的经历的痕迹。我们随即发现,在回视过往之际,《从文自传》的隐笔得以凸显。

和《从文自传》的写作动机相异,《关于西南漆器及其他(一章自传——一点幻想的发展)》出自于沈从文的刻意安排。1949年北平易帜,沈从文没有听从国民党的"抢救"而南下,留在北大红楼,他必须对自己以后的人生重作设计。此时郭沫若在香港发表的《斥反动文艺》传播到北平,引起北大左翼的激烈反应。顶着反动派桃红色作家帽子的沈从文,继续他的文学创作显然成为难以为继的事。所幸沈从文早有学术上的兴趣和准备,他对工艺美术和文物的研究也已在进行之中:1946 年他参与复员后北大博物馆的重建,受到报纸点名表扬①;1948 年撰成《中国陶瓷史》,同时还紧锣密鼓地为他的美术史研究储备知识,已经对王维画的研究颇有心得体会②。可以说,学术研究已成为他的主业之一,因此即便停止写作,他也能够顺势完成人生的转型。而第二个自传确实发挥了应有的作用。在写完自传的第 22 天,也即 3 月 28 日沈从文割颈、腕自杀,未果。在养伤的 5 月份,他接到北大化工系主任袁翰青教授的来信。袁翰青在信中写他参观了北大博物馆,对沈从文的贡献表示由衷敬意和感佩,并提到新中国博物馆事业刚刚起步,"政府和人民一定会重视它",因此需要热心其事的知识分子参与工作,担负这一任重道远的新使命③。袁翰青是亲共红色知识分子,共和国成立后又担任文化部科学普及局局长、商务印书馆总编辑。考虑到他在共和国建元前后的身份,此时给沈从文写信,或许含有来自有关方面的授意之意。《关于西南漆器及其他(一章自传———一点幻想的发展)》并未及时公开发表,但可以推断,它在一定范围内得到了传播。想必是自传和自杀事件引起了有关方面的关注,随后不久沈从文就调入中国历史博物馆的前身北平国立历史博物馆,这一变动应与之有很大的关系。

---

①《北大前校长蒋梦麟赠送博物馆珍品》,《益世报》1948 年 4 月 23 日。
②沈从文:《关于西南漆器及其他(一章自传———一点幻想的发展)》,《沈从文全集》第 27 卷,第 28 页。
③袁翰青:《袁翰青致沈从文(1949 年 5 月 3 日)》,《沈从文全集》第 19 卷,第 35 页。

在《写在袁翰青来信后的备忘录》上，沈从文也透露了个中信息：

> 午门历史博物馆和北大博物馆主持人，近商讨如何改善北平手工业，拟设一咨询商讨部门，盼能与北平手工艺企业家商讨，经常保持接触。凡有关手工艺制造改善，大至于国际出口瓷漆丝绣，小至于玩具、玉器，以国内区域性出品或国际出品为对象，有问题商讨者，两方面负责人均愿无条件、无报偿提供一切知识，并设法借用图书、实物，为人民服务。①

这个"备忘录"也是写于5月份，应是沈从文接到袁翰青的来信后很快写就的，可见他反应的迅速。备忘录提到的北大博物馆和午门历史博物馆，正是沈从文当时服务和即将调入的单位，而两馆"主持人，近商讨……拟设一咨询商讨部门"，则显示已经到了"用人之际"了。看来，围绕沈从文的自传和自杀、袁翰青来信和沈从文对来信的"备忘"所建立起来的证据链，说明有关方面对沈从文转行文物研究来"为人民服务"是有所留意的。从沈从文3月6日完成《关于西南漆器及其他（一章自传——一点幻想的发展）》、3月28日自杀，到5月3日袁翰青来信，再到他8月份调入北平国立历史博物馆，背负着反动作家之名的沈从文的身份转型可以说是相当的"严丝合缝"了。一个月后

①沈从文：《写在袁翰青来信后的备忘录（1949年5月）》，《沈从文全集》第19卷，第36页。

的 9 月 26 日,沈从文在他阅读的《支那陶器精鉴》一书卷首题识:"天地忽清朗异常,已入深秋。"①而"天地忽清朗异常",反映了他遂愿以后心境的安宁与敞亮。

《关于西南漆器及其他(一章自传——一点幻想的发展)》叙述了沈从文从 1937 年到 1949 年十二年中的人生经历,包括他采用一个特殊角度——古代绘画与写作——对自己的文学创作进行别具匠心的回顾、剪辑和总结,并且尽力展示他收集、研究文物与工艺美术品的新兴趣。自传略去了传主在西南联大时期诸如创作、教学、写作时政文章和其他生活中的纷扰故事,独聚焦于上述内容加以描摹刻画,说明这是一个倾向于未来的回忆。沈从文追记了他的过往生活及文学创作中与文物相互连接的内容,正是表达他在写作自传的当下,准备把人生的路线向前推移的愿望;而在这种追记中,《关于西南漆器及其他(一章自传——一点幻想的发展)》和《从文自传》,构成一种叙事上的回旋。

这个自传的一大半篇幅被沈从文用来描写他从长沙迁至昆明时沿途所见文物,以及抗战八年在昆明集市和城市周边收集文物的故事。购藏瓷器、漆器和由金、银、铜、锡、藤、竹、土、石、木等材料制作的工艺品,成为他生活的主要内容之一。收集文物时遇见的一个场景,曾引起他情绪上的极大震动:一个小银匠一边锤制银锁银鱼,一边因事流泪的画面,深深印在他的心头。而这幅画面,作为一种生命与美育的发蒙,进而引起传主对文物和美术的兴趣,早已镶嵌在《从文自传》当中。由此

---

① 沈从文:《沈从文用书题识选》,《沈从文全集》第 14 卷,第 480 页。

回视,《从文自传》里那些活动着师傅和学徒身影的针铺、伞铺、瓷窑、染坊,那些对"为什么雕佛像的会把木头雕成人形,所贴的金那么薄又用什么方法作成? 为什么小铜匠会在一块铜板上钻那么一个圆眼,刻花时刻得整整齐齐"的疑问①,包括对旧式军营里的刀枪盾牌的造型、雕花、刻纹的细心摹画,此时已从一个少年的视角延伸到了中年人的心里,构成他搜藏、研究这些工艺制作的愿力。在《从文自传》出版的 1934 年,沈从文已是文名渐著,自那时起,他已有经济上的余裕收集美术品和文物,用来满足他少年时期就已发生的兴趣②。在一封 1938 年 8 月从昆明寄往北平的家信中,沈从文告诉妻子他准备写一部《忆盘录》,用来纪念为数众多的来不及从北平家中带往昆明的瓷器藏品③。

　　这是沈从文第一次明确表达从事文物著述的心迹,而远源可以溯至《从文自传》里他从《西清古鉴》《薛氏彝器钟鼎款识》等文物著录中摸索学术研究的痕迹。在《从文自传》中,沈从文已学会从古代器物的形制、款式、款识推断它们的年代、类型和发展衍化,而在《关于西南漆器及其他(一章自传——一点幻想的发展)》中,这被详述为他的几次学术新发现。最典型的,是他从一个当地民间使用的殷朱素漆奁,看出它和《女史箴图》上铜镜的花纹一致;进而比较故宫所藏南北铜镜及各时代相似器

①沈从文:《从文自传》,《沈从文全集》第 13 卷,第 260 页。
②沈从文:《关于西南漆器及其他(一章自传——一点幻想的发展)》,《沈从文全集》第 27 卷,第 28 页。
③沈从文:《复张兆和(1938 年 8 月 2 日)》,《沈从文全集》第 18 卷,第 321—322 页。

物,并追踪在长沙、朝鲜、阳高出土的晚周和汉代漆器以及新石器时代彩陶、石镞上保留的遗痕;最后推断出这个"遗落"在西南边陲的器物,因不受时空流转影响而成为保存了上古时代工艺制作规制的"化石",可视为研究物质文化史的绝好材料。这里使用的方法,上承《从文自传》研习古物时用比较形制推断年代的路子,下启他学术成熟期"用联系和发展上下前后四方求索方法"①进行文物研究的惯常手段。联系、比较和发展的方法是沈从文文物研究屡屡奏效的秘笈之一,其形成的过程,在这前后两个自传中留下了从隐伏到显露的丝缕印记。

通过这种前后呼应和调整,沈从文在书写自传的时候,或隐或显地"瞻前顾后",这使他的往昔得到进一步的"再现",同时照亮当前的成长。前文已谈及《从文自传》搭建了民俗学、人类学的视野,在此视野之下,沈从文建构了他的乡土世界,张扬地方性文化与其成长的关系,并发掘地方习俗和传统工艺制作,使之并置于一个逐渐现代化的国家之中。这个视野在《关于西南漆器及其他(一章自传——一点幻想的发展)》得到了衍生和放大,并明朗化为他新起的学术上的抱负——研究西南文化史。20 世纪 20 年代,中国学术界兴起了西南民族调查活动。此项活动肇发于从 1927 年开始的中山大学学者在云南、广西、粤北等民族地区进行的田野调查②。全面抗日战争爆发以后,

①沈从文:《试释"长檐车、高齿屐、斑丝隐囊、棋子方褥"》,《沈从文全集》第 31 卷,第 52 页。
②刘志扬:《本土、区域与中国民族学人类学学科体系构建——中山大学百年西南民族研究回顾》,《广西民族大学学报(哲学社会科学版)》2019 年第 2 期。

大批高校、科研机构迁入西南,西南地位空前提高,西南边疆研究成为一个显耀之学。沈从文由此鼓励他的两个年轻朋友——李晨岚和李霖灿——深入云南西部进行美术写生和田野调查。其中的李霖灿花了八年时间游走边地,后来成为中国第一个收集、整理、研究纳西族文字——东巴文的专家①。对于这项成就,沈从文是与有荣焉的。他称赞这些成果"增加了世人对于这地方剩余潜伏文化的浓厚兴趣,而我还分享了朋友发现西南的光荣"②。

然而与其说"发现西南"是一个触地才起的新冲动,毋宁说它也是对故乡和"昔日之我"的再发现。由于风土、人情、文化、习俗乃至语言的相似性,客居昆明的沈从文"似乎已回到了家乡,回到了本来"③,回到了《从文自传》所描述的那个世界。身边研究社会学、人类学的朋友进行的田野调查,又一次唤醒了他的地方文化旧梦,使他产生对于西南文化"某方面"的"幻想"。这个"某方面",就是收集与研究西南文物。其直接的触机,是与他同住的国立中央研究院人类学家陶云逵在丽江、中甸等地收集到的几千件民俗学器物。由此触机,沈从文少年时代对故乡民间制作的兴趣终于转移到西南边地的民间工艺品上。《从文自传》里那些对工艺器物的形象描写和对其制作过

①李霖灿:《沈从文老师和我》,《西湖雪山故人情——艺坛师友录》,杭州:浙江大学出版社,2011 年,第 63—80 页。
②沈从文:《关于西南漆器及其他(一章自传——一点幻想的发展)》,《沈从文全集》第 27 卷,第 31 页。
③沈从文:《关于西南漆器及其他(一章自传——一点幻想的发展)》,《沈从文全集》第 27 卷,第 29 页。

程的追问,在《关于西南漆器及其他(一章自传———一点幻想的发展)》中上升为学术上的冲动。那个在故乡叛逆逃学,经常成为各种民间手工作坊常客的少年,在《关于西南漆器及其他(一章自传———一点幻想的发展)》中则从西南联大文学教授逸出,其兴趣落脚于西南的陶瓷、漆器、缅盒、金石器、雕刻器、皮具、服饰,乃至兵器、盾甲、马鞍、编织物等种种杂器,其范围在于以西南文物为勾连,探讨西南与中原及东南亚文化的关系,而正是这种关系塑造了独具特色的西南地方文化。《关于西南漆器及其他(一章自传———一点幻想的发展)》以刚刚在北大博物馆举办的一次文物展览为结尾。这个展览特别展出了沈从文和林徽因在西南地区收集到的地方性文物。在结尾的最后一句话中,沈从文提出研究西南文化必须结合其与川蜀接壤区域及黔中接壤区域文物的建议,而这个区域,不仅在地理上,也在文化上,都隐然包括了《从文自传》所描述的湘西在内。

自然,作为一部写作于 1949 年,并且是寄托了传主人生转向的传记,《关于西南漆器及其他(一章自传———一点幻想的发展)》无法回避传主精彩纷呈的文学生涯和多方面的文学成就。可令人称奇的是,自传对于传主文学创作的缘起和趣味,重点不在于像大多数作家都会谈到的人生的社会性阅历,而聚焦于工艺美术品——文物和绘画给予他的启示。这是一种人生视野的窄化,其策略却是通过突出其文学创作也与他的学术旨趣存在紧密联系,从而建构了一种关于自我创作的别样的文学观。在《从文自传》中,沈从文的新文学创作发蒙于阅读《改造》《申报》《民国日报》《新潮》等“五四”报章杂志和像冰心的《超人》那样表达了个人主义、个性主义的作品,可在《关于西南漆器及其他(一章自传———一点幻想的发展)》中,沈从文对他的创作缘由的叙述却转变为因美术而起,并且用爱美术的方式进行写作①。显然,并非社会人生的严酷性,而是民间工匠对艺术品的精细制作培养了他的美育意识和文学态度,使之成为和他生命发展严密契合不可分割的东西②。北平图书馆的古代美术图录,影响了他的创作风格,他借鉴乡村风景画的用笔来处理文字,最后形成朴实无华而又结构精美的文学艺术品③。如此强调美术与他创作的关系,其实是沈从文建立的一个新的因缘谱系——美术不仅启发了他的人生,也奠定了他的文学底色。这种关系的调整,是对他计划研究美术史的志向作出的说明。为此,他甚至夸张地认为,假如一开始就从事美术史研究,他取得的成绩将比文学成就更大;而除了刘西渭,其他批评家对他创作进行的批评都是隔靴搔痒,缘木求鱼,因为只有刘西渭发现了他的写作与绘画之间存在的秘密④。

通过这样的书写,《关于西南漆器及其他(一章自传———一点幻想的发展)》成功地扭转了读者的视野,使我们获得关于沈从文人生转向的明晰印象。他后半生从事学术研究之源流,经由《从文自传》开笔,就草蛇灰线,不绝如缕,终至于《关于西南

---

① 沈从文:《关于西南漆器及其他(一章自传———一点幻想的发展)》,《沈从文全集》第 27 卷,第 27 页。

② 沈从文:《关于西南漆器及其他(一章自传———一点幻想的发展)》,《沈从文全集》第 27 卷,第 23 页。

③ 沈从文:《关于西南漆器及其他(一章自传———一点幻想的发展)》,《沈从文全集》第 27 卷,第 27 页。

④ 沈从文:《关于西南漆器及其他(一章自传———一点幻想的发展)》,《沈从文全集》第 27 卷,第 24—25 页。

漆器及其他(一章自传———一点幻想的发展)》而显现出清晰的面目。1949 年,在预期不得不放弃文学事业的关口,沈从文及时调整了人生的方向。实现这样的调整显然需要许多文外的努力,所幸的是他创作了这个自传,为我们保存了传主更多的心灵上的痕迹。今天,我们已很难推测沈从文在写作第二个自传时,是否参考了之前的《从文自传》,但世易时移,面对不同的人生态势和写作目的,《关于西南漆器及其他(一章自传———一点幻想的发展)》凸显了《从文自传》中的隐蔽部分,使其先前未及发明的"自我",获得了重塑的机会并增添了新的意义。这使两个自传之间灯火明灭,取舍之际也互相照鉴,形成了既向往昔回溯又朝未来伸展的翕张与迢递。

《沈从文自传》:人生"回旋"与思想"归队"

时间进入 20 世纪 50 年代,转入学术研究的沈从文和大多数知识分子一样,开始了一段总结过往、清理思想的改造岁月。这种再回首,使沈从文在 1950—1958 年间写下了《沈从文自传》等十多篇自传或自传性文字。这些文字有详有略,均是在不同时间、不同要求下对组织作出的自我交代。在《沈从文全集》出版的时候,编者把其中的十篇归为一辑,取名"沉默归队"。这个名字颇有象征意味,所谓的"归队",确实有把传主的行迹和思想收编于 20 世纪 50 年代时代氛围的意思。这样,在回旋过往的同时,沈从文也对"昔日之我"进行了改写、重写,并且借助这样的书写,衍化出新的人生痕迹。

写作这些自传的近十年间，也是沈从文学术研究渐入佳境的时段。虽不免于外界的袭扰，但他展开工作之际，确实能做到静心息虑，写作、出版了《坛坛罐罐》《龙凤艺术》等文物研究佳作，而《中国古代服饰研究》也已完成了若干前期成果，意味着他正在攀越学术事业的高峰。在这一时段里，他和文学也时有勾连，但确乎已明白表示不再进行创作。他参加了1953年全国第二次文代会，当毛泽东当面劝勉他继续写作的时候，他婉转在心中作出了回绝①，其根本原因，是他在这之后的两个自传性文本《"反右运动"后的思想检查》《我的检查》中所说的，他已经写不出符合时代要求的文学作品，因此充满了"失败感"②。1958年，他拒绝周扬提出由他顶替老舍北京市文联主席职务的提议，之所以不予应允，是因为预测到其中存在的不安全性③。然而他对作家的名分却是甚为高看的，在一次《文汇报》的约稿座谈会上，因为被分配和一个地方戏新晋名角座位相邻，他拒绝在约稿单上签名，认为两者在文艺的圈子里，根本不属于同一重量级④。

然而，"我的文学历程"仍然是这些自传必须予以梳理的中心问题。我们发现，相较于之前的叙述，沈从文对他的文学历

①沈从文：《我为什么始终不离开历史博物馆》，《沈从文全集》第27卷，第248—249页。
②沈从文：《"反右运动"后的思想检查》，《沈从文全集》第27卷，第158页；《我的检查》，《沈从文全集》第27卷，第204页。
③吴世勇编：《沈从文年谱（1902—1988）》，第402页；沈从文：《致沈虎雏、张之佩（1977年8月16日）》，《沈从文全集》第25卷，第119—120页。
④黄永玉：《这些忧郁的碎屑——回忆沈从文表叔》，《比我老的老头》，北京：作家出版社，2003年，第84—85页。

程进行了程度较大的改写。前面已经谈到,在《从文自传》中追述自己的新文学源头时,他道及的是《新潮》《改造》和冰心的小说《超人》中那些表现个性主义、自由主义的内容;1956 年的《沈从文自传》,仍在开篇处提到他的写作方法和写作态度,"完全是受十九世纪欧洲作家的自由主义影响",可在后文又扭转表示:"我认识俄国而且爱它,也是通过一堆小说作品,其中托尔斯泰、屠格涅夫、契柯夫、高尔基……的作品,给我的教育最深刻。"①这既是文学观的转变,也是一种政治表态。"认识俄国而且爱它",显然属于接受苏联和拥护新社会的一种文字等式。在读者的印象里,沈从文一直保持着比较独立的政治站位,即使和胡适等亲美派关系良好,可是在漫长的岁月里,他似乎从来不曾因为政治立场而对代表某一政治倾向的国家释放过爱意。因此,如此强调对苏俄的偏好,自然指向 20 世纪 50年代前半期中苏关系及冷战背景下东西方阵营的政治选择,而这种选择无疑是出自政治正确的考虑,究其实也是知识分子思想改造的一种成果形式。其中列举的从托尔斯泰、契诃夫、屠格涅夫到高尔基的作家排序——这个排序在 1950 年的自传性文本《总结·思想部分》也出现过②——隐含了中国和苏俄文学从批判现实主义到无产阶级文学的演进史迹。托尔斯泰在19 世纪与 20 世纪之交就被译介到中国,20 世纪二三十年代更深刻影响了左翼作家进行的革命文学创作;中国文坛在 20 世纪 40 年代掀起了"高尔基热",和托尔斯泰等旧俄时代的作家

①沈从文:《沈从文自传》,《沈从文全集》第 27 卷,第 137、139 页。
②沈从文:《总结·思想部分》,《沈从文全集》第 27 卷,第 102 页。

相比,高尔基无疑更具有无产阶级文学的正宗性。值得注意的是《沈从文自传》中提到的契诃夫和屠格涅夫,前者处理短篇小说的精审和对城市小市民、小资产阶级知识分子的讽刺,后者反对权贵、同情农民且其作品所具有的田园风情,确实与沈从文的文学技艺和风格有着极大的近似性。沈从文如此叙述这段接受苏俄文学教育的历史,当然有站位或归队的希冀,最起码地,也是要表达自己的创作具有批判现实或倾向于无产阶级的意识,而不是郭沫若所指责的"反动派"和"桃红色"①。

这样的书写使我们看到,和 1932 年的《从文自传》、1949年的《关于西南漆器及其他(一章自传———一点幻想的发展)》相比,1956 年的《沈从文自传》已经发生了相当大的位移。这种位移自是出于协调时势的考虑,但不得不说,它也丰富了传主的生命,发掘、更生出之前叙述中遗落或不及申说的部分。《从文自传》受邀于出版社之约请且为广大读者而写定,彼时又正值沈从文创作的黄金时期,在人事风云和技艺风格上不免有露才与炫奇的倾向。《关于西南漆器及其他(一章自传———一点幻想的发展)》的预期读者仅局限于自我、不多的亲友或特定方面人士,其所述的人生履历便集中乃至窄化于自己未来从事学术研究的路向。而按组织布置的"提问"逐条"答辩"的《沈从文自传》,却令沈从文不得不面对范围更广甚至未曾料及的人生"悬疑",其写法已不容有个性主义的发挥和显露才华的使气。这就像旧式中药铺子的药屉那样,必须按照药屉上的"名贴"填装"名实相副"的药品。但我们不能忽视这种装置的有效

①郭沫若:《斥反动文艺》,《大众文艺丛刊》(香港)1948 年第 1 辑。

性,显而易见,它使沈从文的自述变得理性并且强化了应时所需的反思性。

这样,《沈从文自传》"人的影响"一节,就补缀了之前自传"漏写"了的自我。从"人是社会关系的总和"出发,交代社会关系,更易显露时代所欲掌握的沈从文的意识形态属性。它形成一种叙事装置,使作传者在人以群分的规训之下,小心摸索、辨析、叙述自己的人群归属,尽力保持与时代要求的同一性。这使我们有机会看到沈从文虽属蜻蜓点水,却巨细无遗交代的各个时期与之交往或密或疏的各色人等,其数量有七八十人,加上 1950 年的《总结·自传部分》、1952 年的《交代社会关系》,则总数远逾百人以上。这确实形成了一个"沈从文的江湖世界",借此可以一窥他对朋友圈中三教九流的评价和取舍。

然而,最值得推敲的还是《沈从文自传》对左翼、右翼人物关系的处理方式。在某种程度上,他弱化了自己与右翼人物政治上的联系而强化了对左翼人物的思想认同。如对亦师亦友的胡适,就表示"他的哲学思想我并不觉得如何高明,政治活动也不怎么知道,所提倡的全盘西化崇美思想,我更少同感"[1]。类似的看法早在 1950 年就已形成,他在华北人民革命大学毕业时的自传材料《总结·思想部分》中写道:"和胡适之相熟,私谊好,不谈政治……他们谈英美民主,和我的空想社会相隔实远";且连带说明和梁实秋连文学也不谈,因为那些从美国学校拿回来的讲义,和他的写作全不相干[2]。与之对应的是他提到

---

[1] 沈从文:《沈从文自传》,《沈从文全集》第 27 卷,第 152 页。
[2] 沈从文:《总结·思想部分》,《沈从文全集》第 27 卷,第 104 页。

与革命烈士张采真的交往，与左翼作家郁达夫、丁玲、胡也频、张天翼等，中共党员或民主人士李达、邵力子、郑振铎、闻一多、周培源、巴金、冰心等人的交谊，以及受到鲁迅文学影响的事实①，虽出语平淡简易，但确实勾勒出他思想上有接近左翼的一面，也印证他"大部分习作是自由主义偏左"的自我指认②。从此出发，他构建了一条由"鲁迅、冰心、茅盾、巴金、老舍、张天翼、丁玲等人"开辟的文学路线，正是这条路线刺激了他的竞争心和真诚的写作态度③。20世纪50年代，中国现代文学史已经逐渐梳理出鲁、郭、茅、巴、老、曹的经典排位。这个排位体现了中共确立思想文化秩序的努力④，而沈从文所提到的，除了郭沫若和曹禺，其他四个作家都赫然在列。

在1952年的《总结·思想部分》中，沈从文曾作出如下自我鉴定："情绪基本虽近于农民中无产阶级，文化和知识基础，却是封建资本社会的个人自由主义的理性和观念。"⑤但是通过1956年《沈从文自传》的书写，尤其是像政治立场和文学态度上亲苏拒美的表态，他已努力叙述出他和他的作品所具有的无产阶级属性。相似的立场表述，还包括他从1928年起，就"不和国民党妥协"⑥；1937年一度动念北上延安而不是南下昆明⑦。同时需要清理的，还有1952年《总结·传记部分》所检

---

①沈从文：《沈从文自传》，《沈从文全集》第27卷，第145—151页。
②沈从文：《总结·思想部分》，《沈从文全集》第27卷，第104页。
③沈从文：《沈从文自传》，《沈从文全集》第27卷，第138页。
④程光炜：《"鲁郭茅巴老曹"之说》，《南方周末》2001年9月29日。
⑤沈从文：《总结·思想部分》，《沈从文全集》第27卷，第100页。
⑥沈从文：《沈从文自传》，《沈从文全集》第27卷，第143页。
⑦沈从文：《总结·思想部分》，《沈从文全集》第27卷，第106页。

讨的"古典华词"文风的形成与游离于人民革命及现实之间的关系,这种关系的形成来源于风景如画、生命自然的湘西,体现了他的创作既非"人生文学"又非"社会革命浪漫写实文学"的自由主义特色①。这样,在《关于西南漆器及其他(一章自传——一点幻想的发展)》中,那些从古代绘画提炼而得的美丽如画同时兼具田园交响乐特色的文学作品,在《总结·传记部分》中就被描述为晦涩难懂,缺乏共通性,并产生不良作用的文字②。而只有延安文艺座谈会"把文学极素朴的引到政治上去,使文艺面向工农兵,由普及再提高",才"对国家明日建设实在极重要"③。如此大幅翻转的自我评价,只能用 1949—1956 年间的时势转移给予解释。1949 年,沈从文还在阶级阵营的另一端彷徨行止,1956 年完成《沈从文自传》,他已"归队"并数度经历了革命教育的洗礼。这种洗礼的一个重要部分,就是在特定的规训条目下,对昔日之我进行反复的书写。这也使我们有机会看到,今日之我与昔日之我的不同视角,转写出一个充满差异的"自我"。然而在某种程度上,我们不得不认为它们也是"信史"。这些以政治检视方式书写的自传,交代、分析他各个时期脱离人民和革命的事实及原委也颇为真诚与真实,保持了写作传记所需要的基本史学品格。这也使我们深信:记忆不仅具有保存的功能,也有顽强的再生性。它推动沈从文对过去的人事进行持续的诠释,并随着时势推移,发掘未明或未及叙述的自我,最后产生出新的有关"自我"的意义。

---

①沈从文:《总结·传记部分》,《沈从文全集》第 27 卷,第 81 页。
②沈从文:《总结·传记部分》,《沈从文全集》第 27 卷,第 79 页。
③沈从文:《总结·思想部分》,《沈从文全集》第 27 卷,第 121 页。

最后,还须讨论的是 20 世纪 50 年代沈从文对他早期湘西经历的处理方式,因为追溯本原,对于探究生命轨辙的走势总有别一层的意义。在《从文自传》里,湘西被描写成诗情画意并且充斥着各种奇闻逸事的民俗学、人类学世界;在《关于西南漆器及其他(一章自传———一点幻想的发展)》中,则又成为激发他研究地方性文化的催化器那样的装置。可在 1950 年以后的回忆里,湘西依然美丽如画,但已被置于阶级分析的视野:《沈从文自传》的传主,此时已摇身变为出身破落官僚地主家庭的子弟,他的作品,则含有否定权势和同情下层人民的品格①。在 1950 年写作《总结·传记部分》时,沈从文开篇就提到十九年前写作的《从文自传》,表现出与之对话的明显意味。在这部传记里,沈从文建构了一个官吏凶残而人民善良的湘西世界,这种阶级对立培养了他"爱与嫌恶"的基本感情,激发他改造社会的强烈的爱国情感②。虽然改造社会的努力在文学上遭遇失败,但与农民、船夫、士兵、小手工业生产者这些"一切被践踏和侮辱的阶层"的广泛接触③,使他另寻途径实现改造社会的抱负。这个途径包括研究小手工业生产者的"社会百工技艺"制作的精美工艺品,其方式不同于"大都市风雅人的鉴赏风花雪月",而出之于人民的立场④。沈从文最终放弃了文学事业,转向具有知识兴趣和理想热诚的科学部门,是他相信"把中国人民的本质上的一切长处和现代科学知识重新好好结合,国家方

①沈从文:《沈从文自传》,《沈从文全集》第 27 卷,第 140—141 页。
②沈从文:《总结·传记部分》,《沈从文全集》第 27 卷,第 76—77 页。
③沈从文:《总结·传记部分》,《沈从文全集》第 27 卷,第 79 页。
④沈从文:《总结·传记部分》,《沈从文全集》第 27 卷,第 78—79 页。

能够站得起身来"①。之后他圈定以社会百工技艺为中心的文物研究,立志填补文化史上普通人民成就的空白的学术旨趣②,无疑是呼应了这段自传所表达的心志。借此我们看到,20世纪50年代沈从文的自我建构乃奠基于1932年的自我之上的痕迹。他从《从文自传》中提炼出与下层人民广泛接触的历史,并用20世纪50年代的意识形态对它进行了刷新和改写,叙述出一个希望为新的时代所接受并志愿镶嵌于其中的"自我"。一个不容忽视的细节是,《总结·传记部分》直接引用了《从文自传》中印刷工人引导他阅读新式报刊从而使其告别旧我的一节。这使我们察知,1932年《从文自传》的传主告别旧时代的出发式,也成为1950年沈从文走进新社会的揭幕典礼。而之所以这样叙述,可能正在于印刷工人属于正牌的无产阶级。

从1932年到1958年间完成的这些自传和自传性材料,记录了沈从文半个多世纪的生命成长和人生际遇。在对其曲折生命历程的书写中,他因应时势,对"自我"进行了目标不同的处理,使每一时期的自我都获得了新生的部分。1932年的《从文自传》更多地体现传主的个性意识和炫奇心理,但也显露其对社会人生的严肃思考,同时埋设了他对纯粹知识——学术研究的兴趣。1949年的《关于西南漆器及其他(一章自传——一点幻想的发展)》是天地玄黄之际,传主为改变人生道路作出的宣示,却因此使《从文自传》中隐伏的学术兴趣变成明显的部分。20世纪50年代的《沈从文自传》和其他自传性材料,则是在经历了革命教

①沈从文:《总结·传记部分》,《沈从文全集》第27卷,第80页。
②沈从文:《文学创作方面检查》,《沈从文全集》第27卷,第212页。

育的洗礼后,传主为融入新社会作出的努力,其有效的方式,便是把自我塑造成符合新社会要求的模式。这使沈从文对之前的两个自传进行了刷新和改写,产生出符合新社会要求的自我。历经二十六年的"从文自传"构成一种回旋式书写,每一次回旋都衍生出新的"自我"。它导致线性发展的人生走势出现令人惊异的一幕,即每一阶段的自我都不固化而可以再生出新的意义,在反复的自我重铸中显露不同的人生图景。这使我们感受并叹服时间与记忆、历史与叙事之间存在的神秘魔力。这个神秘魔力显示了一个人在白驹过隙的时间里经历数次天地玄黄所给予后人的惊奇印象。沈从文以其非凡的文字掌控力,在回旋书写中对自我进行了刷新、补缀和改写,顽强地再现了他的"人之历史"。

两次出国计划:文人乎? 学者乎?

　　1951 年,丁玲在《一个真实人的一生——记胡也频》中写道:"沈从文因为一贯与新月社、现代评论派有些友谊,所以他始终有些美慕绅士阶级……他很想能当一位教授。"这种指认说明,"北漂"时期的沈从文就有了执教大学成为学者的心志。从那时开始的这种学者心志,也体现在 1929 年、1944 年他希望到美国留学、研学、教学的两次计划中。其原因不仅出于摆脱生计的困顿,也包括逃避国民政府的文艺压迫,而其目的都在于获得学者身份,进行自由的写作与研究。因此,沈从文所做的两次"美国梦",堆砌着他在文人与学者间游走的独特形象,成为他一生身份选择的富于象征意味的"剪影"。

　　晚清民国以来,中国文化的现代化历程,在守旧出新、自我扬弃的另一面,由出洋留学国外的学人群体带回的"异邦新声",实际上发挥了更大的作用。后世史家在建构这段历史的时候,多半坚持民族国家立场,采取宏大叙事角度,注重申说这个学人群体在中西文化交流、中国现代文化塑造方面的积极意义,可是从微观角度,在"个人生活史"如何展开的层面,观察种种出洋留学的动因,却不同程度受到这个宏大叙事的压抑。不必说梁启超远走东洋是为逃难避祸,因此才有机会与日本新旧学界直接打交道,由此开始他后半生的学术与政治生涯;就是周氏兄弟留学日本,也是因为科举正途无望,不得不顶着"社会上便以为是一种走投无路的人,只得将灵魂卖给鬼子"的压力,去"走异路,逃异地"①,开始了他们的"成长"篇章。只是因缘际会,他们遇到"有学问的革命家"章太炎,从而学习文史知识和革命教条,又受到格致、算学、地理、历史、文学、医学、中外时事等新学新知的淘洗,打开思想门户,成就了一番文学、文化的大业。这使人想到当时出洋留学群体中,其实并非全是"黄钟大吕"般的行军图,反而不少是捎带着"风雨如晦"的窘迫相,甚至是直接出于出路或生计的考虑。

这又令人想起沈从文,这个后来闻名中外的大作家、大学者,一生以"乡下人"自居,对都市生活总不惬意,对以西方文化改造中国社会抱有不信任态度,但在 1929 年、1944 年也产生了两次出国的计划。在两次出国计划期间,他经历了由文坛新秀到知名教授的身份转换,声望和地位有所提高,但希望出国的原因,却是迫于出路生计方面的考虑。钩稽这个问题,略可映射当时的文学与学术、文化与政治生态之一斑,并对我们理解沈从文从文人转型到学者的人生轨迹有所帮助。

---

①鲁迅:《呐喊·自序》,《鲁迅全集》第 1 卷,北京:人民文学出版社,2005年,第 437 页。

寄意哥伦比亚大学王际真

笔者所见沈从文第一次表露出国打算，时在 1929 年 10 月 19 日。他在写给友人王际真的信中说："若果在将来我可以在美国也生活得下，我愿意远走点到美国来流几年。"①他感叹生活"皆是苟安现状"，如有机会"到了法国或美国，三两年会把一种文字学好，也是意料中事"②。1930 年 6 月 26 日他又一次致信王际真，降格以求："如有机会，我是想跟什么人到外国做小书记，过两年日子的。听说谢寿康做比国公使，我真想用个当差的名义出一次国。"③

王际真是 1928 年由美归国省亲，途经上海，经徐志摩介绍与沈从文认识的。两人一见投缘，成为无话不说的挚友。王际真出身书香门第，父亲王寀廷是清光绪癸卯科进士，家富藏书，古籍碑刻、书画鼎彝收藏颇夥④。王际真厚于才情学识，性格分外爽直淳朴。据沈从文书信，虽远隔重洋，王际真在钱物方面

①沈从文：《复王际真（1929 年 10 月 19 日）》，《沈从文全集》第 18 卷，第 21 页。
②沈从文：《致王际真（1930 年 2 月 17 日）》，《沈从文全集》第 18 卷，第 52 页。
③沈从文：《致王际真（1930 年 6 月 26 日）》《沈从文全集》第 18 卷，第 75 页。
④刘宜庆：《一封沈从文佚信中的文史交谊》，《中华读书报》2018 年 8 月 29 日。

支持沈从文甚多,且他在美国喝酒打架,也似为常事①。王际真1922年赴美留学,后来成为哥伦比亚大学东亚系首位聘请的中国学者。他在1929年节译了《红楼梦》,分别在美国和英国出版,著名汉学家阿瑟·威利为之作序,称该书为译笔信、达、雅的佳作,诺贝尔文学奖得主赛珍珠也撰文给予高度评价。他是最早把鲁迅、沈从文等中国现代作家介绍到美国的文学史家,在美国享有中国古代和现代小说研究奠基人的地位,并且成功地引荐夏志清获得哥伦比亚大学东亚系教职,使哥大成为中国文学研究的重镇。

《沈从文全集》收录从1929年到1932年,沈从文和王际真隔海通信数十封。二人借飞鸿传书,吐露衷曲,可见沈从文的出国想法,并非随口说说,而是出于一番认真的考虑。可沈从文最早来到北京时,对于青年出国留学问题,却另有一番见解。当时他对出国留学并不在意,以为国内新兴的学术文化已经足够利用。如他在《二十年代的中国新文学》中回忆:"到北京虽为的是求学,可是一到不久,就不作升学考虑。因为不久就听人说,当时清华是最有前途的学校,入学读两年'留学预备班',即可依例到美国。至于入学办法,却并未公开招考,一切全靠熟人。有人只凭一封介绍信,即免考入学。"但是北大"由于当时校长蔡元培先生的远见与博识,首先是门户开放,用人不拘资格,只看能力或知识"②,对一无人情关系二无学术门径因而

①沈从文:《复王际真(1930年8月14日)》;《致王际真——一个朋友已死去(1931年2月27日)》,《沈从文全集》第18卷,第97、134页。
②沈从文:《二十年代的中国新文学》,《沈从文全集》第12卷,第378页。

无法获得入学清华一纸介绍信的沈从文来说,有着更为直接且实际的吸引力。不仅北大新派学人如梁漱溟、胡适、陈独秀、周作人的新哲学、新文学让沈从文流连不已,亦步亦趋,就是旧派古董如辜鸿铭对他留着清朝遗民的辫子所作出的解释和引申,也给这个旁听生烙下终生不灭的印象①。对于以求取真知为目的的沈从文来说,直接亲近北大的思想学术氛围,其魅力远远大于通过清华去放洋留学。

可是 1929 年的沈从文,已经成为引人注目的文坛新秀,通过胡适介绍,更在吴淞的中国公学觅得讲授中国新文学的教职,这种在文界和学界两栖的身份,似乎足以让自己满足,令外人称羡。但沈从文打算出国的原因,恰恰出于对自己身为作家和教书匠处境的不满,前者涉及文人生涯的艰难,后者却关乎学者身份的尴尬,使他悲观于无论居平、居沪或居武汉,即使哪怕去做一个军官或农夫②,可"到任何地方总似乎不合式"③。

在沈从文当时写给王际真,包括胡适等师友的大量书信中,随处可见的是"牢骚话""激愤语",如"上五天是我生日,走

①沈从文:《二十年代的中国新文学》,《沈从文全集》第 12 卷,第 378—379 页。在文中,沈从文记述了其所经历的一次辜鸿铭在北大的讲演,辜对哄笑他辫子的听众说:"你们不用笑我这条小小尾巴,我留下这并不重要,剪下它极容易。至于你们精神上那根辫子,据我看,想去掉可很不容易!"
②沈从文:《复王际真——在武汉大学(1930 年 11 月 5 日)》;《致王际真——住到上海不动了(1931 年 2 月 6 日)》,《沈从文全集》第 18 卷,第 115、130 页。
③沈从文:《复王际真——在武汉大学(1930 年 11 月 5 日)》,《沈从文全集》第 18 卷,第 112 页。

到江边,有一个危险思想是'我跳下去'也好"①,"这几天想到或者会在一两年内死去,因为心中空洞有说不出的厌世"②,"我是已经好像不大愿意再活了的,人越活越可怜"③;但也有"不许卑视自己同忽视自己,要忍受,凭借一点近于由宗教而来的力,把生活好好安排起来,就做它一些日子的工"④这样的自我肯定和鼓励。之所以如此困厄行止,纠结生死,是因为成为文坛新秀的沈从文,并不能靠一支笔安排自己过上一种理想的生活,即使在教师任上,薪酬微薄,常常需要预支月俸才能于生活有所维持,因此他也需要给自己鼓劲打气⑤。然而,为了生存必须勤奋写作,可写作本身却使他的生存变成了艰难问题,这真是一个反讽和悖论。他告诉王际真:"我写了两天文章还只写七百字,心的软弱就可想而知。因为还是相信挤与榨,所以并不放笔,小睡也仍然捏定笔杆,笔是三年来一家人吃饭的一枝骨杆笔,看到它那样子使我想起自己竟同这东西一个情形,脏得不合道理,毫无所谓'中兴气象'。"⑥

① 沈从文:《复王际真——在中国公学(1930年1月3日)》,《沈从文全集》第18卷,第35页。
② 沈从文:《复王际真(1930年1月12日)》,《沈从文全集》第18卷,第38页。
③ 沈从文:《致王际真(1930年1月27日)》,《沈从文全集》第18卷,第47页。
④ 沈从文:《复王际真(1930年3月27日)》,《沈从文全集》第18卷,第57页。
⑤ 沈从文:《致胡适(1930年2月25日)》,《沈从文全集》第18卷,第53页。
⑥ 沈从文:《复王际真——在中国公学(1930年1月3日)》,《沈从文全集》第18卷,第35页。

即使如此勤苦，生活依然困窘，不仅不能像一个"体面人穿体面衣服上街"①，天寒之际，沈从文"就只能成天用棉絮包脚坐到桌边呆"②。只能通过典当不同季节的衣物才能应付天气寒暑的变化，因此他又说："我的狐皮袍子或可以从当铺取出了，我那衣服照例是冬天有一半日子在当铺的。"③从自己的切身感受旁及他熟悉的丁玲夫妇、白薇等新生代作家，"皆成了劫中人物，全是极苦，无办法活……皆完全在可笑情形中度着每一个日子"，这更加深他"中国的事真是没有法子"的印象④。

更为严重的是，这种生存状态事实上成了写作的妨害。在当时，沈从文已经写出了小说名篇《会明》《神巫之爱》《龙朱》等，并交王际真设法在美国翻译发表。可是"生活总不许我在写文章时多凝想一下，写成后又缺少修改的暇裕"⑤，使他又感叹"做文章二等作家顶苦"的窘境⑥。不仅成为一等文豪遥不可及，何况还要面对"所谓上海新兴文豪"的"无耻竞争"，使他"很想有机会改业……到外国学别的职业去"⑦。在沈从文看来，与其深陷文坛泥淖，为最低生活打拼，已远不如像王际真那

①沈从文：《复王际真（1929 年 11 月 7 日）》，《沈从文全集》第 18 卷，第 27 页。
②沈从文：《复王际真——在中国公学（1930 年 1 月 3 日）》，《沈从文全集》第 18 卷，第 34 页。
③沈从文：《复王际真（1930 年 1 月 18 日）》，《沈从文全集》第 18 卷，第 41 页。
④沈从文：《复王际真——在中国公学（1930 年 1 月 3 日）》，《沈从文全集》第 18 卷，第 34 页。
⑤沈从文：《复王际真（1930 年 1 月 18 日）》，《沈从文全集》第 18 卷，第 42 页。
⑥沈从文：《复王际真（1930 年 1 月 12 日）》，《沈从文全集》第 18 卷，第 39 页。
⑦沈从文：《致王际真（1929 年 12 月 13 日）》，《沈从文全集》第 18 卷，第 29 页。

样假如能留学归来,就可以"到清华教点书"好①。

考察中国现代思想学术史,"五四"时期的北大其实更多代表了新思想的试验,清华则更沉潜于新学术的建设。沈从文从选择北大到建议友人去清华当教授,这一视野的转折,可视为他学人心态的某种暗自流露。1929 年他以新文学家身份兼任大学教职,学者之路于事实上已无法逆转,但他在大学的处境却因为并非"正途出身"而备受压抑。

在讲究师门出身与求学资历的现代学院氛围里,高小毕业,只凭一支笔由"文苑"闯入"学林",沈从文难免低人一等。虽然他对玉成此事的胡适心存感激,甚至宣称胡适此举是他的"第二集尝试集"——"第一次送我到学校去的,就是北大主持者胡适之先生……这个大胆的尝试,也可说是适之先生尝试的第二集"②,但反躬自照,沈从文处处看到的却是无法掩饰的"身份危机"。在新式学校的中国公学时,他就为如何登台宣讲和预备新课发愁,1930 年到了著名学府武汉大学,煊赫的"旧学"与时髦的"新知"一齐向他压来,使他惭愧于自己的"卑微"出身,更难于辨认所属的恰当身份。

沈从文必须有所抉择。1930 年 11 月 5 日他致信王际真:

> 从上海到这里来,是十分无聊的。大雨是大教授,我低两级,是助教。因这卑微名分,到这官办学校,一切不合式也是自然的事。到十二月后,我回上海,有二十天放假,

---

① 沈从文:《致王际真(1929 年 12 月 13 日)》,《沈从文全集》第 18 卷,第 30 页。
② 沈从文:《从现实学习》,《沈从文全集》第 13 卷,第 394 页。

若上海有生活，我就不回武昌了。但我恐怕一定要回武昌。来此只流了一顿血，约八次，但我是不会为这个倒下的，因为还想坚实的做几年事。我若得了机会，就到外国来扮小丑也好。因为我在中国，书又读不好，别人要我教书，也只是我的熟人的面子，同学生的要求。学生即或欢迎我，学校大人物是把新的什么都看不起的。我到什么地方总有受恩的样子，所以很容易生气，多疑，见任何人我都想骂他咬他。我自己也只想打自己，痛殴自己。①

在大学，沈从文主讲的是新文学，可当时的高校，旧学并未失势，西学正当热门。把持学校的大人物多半是旧学名家，新文学不在眼目之中；而受新潮影响，留学归国，"西儒"当道，即使年纪轻轻也能很快升任教授。在这些大人物眼里，沈从文学无根柢，师出无门，即使不乏爱好新文学的学生追捧，也无法"入流"于学术界的正统建制。何况对这些学生拥趸，沈从文还皮里阳秋，故作反语："他们都以为做文章是大事业，一些可笑的愚蠢人。"②

沈从文的突围之举，首先就是恶补古典。甫抵武汉大学，他就一头扎进图书馆，阅读佛经、古文字等书籍。1930年9月28日沈从文致信胡适，汇报他"王国维的是看过的"，"到图书

---

① 沈从文：《复王际真——在武汉大学（1930年11月5日）》，《沈从文全集》第18卷，第111页。沈从文在青年时期有流鼻血的毛病，故有"来此只流了一顿血，约八次"的描写。
② 沈从文：《致王际真（1930年5月13日）》，《沈从文全集》第18卷，第69页。

馆看得是关于金文一类书籍,因为在这方面我认得许多古文,想在将来做一本草字如何从篆籀变化的书",并请胡适"指示一下,关于古地理、古史,近人同往人有些什么书可看",因为"可惜的是我对于治古文字形象学问必不可少的上中古史,知道不多,且具常识而缺少正确知识,对于古地理学也处处感到无所措手"①。

"我若能改业,生活一定可以变好"②——当此之时,沈从文已经在文坛与学苑、文人与学者、文学与学术间有所取舍。他后来确实通过自学,在物质文化研究上取得卓越成就,成为一代学术名家,可在当时,孙大雨的人生道路对他来说更具示范意义。孙大雨和他同为新月文人,年龄较他还小三岁,1930年从美国留学归来即获得教授职位,比他的助教职称待遇远为优渥。况且孙大雨放洋归国,其留学生身份,很容易"造就"一个"洋翰林太太"③,而此时沈从文追求张兆和暂告失败,弄成风风雨雨,也可能触动了他远遁异地的神经。从此他跟从孙大雨学习英文,"每天无事常与大雨谈纽约,地底铁道、大街、各样人同各样事,仿佛便到了那个地方"④,聊作慰情之想。他甚至设计了一个出国方案:以既成的学术成果《怎样读中国新诗》和若干文学作品,包括他收藏的一幅明人祝枝山的绘画,交由王

①沈从文:《致胡适(1930 年 9 月 28 日)》,《沈从文全集》第 18 卷,第 107 页。
②沈从文:《致王际真——住到上海不动了(1931 年 2 月 6 日)》,《沈从文全集》第 18 卷,第 127 页。
③沈从文:《复王际真——在武汉大学(1930 年 11 月 5 日)》,《沈从文全集》第 18 卷,第 113 页。
④沈从文:《致王际真——住到上海不动了(1931 年 2 月 6 日)》,《沈从文全集》第 18 卷,第 130 页。

际真在美国翻译出版和售卖,作为赴美的"敲门砖"与旅美资费①。1931年11月19日沈从文致信王际真,详述了他的一个研究计划:

> 近日来在研究一种无用东西,就是中国在儒、道二教以前,支配我们中国的观念和信仰的巫,如何存在,如何发展,从有史以至于今,关于他的源流、变化,同到在一切情形下的仪式,作一种系统的研究。近来已抄得不少材料……我或者来努力一年,把我作的中国之巫研究作好,拿到美国来,把它翻成英文,卖一点钱,那就好了。若是我有机会到美国一趟,一定是一种有趣味的事。②

然而自1931年秋到青岛大学任教,沈从文的第一次出国计划即告消停。它表面上似乎出于"最使人丧气的是我简直无办法把英文字母认全"之"惰性"使然③,但真正的缘由还是因为他在国内文坛及大学地位的快速提升而偃息。从那时开始的青岛大学生活,沈从文因校长杨振声的看顾与新月文人的集结而大为快意,何况赢得张兆和的芳心,抱得美人归,他也无须再羡慕只有像孙大雨那样的"美国留学生,是女人发生兴味的

---

①沈从文:《复王际真——在武汉大学(1930年11月5日)》,《沈从文全集》第18卷,第114—115页。

②沈从文:《致王际真(1931年11月19日)》,《沈从文全集》第18卷,第151—152页。

③沈从文:《复王际真(1930年1月18日)》,《沈从文全集》第18卷,第42页。

东西"①。1933年9月,他还和杨振声、周作人、朱自清、林徽因、邓以蛰等一起担任天津《大公报·文艺副刊》编委会委员,事实上由他主持具体编务②,"皆知名之士及大教授执笔,故将来希望殊大,若能支持一年,此刊物或将大影响北方文学空气,亦意中事也"③,欣然顾盼之态形于颜色。1934年10月7日,《大公报·艺术周刊》创刊,由好友司徒乔编辑,沈从文代撰发刊词。在这篇名为《〈艺术周刊〉的诞生》的发刊词中,沈从文希望这份刊物提高对于中国古锦、中国铜器玉器、古代建筑体制与花样、汉画石刻等文物艺术的兴趣④,因此如下约稿实属必需:

> (譬如业已约过的专家,如容希白先生对于铜器花纹,徐中舒对于古罐,郑振铎对于明清木刻画,梁思成林徽音对于中国古建筑,郑颖孙对于音乐与园林布置,林宰平卓君庸对于草字,邓叔存凌叔华杨振声对于古画,贺昌群对于汉唐壁画,罗暎对于希腊艺术,以及向觉明王庸刘直之秦宣夫诸先生的文章,到时图片与文章的安排,若超过了篇幅还很费事)。这刊物的目的只是:使以后学艺术的,多少明白一点他所应学的范围很宽,可学的东西也不少,创

---

①沈从文:《复王际真——在武汉大学(1930年11月5日)》,《沈从文全集》第18卷,第113页。
②吴世勇编:《沈从文年谱(1902—1988)》,第139页。
③沈从文:《致沈云麓(1933年9月24日)》,《沈从文全集》第18卷,第187页。
④沈从文:《〈艺术周刊〉的诞生》,《沈从文全集》第16卷,第464页。

一派，走一新路，皆不能徒想抛开历史，却很可以运用历史。从事艺术的人，皆能认识清楚只有最善于运用现有各种遗产的艺术家，方能创造一个他自己所在时代高不可攀的新纪录。①

立意不可谓不高，志向不可谓不远。由此可见，到了 1934 年，沈从文已对文物研究和工艺美术史发生了极大的兴趣，并且邀集同好为之作出努力。这和他转型之后的文物研究甚相一致，当时他的精神无疑是相当愉快的。可是，20 世纪三四十年代的中国风云变幻，内外交困，党争不息，战火频仍，一旦出现难以逾越的困境，他还是会捡起曾经做过的"美国梦"："我是一面知道我无资格到美国，但也并不把这梦放下的。"②

盼愿胡适之"第三集尝试集"

沈从文第二次计划出国，时在 1944 年 9 月 16 日。这一天他致信身在美国的胡适，谈及出国设想：

我希望因此有机会到美国看看，住二三年，或自费，或在需要教"现代中国文学"的什么学校，担任这个部门的课。因为在国内大学谈这个问题已近十年，解释它的过程

①沈从文：《〈艺术周刊〉的诞生》，《沈从文全集》第 16 卷，第 469 页。
②沈从文：《致王际真（1930 年 2 月 17 日）》，《沈从文全集》第 18 卷，第 52 页。

得失及作品得失时，还有条理，美国人真需要对这个问题的过去与将来有所认识。我作这件事情，一定尚能称职……我希望这信寄到美国不久后，可得到先生一个回音。①

其时，沈从文已是西南联大教授，挟著名作家余荫，且又在抗日战争期间发表了大量关于国内政治、思想、文化、学术重建的大胆言论，使他的知名度远超文坛，在政治、文化、学术乃至社会领域掀起很大波澜。但他出国的主要动因之一，仍是由于"无法靠合法版税支持最低生活，将来也恐怕无多希望"这样的生存问题②。

从大的方面来讲，抗日战争时期经济凋敝，物价飞涨，民不聊生，文人学者自然无法幸免。即使"物价日贵，到假中即有支持不下趋势"，但阖家大小"正值麦秋，豆麦收成，随家中女用人下田'拾禾线'，收拾残余，因此有新鲜豆子吃，麦饭吃"，也令人"十分高兴"③——沈从文其实不乏过挖土种菜、磨刀生火、嚼得菜根的"田园居"生活兴致。但是问题在于，"照收入说，教书最苦"，"惟百业中教书阶级，尤其是大学教授，便俨然独沉水底，无从呼吸"。当时教授的工资低到水平线以下——"拉车理

---

① 沈从文：《致胡适（1944 年 9 月 16 日）》，《沈从文全集》第 18 卷，第
　433—434 页。
② 沈从文：《致胡适（1944 年 9 月 16 日）》，《沈从文全集》第 18 卷，第
　433 页。
③ 沈从文：《致沈云麓（1940 年 5 月 7 日）》，《沈从文全集》第 18 卷，第
　383—384 页。

发月可收入二三千,银行小职员收入约千四五百,大学校长月入不过一千三,教授月入一千左右,中学教员却又有千二一月的,总之一切都像有点儿不正常"①。他出版的五十余本书,每年却抽不到多少版税。当时的大学教授、文人学者,有一技之长的,可通过刻印写字补贴生活之不足;有收藏家底的,也可以变卖书画古玩维持一定标准的生计;而作为文坛名家的,也能靠出版新旧作品抽取版税过日子。但令沈从文慨然难平的是,属于相同级别的作家,好友"巴金每月似可得一两千版税,就文章言来,我也应当有这个报酬,但事实上我每月版税,尚不到百元"②。他一度着手编印一套自己作品的"全集",交开明书店出版,寄望"一点版税或可使生活稍稍松动一些"③,但这个如意算盘实际上打不下去。

沈从文版税无多,与出版商的"压榨"有关,但更进一层的困厄是,由于他对国内时政问题进行大胆议论,"因言得咎",导致很多书的出版都成了问题。抗日战争期间,出于重铸民族的考虑,他接续"五四"文人议政传统,以公共知识分子姿态,"充满骄傲,心怀宏愿与坚信,来从学习上讨经验,死紧捏住这支笔,且预备用这支笔与流行风气和历史上陈旧习惯、腐败势力作战,虽对面是全个社会";本意"在俨然孤立中还能平平静静

①沈从文:《致沈云麓——给云麓大哥(1942年9月8日)》,《沈从文全集》第18卷,第409页。
②沈从文:《致沈云麓(1942年5月)》,《沈从文全集》第18卷,第402页。
③沈从文:《复施蛰存(1941年2月3日)》,《沈从文全集》第18卷,第390—391页。

来从事我的事业",且"很为我自己这点强韧气概慰快满意"①。可实际上树欲静而风不止,随即他就遇到来自当局和左翼的压抑与排斥,并在1949年后成为台海两岸的"禁书"作家。

在当时,沈从文与在野左翼的纠葛,尚属"思想"问题,可与国民政府的冲突,却成了"路线"斗争。为此他不得不面对审查制度的政治性"消毒""过滤",不仅旧著难以出全,就是新书也屡屡横遭查禁削删。1943年1月11日他致信三弟沈荃,谈及新书出版状况:

> 在桂林出版之书,被扣被禁甚多,检查人无知识而又擅作威福,结果即不免如此。《长河》被假借名义扣送重庆,待向重庆交涉时,方知并未送去。重庆审查时去五十字,发到桂林,仍被删去数千字。《芸庐纪事》第三章也被扣,交涉发还,重写一次,一万字改成六千,精神早已失尽了。集子每本都必被扣数篇,致无从出版。小人难养,近之则不逊,远之则怨。二千年前孔子已见及此矣,不意二千年后犹复如此。②

既然"若照目下的商业习惯与政治上的统治方式,则我吃他们亏也极自然",尤其是"政治方面又因极讨厌那些吃官饭的文化人,不愿意与他们同流合污混成一气";愤然于"书出后说

---

① 沈从文:《致沈云麓——给云麓大哥(1942年9月8日)》,《沈从文全集》第18卷,第410页。
② 沈从文:《致沈荃——给三弟(1943年1月11日)》,《沈从文全集》第18卷,第423页。"五十",疑应为"五千"。

不定尚要受有作用不公正批评"①,沈从文希望乘桴浮于海,去国远引也属正常之想。此时沈从文早已不是未名文人,在海外也算得上一个能够代表中国文学的知名作家。继王际真翻译他的作品到美国后,斯诺编选《活的中国》,也把他的小说《柏子》介绍到国外,西南联大的英籍教授白英和联大学生金隄,还合作翻译了包括《边城》在内的二十几篇小说,预备在英美分别出版。这使他觉得在美国易立足,受欢迎,而且"译本在国外若有相当销路,对于我此后廿年工作,实大有关系"②。他告诉胡适"我们期望生活有个转机,不是活得比当前更舒服些,只是活得比当前更有用些";他的这些工作"很可能让国外读者对东方在应付战争的中国人生活与心情能脱离宣传味有所理解,这理解不仅有益于外国人,也有益于中国的"③!沈从文欲以本人的文学作品开路,以研究、教授现代中国文学为职业,实有意于延续他在国内就已成规模开展的工作,对于自己文人而兼学者的双栖身份的认识已相当清楚。虽然与前次出国计划研究古代文史有所不同,但就近取材,因势利导,他认为还是研究现代中国文学更容易入题开讲。

不过当时胡适在美国的境遇并非事事如意。他从驻美大使职务卸任后,绩效欠佳,心情寞落,依靠辨伪《水经注》排遣郁闷。胡适一度在哈佛大学教授中国思想史,不久之后离开讲

①沈从文:《致沈云麓——给云麓大哥(1942年9月8日)》,《沈从文全集》第18卷,第408—409页。
②沈从文:《致胡适(1944年9月16日)》,《沈从文全集》第18卷,第433页。
③沈从文:《致胡适(1944年9月16日)》,《沈从文全集》第18卷,第433—434页。

席,与美国大学的缘分变成若即若离。他同美国学界交往并不十分热络,美国学者对他的重视程度,也在赵元任、冯友兰乃至林语堂之下,想由他来推荐沈从文获得美国教职,胡适难免力不从心。拥有"博士"头衔的胡适尚且如此,沈从文的情况就更可想而知,他可能不知道美国大学体制更看重学历学位和研究实绩,以为凭借胡适的影响力,可以像在中国那样如法炮制他的"尝试集"。所以沈从文的这次出国计划,实属一厢情愿,终使胡适的"第三集尝试集"付之阙如。

把沈从文的两次出国计划合观并读,不难发现,这些以生计出路、自由写作、教学研究为中心的"美国梦",实际上是他建构个人生活史的瓦石砖木,堆砌着他在文人与学者之间游走的独特形象,也成为他一生身份选择的富于象征意味的"剪影"。在这剪影周边凝结的时代内容,也很令人为之动容。当1980年他以"出土文物"的面目浮出历史地表,受邀访问美国的时候,他的演讲常常在文学与学术之间穿插,似乎把两次出国愿望和所规划的工作一并实现。这一年沈从文七十八岁,在哥伦比亚大学演讲结束时,还专门幽了关于他的出国一默:"依照新规定,文物过八十年即不可运出国外,我也快到禁止出口文物年龄了。"①这是沈从文第一次出访外国,哥伦比亚大学是其挚友王际真留学、执教之地。暌隔五十年的二位耄耋老人在纽约两度相晤,八十五岁的王际真还出示当年沈从文寄赠他的作品《神巫之爱》和《鸭子》。"不仅北京上海旧书店已多年绝迹,连

---

① 沈从文:《二十年代的中国新文学》,《沈从文全集》第12卷,第381—382页。

香港翻印本也不曾见到。书已经破旧不堪,封面脱落了,由于年代过久,书页变黄了,脆了,翻动时,碎片碎屑直往下掉",因此"能在万里之外的美国,见到自己早年不成熟不像样子的作品"①,真令他感慨唏嘘。而当两个老人契阔谈宴、抚今追昔之际,不知沈从文是否又想起了自己半个世纪前的出国梦?

---

①沈从文:《友情》,《沈从文全集》第 12 卷,第 261 页。

下编

—————————

治学与文学

文物研究与文学活动

　　20 世纪 40 年代,沈从文逐渐从作家向学者转移,这使他后来的文学创作与学术研究出现了"跨界"现象。20 世纪 40 年代文论中出现的文物内容,体现他观察现代文学的新角度,暴露他身份转型的内在线索。20 世纪 50 年代他以实物材料进行文学研究,主张"文史研究必需结合文物",具有"文学考古"的鲜明特色。20 世纪 70 年代他创作了一批五言古体"文化史诗",成为他文物研究的别样"诗化论文"成果形式,使他以古物学者的身姿走进当代文学史;沈从文早岁以来就具有的文人和学者的双重基因在诗人的形象中合为一体,他身上聚集的"抒情性"和"抽象性",也在以诗人之笔进行的书写中得到了同构性呈现。

　　20 世纪 40 年代,尤其是抗日战争胜利以后,沈从文的人生和事业都在发生变化。这种变化如后来所知,是他逐渐从作家转变为文物学者。起码从身边人看来,这种转变并非隐晦而是相当明显的。汪曾祺就说,西南联大时期沈从文的私家兴趣已经转向文物①。1947—1948 年他积极参与北大博物馆重建,受到《益世报》的点名表扬②。至 1948 年,他已完成《中国陶瓷史》初稿,1949 年进入北平国立历史博物馆后,更以文物研究作为名山事业,成功地实现了人生的巨大转型。诚如文学史所载,转型之际和之后的沈从文并不忘怀文学,他曾从事创作或作出写作计划,并有不少五言诗问世,也创新性地结合文物进行文学研究。这样,如何理解从 20 世纪 40 年代开始的沈从文的文学活动就成为一个有意思的话题。显然,我们不能再像以往那样对他作“纯文学”的研究了。如逆时回溯,可以发现在写作之初,沈从文的文学活动就渗进了文物内容,在以后的学术研究中又数度与文学发生关系,其中文物与创作、文学和学术的缠绕,使由此而构成的他的文人形象和学者姿态显得既丰富又独特。钩沉其中的曲折隐晦,既可呈现此一时期沈从文的审美理想、学术旨趣和精神世界,也可为歧路缤纷的中国现代文学史增添精彩的一笔。

古代绘画和小说创作

1941 年,正值抗日战争相持阶段。这年的 5 月 2 日,沈从文应西南联大国文学会邀请,作了题为《短篇小说》的讲演。他为讲演定调为“一个短篇小说的作者,谈谈短篇小说的写作,和

---

① 汪曾祺:《我的老师沈从文》,《收获》2009 年第 3 期。
② 《北大前校长蒋梦麟赠送博物馆珍品》,《益世报》1948 年 4 月 23 日。

近二十年来中国短篇小说的发展"，中心意旨是"给'短篇小说'重新算个命，推测推测它未来可能是个什么情形"①。在谈到其时短篇小说陷入危机之后，沈从文话锋一转，指出："若是一个短篇小说作者，肯从中国传统艺术品取得一点知识，必将增加他个人生命的深度，增加他作品的深度。"②这个传统艺术，无关文学，却是与文学分类不同的文物——古代绘画和雕刻：

    我说的传统，意思并不是指从史传以来，涉及人事人性的叙述，两千多年来早有若干作品可以模仿取法，那么承受传统毫无意义可言。主要的是有个传统艺术空气……艺术制作的传统，即一面承认材料的本性，一面就材料性质注入他个人的想象和感情。虽加人工，原则上却又始终能保留那个物性天然的素朴。明白这个传统特点，我们就会明白中国文学可告给作家的，并不算多，中国一般艺术品告给我们的，实在太多太多了。

    试从两种艺术品的制作心理状态，来看看它与现代短篇小说的相通处，也是件极有意义的事情。一由绘画涂抹发展而成的文字，一由石器刮削发展而成的雕刻，不问它是文人艺术或应用艺术，艺术品之真正价值，差不多全在于那个作品的风格和性格的独创上。从材料方面言，天然

---

① 沈从文：《短篇小说（五月二日在西南联大国文学会讲）》，《沈从文全集》第 16 卷，第 492、498 页
② 沈从文：《短篇小说（五月二日在西南联大国文学会讲）》，《沈从文全集》第 16 卷，第 503 页。

限制永远存在,从形式方面言,又有个社会习惯限制。然而一个优秀作家,却能够于限制中运用"巧思",见出"风格"和"性格"。①

这段文字实现了两个"抽离":一是从叙事传统抽离,进入美术传统;一是从现代文学抽离,进入古代文物世界。这两种抽离曝露了沈从文对于当时创作及其资源与文学史关系的新异理解。在他看来,二千年来以史传为中心的叙事艺术无补于当时的文学创作;就新文学发展轨迹而言,他对二十年来"文坛逐鹿"的积淀也有所不满②。因此,"中国文学可告给作家的,并不算多",文学创作必须重找新的精神资源和重铸新的结构因子,形成一种正常合理的"艺术空气"。而"中国一般艺术品"虔诚、朴素地浸润着创作者的想象和感情,它们在性格、风格上形成的独创性,足资当代作家取法:

> 在过去,曾经产生过无数精美的绘画,形制完整的铜器或玉器,美丽温雅的瓷器,以及形色质料无不超卓的漆器。在当前或未来,若能用它到短篇小说写作上,用得其法,自然会有些珠玉作品,留到这个人间……然而百年后

---

① 沈从文:《短篇小说(五月二日在西南联大国文学会讲)》,《沈从文全集》第16卷,第503—504页。陈寅恪曾说,面对学术研究的对象和材料,"必须备艺术家欣赏古代绘画雕刻之眼光及精神"[见陈寅恪:《审查报告一》,冯友兰:《三松堂全集·中国哲学史(上)》,第613页],则陈、沈二说,也可称为在学术与文学上的"对对子"。

② 沈从文:《短篇小说(五月二日在西南联大国文学会讲)》,《沈从文全集》第16卷,第499页。

或千载后的读者,反而唯有从这种作品中,取得一点生命力量,或发现一点智慧之光。①

　　沈从文在讲演的开篇就申明他的观点和一般标准、权威专家、文学批评家所主张的短篇小说的定义、作法、原则都不同②。反观他的创作轨迹,他也一直在独创性方面开垦着自己的园地,对"善与美"及人性小庙的追逐,形成他作品的"珠玉"品质,构成他在现代背景下重铸理想人性和民族精神的创作旨趣。而针对当时文坛追求即时效果的功利目的,他认为新的文学若要"包含一个人生向上的信仰,或对国家未来的憧憬","必需得从另外一种心理状态来看文学",即"完全如一个老式艺术家制作一件艺术品的虔敬倾心来处理,来安排"③。这源自沈从文在广泛接触文物时所获得的启示。他曾从长沙出土的、由古代无名工匠制作的帛画艺术中,"依稀见出二千年前楚民族的幻想"④;后来更称颂古代瓷器制作者为"沉默中的无名英雄",他们的制作彰显了中华民族的坚贞品质:

　　　　瓷器在中国文化史工艺美术上的普遍成就……使这个三千年来老大帝国,于封建统治失效,全民族受异族困

────────────

①沈从文:《短篇小说(五月二日在西南联大国文学会讲)》,《沈从文全集》第 16 卷,第 504 页。
②沈从文:《短篇小说(五月二日在西南联大国文学会讲)》,《沈从文全集》第 16 卷,第 492 页。
③沈从文:《短篇小说(五月二日在西南联大国文学会讲)》,《沈从文全集》第 16 卷,第 502 页。
④沈从文:《〈曾景初木刻集〉题记》,《沈从文全集》第 16 卷,第 365 页。

辱奴役三朝(辽金之侵宋、元入主中国、清入主中国),犹仿佛从陶瓷上还可看出一种不甘屈辱、挣扎反抗的民族贞固品质和单纯信仰,表现于各自不同的进步上。①

在这里,沈从文直接道出古代文物如绘画、雕刻、瓷器及其制作者身上所显现的"不甘屈辱、挣扎反抗的民族贞固品质和单纯信仰",以及它们在抵御、抗击"全民族受异族困辱奴役"时发生的进步作用。回到《短篇小说(五月二日在西南联大国文学会讲)》的讲演现场,这其实是援古例今,从古代文物代表的民族精神启示战时文学应具备的坚贞品质,并视之为当下作家需要努力的方向。这启发作家应该像古代作画、制器者那样,专注设计,勤加琢磨,经过匠心独运成就精美特出的艺术品:

> 再从宋元以来中国人所作小幅绘画上注意。我们也可就那些优美作品设计中,见出短篇小说所不可少的慧心和匠心。这些绘画无论是以人事为题材,以花草鸟兽云树水石为题材,"似真""逼真"都不是艺术品最高的成就,重要处全在"设计"。什么地方着墨,什么地方敷粉施彩,什么地方竟留下一大片空白,不加过问。有些作品尤其重要处,便是那些空白处不著笔墨处,因比例上具有无言之美,产生无言之教。②

①沈从文:《〈中国陶瓷史〉题记》,《沈从文全集》第28卷,第52页。
②沈从文:《短篇小说(五月二日在西南联大国文学会讲)》,《沈从文全集》第16卷,第505页。

这里所谓的"无言之美，产生无言之教"，就是"艺无止境，道在其中"，《短篇小说（五月二日在西南联大国文学会讲）》的意旨于此和盘托出。沈从文别具匠心地借鉴古代文物，从师心造化、布局安排、提炼主题思想各层面，反衬战时文学应该具备的形式要求、审美品质和价值诉求：抗战文学承担着抵御外侮、复国建国的历史使命，但它应该立足于文学本位，遵守"用得其法"的创作规律，发展出既精美且永久的美学价值，使之成为民族精神的坚固寄托。从这个层面而言，他在某种意义上离"中国作风、中国气派"其实不是太远，而是相当靠近。他强调"承认材料的本性"，"始终能保留那个物性天然的素朴"的文物制作传统，不过是在坚持文学必须是文学这样一个最原始本真然而也可能是最容易受到损害的特性。他肯定古代文物制作重视"设计"，其实是彰显文学创作要坚持艺术至上原则。他建议作家要取法文物制作者突破"社会习惯限制"，在限制中运用巧思，见出品格，则是强调作家既要独立，也要突破，不随波逐浪地依傍于流行色。他主张宋元绘画"空白处不著笔墨处"的"无言之美"产生"无言之教"，投射的正是文学作品影响世道人心的特殊方式。不追求临时的、短期的甚至喧哗的工具性，而去致力于通过"慧心和匠心"，坚韧地呈现"生命力量""智慧之光"，恰恰使文学成为最持久耐用的价值"工具"。

《短篇小说（五月二日在西南联大国文学会讲）》具有明显的与当时创作生态进行对话的用意。这种对话既反映了沈从文文艺创作"万流归宗"、交互取法的开放观念，也反映了他在文学独立或自由方面的某些坚持，同时还投射了他个人创作历程的一段特殊的隐秘——他认识生命,学会写作,实由美术而起①,并且运用描绘风景画的方式描写世情人事②。这段隐秘似乎只有经过作家本人揭示才能让人知悉,以至于当1936年刘西渭评论他的作品,看出了其中的人生经验、文字形式与画面效果融为一体,使他不禁发出了"唯有这个批评家从作品深处与文字表面,发掘出那么一点真实。其余誉毁都难得其平"的感慨③,引之为姗姗来迟的知音之论。联系《短篇小说(五月二日在西南联大国文学会讲)》的观点,获得了小说如画的评价,在沈从文看来,就成为任何其他毁誉都不值得纠论的最高奖赏。

从《从文自传》开始,沈从文在以后的几个自传性作品和20世纪50年代之后的数种交代材料中,多次谈及绘画等文物世界和他人生历程的关系。这增加了我们对于他丰富人生的了解,对于他文人与学者的双轨道路,也有了更为内在深切的掌握。但对于探究他在文人与学者、文学与文物之间双向切入乃至多般切换的方式和意旨方面,这些材料还可以大加利用,不如此就不能加深我们理解他文学意境和文体特征的某些重要部分,并由此进一步透析他从文人转向学者的内在路径。

在《从文自传》中,我们就发现少年沈从文多轨并进的成长经历:品读古代绘画书法,鉴赏古器物、古文字和翻阅新学术、

---

① 沈从文:《关于西南漆器及其他(一章自传———一点幻想的发展)》,《沈从文全集》第27卷,第22页。
② 沈从文:《解放一年——学习一年》,《沈从文全集》第27卷,第52页。
③ 沈从文:《关于西南漆器及其他(一章自传———一点幻想的发展)》,《沈从文全集》第27卷,第25页。

新文学著作,在生活的大书中垂顾于金银铜锡、藤竹木石等民间工艺。这是时代转换之际的文化多样性提供的难得机遇,由此构成他后来称之为"杂学"的根基,也培养了他对文学与文物最为基本的想象和感情,终于使他在初到北平时缔结了一段书画与文学的因缘。他在《回忆徐志摩先生》中写道:

> 我却对于东路钟粹宫的字画,和另一宫的瓷器陈列特别感到兴趣。为的是可以补充我初来北京,住东琉璃厂附近那半年,每天逛琉璃厂可不易见到的名画法书。至今印象还十分清楚。范宽的《雪山图》,董源的《龙绣郊民图》,夏圭的《溪山清远图》,赵松雪的《秋江叠嶂图》,除了这些著名山水画,此外还有李成、郭熙的枯木瘦石,李公麟、任月山、钱舜举的画马,崔白、林椿的花鸟画,和相传五代契丹画家作的《秋林幼鹿图》,都深深吸引着我,支配着我,并产生种种幻想和梦境,丰富充实了我这方面的知识和感情,甚至于也影响到后来的写作,用笔时对于山山水水的遣词措意,分行布局,着墨轻重,远过直接从文学上得到的启发还加倍多。①

这里道及的,是沈从文观摩中国古代绘画之时,在美术传统和文学世界方面获得的双重启示,并对二者作了有机的奇妙连接。由画面引起的"幻想和梦境"所催发的"知识和感情",最终影响到他写作的"遣词措意,分行布局,着墨轻重",远比直接

---

①沈从文:《回忆徐志摩先生》,《沈从文全集》第27卷,第433—434页。

受惠于文学本身的启示还多得多。那种既美丽超然又寄托了作画者对于风景人事心情的古代山水画，成为他文学创作以独有形式表达情思意涵的绝佳借镜。在自道记写人在旅途心情的《湘行散记》(1936)时，他说："图画吸入生命总量，形成的素朴激情，旋律和节度，都融汇而为一道长流，倾注入作品模式中，得到一回完全的铸造。模型虽很小，朴素而无华，装饰又极简，变化又不多，可恰恰和需要相称。"①在《湘西》(1938)中描写平田远树的"干净洒脱"时，他又说："一个学中国画的旅客当可会心于新安派的画上去。"②甚至在《湘行书简》(1934)中，他自提画笔，为文字配上或繁或简、彩素不一的意境萧然的风景画。他自陈他的小说《柏子》(1928)、《腐烂》(1929)、《灯》(1929)、《会明》(1929)、《丈夫》(1930)、《三三》(1931)、《边城》(1934)等，同样借鉴了"风景画的多样色调"③。这些作品涵盖了他创作全盛期众多的具有代表性的小说、散文、书信文体。因此，在概括他的写作命意的时候，他说："一切教导都溶化于事件'叙述'与'发展'两者中。这个发现又让我从宋人画小景中，也得到相似默契与印证。或满幅不见空处，或一角见相而大部虚白；小说似这个也是那个。作者生命情感、愿望、信念，注入作品中，企图得到应当得到的效果，美术音乐转递的过

①沈从文：《关于西南漆器及其他(一章自传———一点幻想的发展)》，《沈从文全集》第27卷，第27页。
②沈从文：《湘西·引子》，《沈从文全集》第11卷，第336页。
③沈从文：《关于西南漆器及其他(一章自传———一点幻想的发展)》，《沈从文全集》第27卷，第25页。

程,实需要有较深理解。"①

从"小说似这个也是那个",我们发现沈从文文学作品中绘画世界和文字世界近于浑然一体、不可分割的倾向。沈从文曾说水与他的人生及写作均有极为重要的关系,他那美得令人忧愁的水世界,恰是从古代绘画中迹化而成的:

> 特别是过去谈到我的写作受水的影响极多时,其实还应当补述一笔,尚有那些在前人画迹中关于水的处理独到处,也给了我深刻教育和启发。如北宋人作的廿四种水势图种种不同的水纹,和《临流独坐图》、《溪山清远图》、《长江万里图》、《巴船出峡图》,赵佶的《雪江归棹图》,赵幹《江行初雪图》,以及朱锐、乔仲常、燕文贵等《赤壁图》,无一不各具匠心,各有千秋。王晋卿的《渔村小雪图》,赵松雪的《鹊华秋色图》,水纹都极淡薄,却仍能产生水的效果,达到不同的艺术成就。《宋人百花图》中反映水的方法更微妙,只在围绕圆荷纤细若针的游鱼,以及刘寀作相似而不同的纤细如针追逐水面的游鱼,在画迹都丝毫不着水的渲染痕迹,却令人明确感觉到水的存在,且远比唐宋诗词用文字对于水的形容,更加具体真实存在,长远保留于我的印象中,而对我的写作,发生鲜明具体而又荒唐离奇深刻持久的影响。②

①沈从文:《关于西南漆器及其他(一章自传——一点幻想的发展)》,《沈从文全集》第 27 卷,第 25 页。
②沈从文:《回忆徐志摩先生》,《沈从文全集》第 27 卷,第 434 页。

沈从文无疑是写水的圣手,他人生的许多重要时刻都发生在水边。他自信于他"最满意的文章,常用船上水上作为背影"①,恰如上文所言,也应包含各种绘画的水势笔墨对他写作发生了"鲜明具体而又荒唐离奇深刻持久的影响"这一因素,并且这种影响远在唐诗宋词对于水的文字形容之上。从《临流独坐图》《溪山清远图》《长江万里图》《巴船出峡图》《雪江归棹图》《渔村小雪图》这些表现了大江急流、平水如练、清溪幽涧以及四季转移、风雪萧然、晨昏明晦的风景画中,我们不难摸索沈从文是以怎样的心情在沱江清流、沅水两岸、边城小渡的水波痕迹里构思他的人事风云和作品意境的。这种"据图构思"的写作方式,他在《关于西南漆器及其他(一章自传———一点幻想的发展)》中也有所说明:"凡百人事总于一个不同季候不同景物背景中发生存在",这构成了"戏剧和图画的本事"②。所谓"图画的本事",即来源于四时风景中的人事命运,其与"戏剧"并置,恰说明了沈从文也从绘画的空间结构里挖掘并布置他所需要再现的"叙事性"。

　　以上所引文献,基本出自沈从文20世纪40年代和80年代的自传性与回忆性文字,即使《短篇小说(五月二日在西南联大国文学会讲)》,也是从自我出发作出引申,可见剖析绘画对他创作的深刻影响,实是自陈心迹、发自肺腑的议论。盛年作传或衰年回忆,具有追述过往、想望未来的含义,沈从文如此钩稽古代绘画和他的创作经历,必与他的自我意识和人生设计有所

---

①沈从文:《我的写作与水的关系》,《沈从文全集》第17卷,第209页。
②沈从文:《关于西南漆器及其他(一章自传———一点幻想的发展)》,《沈从文全集》第27卷,第23页。

联系。尤其是他给 1945 年创作的小说《赤魇》取的副标题"我有机会作画家,到时却只好放弃了。"①,显示出绘画和他人生的深刻紧密联系。他更在《关于西南漆器及其他(一章自传——一点幻想的发展)》中申明,如能接受美术史训练,写美术欣赏,他的"成就都必然比文学来得大",可以说是直接道出了在他文学家的面影里潜伏着一个未完成的"自我";这个自我"事实上由于种种限制",只好"被迫得用写作继续生存"②,否则其成就将比作为文学家的沈从文来得更大。

　　《赤魇》发表于 1945 年 3 月 20 日昆明的《观察报·生活风》,《关于西南漆器及其他(一章自传——一点幻想的发展)》则作于北平易帜之后的 1949 年 3 月 6 日。两文中涉及创作与绘画关系的文字,可以用来钩稽他 20 世纪 40 年代中后期心理与志趣的变化,尤其呈现了他反思创作历程,准备"惜别"文学,进入文物研究的信息。甚或可以说,他对文学产生"中止""放弃"的想法,应该就是从这时开始的。

　　《赤魇》所写,是一个军中少年在雪天穿梭于故乡山景中的所见所闻,故事性并不强,反倒是对山水风景的描写,极尽绘事之能力,呈现出"文字风景画"的鲜明特色。涉笔之处,如上文所言其擅长借助山水笔势,正是沈从文用文字摹写风景画的一次集中展览。其中"溪山清远""水村雪晴"的构图所形成的"清寂景象,实异常动人",以至引来文中人物"又可以上画了"

---

①沈从文:《赤魇——我有机会作画家,到时却只好放弃了。》,《沈从文全集》第 10 卷,第 401 页。
②沈从文:《关于西南漆器及其他(一章自传——一点幻想的发展)》,《沈从文全集》第 27 卷,第 24 页。

的感叹。文中的"我"有一段"从军法处调回家乡别墅去整理书画"的经历，又因经常对风景"发痴"，被同伴取了"八大"的绰号，在在映射了《从文自传》记写的约三十年前他为陈渠珍管理文物书画的一段往事。这段经历培养了他的对古物的爱好和基本知识。而"八大"云云，很可能指的就是明清之际的画家"八大山人"，其山水画笔致简洁，具有静穆疏旷的风韵，无疑是沈从文所向往的画境。

然而正如副标题所示，《赤魇》写的是"我"做画家而不成的故事，因此解读作品，如仅索隐出它记写了一段早年发生在故乡的真人真事①，或如域外研究者从文字传达的画面与声音，剖析作者在音乐与绘画中徘徊，并成为一个"'音乐'的崇拜者"②，都还未能触及作者的本意。《赤魇》的画家梦其实隐伏着沈从文对他是怎样的一个作家的追思③。小说对风景画意进行极力摹写然后否定之，或许正是沈从文以"叙事翻转"造成的强烈反差，推出自己放弃成为画家的原因。是个人与时代都进入了"动"的轨道，导致古代绘画的那种"寂静"再也无法应对：

> 我明白，静寂的景物虽可从彩绘中见出生命，至于生命本身的动，那分象征生命律动与欢欣在寒气中发抖的

①〔美〕金介甫著，符家钦译：《凤凰之子：沈从文传》，第 400 页。
②〔日〕津守阳：《从"气味"的追随者到"音乐"的崇拜者——沈从文〈七色魇〉集的彷徨轨迹》，《汉语言文学研究》2016 年第 4 期。
③罗义华：《梦断：沈从文"伟大中国文学作品"理想的寂灭及其内因》，《中山大学学报（社会科学版）》2019 年第 1 期。

角声，那派表示生命兴奋而狂热的犬吠声，以及在这个声音交错重叠综合中，带着碎心的惶恐，绝望的低噪，紧迫的喘息，从微融残雪潮湿丛莽间奔窜的狐狸和獾兔，对于忧患来临挣扎求生所抱的生命意识，可决不是任何画家所能从事的工作！我的梦如何能不破灭，已不大像是个人可以作主。①

　　早在 20 世纪之初，鲁迅就开示诗人要"立意在反抗，指归在动作……动吭一呼，闻者兴起"②。"五四"时期，闻一多也指出"二十世纪是个动的世纪"，"时时忘不了一种挣扎抖擞底动作"③。"反抗""挣扎"和"兴起"的"动作"，恰构成了 20 世纪中国文学和文化的主潮。新文学随社会历史、文化变迁而数度转移，无不是为了适应、追逐时代的变化，并创造新的时代。从这个层面而言，沈从文以文字风景画构筑的文学世界，正如其所言，已不能"画"出"忧患来临挣扎求生所抱的生命意识"。其文学不能表现"碎心的惶恐，绝望的低噪，紧迫的喘息"，已与风格、个性无关——他以"静寂的景物"来彩绘生命，与 20 世纪"生命本身的动"恰在两股道上，所以做不成画家，确实已非他"个人可以作主"。"镶嵌到这个自然背景和情绪背景中的我，

————————

① 沈从文：《赤魇——我有机会作画家，到时却只好放弃了。》，《沈从文全集》第 10 卷，第 404—405 页。
② 鲁迅：《摩罗诗力说》，《鲁迅全集》第 1 卷，第 68 页。
③ 闻一多：《女神之时代精神》，《闻一多选集》第 1 卷，成都：四川文艺出版社，1987 年，第 258、264 页。

作画家的美梦,只好永远放弃了。"①其实在 1943 年底开始发表
的《七色魇》等"印象画"系列作品中,沈从文已尝试用新的创
作手法,表现兴奋、惶惑、低回、挣扎、绝望等"动"的生命状态。
可如他 20 世纪 50 年代的自传所言,这些作品"不可免慢慢失
去本来的素朴明朗,转而为晦涩,为倏忽,不易理解,缺少共通
性,也就缺少传递性,发生不良作用,和读者对面时,一切长处
反而会成为短处"②。

　　如此否定自我,其实并不代表沈从文贬低他文学创作的价
值。在笔者看来,与其说这些近乎严厉的检讨性文字是为了扭
转他的文学轨迹,毋宁说他是在为今后的人生方向预示前路。
何以要在 20 世纪 40 年代使用浓重笔墨谈论自己的创作与古
代绘画,乃至于与玉器、铜器、瓷器、漆器、雕刻等工艺美术的关
系,只能说明他在文物的世界里浸淫已深。他不断呈现文物世
界与他人生履历和文学创作的交集,从心理活动而言,意味着
他对将要投身其中的学术领域有了不断加深的熟悉和亲近。
当此之时,无论是肯定性的张扬,还是否定性的反思,都指向他
生命中逐渐打开的另一个自我,即《关于西南漆器及其他(一章
自传———一点幻想的发展)》所言比文学家成就更大的自我。
《关于西南漆器及其他(一章自传———一点幻想的发展)》是沈
从文继《从文自传》之后的第二个自传,从其副标题"一章自
传———一点幻想的发展"来看,这个发展着的"幻想",正是该自

---

①沈从文:《赤魇——我有机会作画家,到时却只好放弃了。》,《沈从文全
　集》第 10 卷,第 406 页。
②沈从文:《总结·传记部分》,《沈从文全集》第 27 卷,第 79 页。

传所述他从文学创作转向文物研究的取舍过程。如与《从文自传》对照来读,则一述其成为新文学家的过程,一述其成为文物研究者的过程。在《关于西南漆器及其他(一章自传——一点幻想的发展)》中,沈从文回忆他在 20 世纪 30 年代就开始"把生命一部直接消耗到美术品的搜集上",造成他"生命分散的形式"和"离本日远的趋势"①。这里的"本",如是他的文学本业,则"离本日远"可视为逐渐脱离文学的"分娩"过程。这也意味着从那时开始,他就处于"生命分散的形式"之中:从文人蛹化为学者的道路虽有若干隐晦,但既是演员也是导演的沈从文其实有着相当的自觉!

至迟在 1947 年,沈从文完成了王维山水画的系统整理。虽然不像其后一年撰作《中国陶瓷史》那样形成具体的著述,但从他给一位美术史论文写作者的信中,我们发现沈从文对王维画的画史记载、研究源流,已经通读精审。所据文献,从晋代"顾恺之述画"探源,以下推及唐、五代、元、明、清以至民国,旁及东洋日本的研究成果,达数十种之多②。王维被推崇为中国山水画的南宗之祖,又是开拓"诗中有画,画中有诗"境界的人物,其诗画同源的鲜明特色历来为文人、画家所宝重。王维的诗画作品极大地影响了其后中国诗文、绘画的发展。历代文人在诗文画作中对于山水的理解和表现,在自然美质和道禅境界的揭示中,寄托着对中国型理想社会

---

①沈从文:《关于西南漆器及其他(一章自传——一点幻想的发展)》,《沈从文全集》第 27 卷,第 28 页。

②沈从文:《给一论文作者(1947 年 1 月 19 日)》,《沈从文全集》第 18 卷,第 460—462 页。

的憧憬。沈从文说他的孤寂生活,因为"日和自然景物相对,得到画面愉快的底子"①;又说他的作品所表达的社会和思想,"近于固有的中国农民型与社会型","保留乡村风景画的多样色调"②,在在说明这些绘画传统在他人生和事业中占据的重要地位,代表着他用文字风景画所呈现的社会理想。

沈从文20世纪40年代开始的关于创作与绘画关系的阐述,或许是向我们说明:意义的生成并不全在于一个人的发言内容,而在于其发言的姿态和语境。通过揭示作品中的"画意",沈从文夯筑了一个在更大范围内持久影响他人生各方面的"结构"。在对自我创作限度和文坛是非曲直的自省中,他的另一部分人生诉求和知识兴趣逐渐上扬,以使身心的安稳与"立言"的理想达到协调均衡的状态。在经历了1949年初颓丧而恐惧的时刻之后,沈从文于3月写作了表明从事文物研究心迹的《关于西南漆器及其他(一章自传———一点幻想的发展)》;8月,从北大调入中国历史博物馆的前身北平国立历史博物馆,正式开始了他后半生的学者生涯。1957年,他又写下了《大好河山》这样的文字:

> 船沿长江上驶时,大家在舱板间眺望着宽逾十里的广阔江面,但见波平如镜,两岸烟树齐平,和淡紫色天际相接,溶成一片,临水城镇房屋和江边寄泊船只,嵌到这个背景中,都和画里一般。但是从古人著名绘画中,却找不出

---

①沈从文:《我的分析兼检讨》,《沈从文全集》第27卷,第72页。
②沈从文:《关于西南漆器及其他(一章自传———一点幻想的发展)》,《沈从文全集》第27卷,第25页。

任何一幅画更能够这么给人以"大好河山"的深刻感人印象。①

　　这是转行文物研究将近十年之际,沈从文上溯长江,经过他二十年前江中行船之地时所见风景,文辞藻翰不减当年风度,堪称宝刀不老。其描写风景依然如"画",笔势也和全盛时期的写景抒情不相上下,再现了《短篇小说(五月二日在西南联大国文学会讲)》等文中那样的对绘画的肯定。然而不同的是,这幅画卷少了沈从文一贯的美得让人忧愁的色调,转而呈现温暖明丽的情采,和当时表现新中国气象的新派山水画格调相当一致。欣然于这种"古人著名绘画中"没有的"大好河山",寓示着沈从文与新世界的一种和解、和谐状态,长期以来在他心中堆积的紧张感也得到了纾解。二三十年前,他追摹古代画意,"由绘画涂抹发展成文字"所进行的文学创作,如他自己所说,是为了从"极旧"涅槃出"极新"的社会,表露他所欲展开的中国想象,也即在 20 世纪背景下,融汇"农家许行和墨家宋荣子"那样的勤劳坚韧、和平兼爱品质,使之"形成一个现代文化中的新的复合物"②。现在,他拿起笔来从事文物研究,却反又借重"长篇小说的规模",书写"风格不一分章叙事"的学术"散文"③。他的学术研究不仅长于历史考辨,也拓展了"美术考

①沈从文:《大好河山》,《沈从文全集》第 27 卷,第 372 页。
②沈从文:《关于西南漆器及其他(一章自传——一点幻想的发展)》,《沈从文全集》第 27 卷,第 25 页。
③沈从文:《中国古代服饰研究引言》,《沈从文全集》第 32 卷,第 10 页。

古"①新领域。他学术著述"左图右史"的文体风格,则再现了古代图文相映的书写世界,同样达到了"相当旧,但也可以解说得极新"②的学术境界,并与三十年前《湘行书简》的图文结构形成有趣的呼应。没有做成画家的沈从文后来成为出色的古画鉴定家和美术史学者,绘画毕生牵连着他文学与学术的两重世界,这是非常值得玩味的。

结合文物的文学"考古"

即使在1949年转行文物研究之后,沈从文的人生道路仍然有着多样的选择:他可以回归作家队伍创作小说,也可以重返大学从事文学教育与研究。关于前者,他已和有关方面商定创作历史人物小说三十种③;关于后者,他因辅仁大学一部分合并到中国人民大学,正式被聘担任国文系教授,"大致有二百左右薪资,博物馆不过一百左右"④。如果实施这些计划和接受这个聘请,都可以使他的文学生命得到正常延续。然而如

---

① 沈从文:《玩玉的贡献》,《沈从文全集》第28卷,第27页。
② 沈从文:《关于西南漆器及其他(一章自传——一点幻想的发展)》,《沈从文全集》第27卷,第25页。
③ 沈从文:《"反右运动"后的思想检查》,《沈从文全集》第27卷,第158页。在此文同页,沈从文还提到财经学院曾商聘他去教国文,中央美术学院三次商聘他去任教。
④ 沈从文:《我为什么始终不离开历史博物馆》,《沈从文全集》第27卷,第245页。

其所说,那时他连"试写了个《炊事员》,也无法完成"①,因此,即使在第二次文代会上毛泽东当面勉励他"年纪还不老,再写几年小说",他"除了兴奋感激,眼睛发潮",却"什么也没说"②。是像《炊事员》这样的小说也无法完成的事实在不断地加深他文学上的"失败感"③,使他坚定了在1946年或1947年即成型的从事文物研究的人生规划④。不料这种选择发生了"失之东隅,收之桑榆"的效果,其后沈从文利用文物作出的文学"考古",以物质材料襄助文学研究,在作品释解、文学史勘定等方面,贡献了令人耳目一新的见解。

沈从文利用物质材料考释文学现象,是受到王国维等人的影响。自王国维"取地下之实物与纸上之遗文互相释证"⑤,这种名之为"二重证据法"的方法论,就在20世纪以来的中国学术上形成一个新的系统。它在传统的以文献解释文献的"以书证书"以外,另把实物材料当作证据,在考释、补证历史方面发挥了重要作用。沈从文对这种方法的吸收和运用开始于20世

①沈从文:《我为什么始终不离开历史博物馆》,《沈从文全集》第27卷,第243页。
②沈从文:《我为什么始终不离开历史博物馆》,《沈从文全集》第27卷,第248—249页。
③沈从文:《"反右运动"后的思想检查》,《沈从文全集》第27卷,第158页;沈从文:《我的检查》,《沈从文全集》第27卷,第204页。
④沈从文曾在《总结·思想部分》中说:"我的剩余生命,用到工艺美术探讨,或者还可为国家保留一点文物,也为后来人节省一点精力……这工作作了两年,北京城外炮声响了。"《沈从文全集》第27卷,第112页。
⑤陈寅恪:《王静安先生遗书序》,《陈寅恪集·金明馆丛稿二编》,北京:生活·读书·新知三联书店,2017年,第247页。

纪 40 年代中后期。自那时起,他对文史研究忽视实物材料的习惯提出了批评。在作于 1948 年的《试谈艺术与文化——北平通讯之四》中,他对"友人中有治史学,正如大学近三十年习惯,平日阅看《九通表志》,能熟诵大事年月,条理清楚,对于《四库》中之子集二部,及工艺美术部门,复能狠心加以拒绝,完全不生兴趣",表示不能认同①。1951 年,他抒发撰作中国文化史的志愿,又对"读书人,不可免还存在于书本中研钻,从文字章句间找证据,以书证书"②宣示了异议。是在亲接大量实物材料过程中累积的丰富经验,使他赓续"王静安先生对于古史问题的探索","把眼光放开,用文物知识和文献相印证"③,在"以书证史"之外另开"以物证史"新途径。1954—1961 年间,他提出"文史研究必需结合文物"④,连续写作《〈红楼梦〉衣物及当时种种》《"瓟瓝斝"和"点犀盉"——关于〈红楼梦〉注释一点商榷》《"商山四皓"和"悠然见南山"》《从实物学习谈谈〈木兰辞〉的相对年代》《学习古典文学与历史实物问题》等文章,钩稽作品中描写的实物及与所处时代的关系,纠补"书证"解释不清的文学史问题。这些文章多数是以商榷的态度写作的,显示了沈从文与"书证"方法辩论的立场,即使在一些文章上自我标注"文物识小"这样的谦语⑤,也无法掩饰他立意创新的雄心。

---

①沈从文:《试谈艺术与文化——北平通讯之四》,《沈从文全集》第 14 卷,第 387 页。

②沈从文:《敦煌文物展览感想》,《沈从文全集》第 31 卷,第 307 页。

③沈从文:《文史研究必需结合文物》,《沈从文全集》第 31 卷,第 312 页。

④沈从文:《文史研究必需结合文物》,《沈从文全集》第 31 卷,第 311—317 页。

⑤《〈文物识小录〉编者按语》,《沈从文全集》第 30 卷,第 324 页。

沈从文对文学研究要结合文物发生兴趣，其直接的触机，应是 1954 年 7 月 18 日《光明日报·文学遗产》发表的《读余冠英先生"乐府诗选"注》。该文作者宋毓珂对余冠英《乐府诗选》(1953)的注释提出异议，而其"集释法"的注书方式，在沈从文看来仍不能很好地解决问题。主要原因在于，古人创造文学世界所依据的"物象"，尤其是其中反映的意思、意义，既随历史发展而变化，也因创作语境或时代背景变异而有所不同，今人一味称引典籍记载，就会与实际事物的发展产生刻舟求剑似的偏差，这样的"照过去以书注书方法研究，不和实物联系，总不容易透彻"，于是"不可避免会如纸上谈兵，和历史发展真实有一个距离"①。

　　所谓文学史的研究，正是要尽量拉近今人理解的史事与真实历史之间的距离。在沈从文看来，如要还原历史，在"书证"不易抵达之处，恰是"物证"登场之时。比如：

　　　　一面小小铜镜子，从春秋战国以来使用起始，到清代中叶，这两千多年就有了许多种变化……人使用镜子的意义又跟随在变。同时它上面的文字和花纹，又和当时的诗歌与宗教信仰发生过密切联系。如像有一种"西王母"镜子，出土仅限于长江下游和山东南部，时间多在东汉末年，我们因此除了知道它和越巫或天师教有联系，还可用它来校定几个相传是汉人作的小说年代。西汉镜子上面附有年款的七言铭文，并且是由楚辞西汉辞赋到曹丕七言诗两

① 沈从文：《文史研究必需结合文物》，《沈从文全集》第 31 卷，第 311 页。

者间唯一的桥梁(记得冠英先生还曾有一篇文章谈起过,只是不明白镜子上反映的七言韵文,有的是西汉有的是三国,因此谈不透彻)。这就启示了我们的研究,必需从实际出发,并注意它的全面性和整体性。①

从铜镜上表现的文字和花纹,可推定作品产生的年代,可考检作品涉及的思想信仰和时代、地域的关系;尤其是"附有年款的七言铭文",恰可以成为七言诗发展的实物证据,它也许比任何一系列的编年诗选所构成的证据链还要有说服力。与编选而成的文字书籍比较,实物材料相对接近事物的原初性和本真性,尤其是在汰选成册、成史的过程中,它们作为选家视野和能力之外的"剩余物",可能保存了更为原始的关于一段历史是如何发生、发展、衍化和变异的秘密。这构成了文学研究中"与文物结合"的"全面性和整体性",而要实现这一目标,非进行文学"考古"不可:

> 单从文献看问题,有时看不出,一用实物结合文献来作分析解释,情形就明白了。这种做学问弄问题的方法,过去只像是考古学的事情,和别的治文史的全不相干……至于一个文学教授,甚至一个史学教授,照近五十年过去习惯,就并不觉得必需注意文字以外从地下挖出的,或纸上、绢上、墙壁上,画的、刻的、印的,以及在目下还有人手中使用着的东东西西,尽管讨论研究的恰好就是那些东东

_____

①沈从文:《文史研究必需结合文物》,《沈从文全集》第31卷,第311页。

西西……这样把自己束缚在一种狭小孤立范围中进行研究,缺少眼光四注的热情,和全面整体的观念,论断的基础就不稳固。①

这里道及的"眼光四注的热情",意味着一种新的知识兴趣的拓展;"全面整体的观念",则是相应的知识结构的扩大。如此延展到借鉴考古学、"用实物结合文献"的治学方式,解放了"在一种狭小孤立范围中进行研究"的束缚,使论断的基础趋于比较的牢固。更有一层的收获是,运用这些出土或存世文物上的图、文、刻、印资料,不仅置研究对象于较为全面完整的历史语境中,也为研究本身增添了不少人文学术应该具有的精神气韵。

　　如前所述,沈从文展开这些研究采取的是纠补"以书证书"的立场,这使他的研究形成明显的"新证"特色。在余冠英、宋毓珂关于《《乐府诗选》注"的公案中,沈从文利用出土实物,解决了诸如"帩头""樽""酌""床""柱""方相""跪拜""黄尘"等的名实问题。它的作用不仅在于还原古诗文中所表现的真实的生活世界,也揭示了古人是如何利用生活中的实物,组织意象、抒发感情的。如讨论乐府《捉搦歌》之四"黄桑柘屐蒲子履,中央有系两头系,小时怜母大怜婿,何不早嫁论家计"时,沈从文通过"四川出土俑着的履和西北出土的汉代麻履",看出它们"着脚部分都是中央有系两边固定",因而"小时怜母大怜婿",就被歌者比兴为怀春的女子在家人和恋人之间,"两边牵挂拿

①沈从文:《文史研究必需结合文物》,《沈从文全集》第 31 卷,第 312 页。

不定主意"的犹豫,而非宋注所说"女大不中留"的决绝①。"捉
搦"本指男女相捉相戏之意,但情动于衷的女子却因屣、履的
"中央有系两头系",催发出在故家和新嫁,也就是"一边是家
庭,一边是爱人"②之间难以割舍的情感,从而使诗歌在表现人
的情义的复杂性方面,显示出它的高明。很明显,理解这种比
兴编织意象的丰富动人之处,如不准确训释屣、履的实相及其
象征性,是难以做到这么一种体贴入妙理解的。

　　这种研究方法提高了训释的可靠性,增加了体会作品意味
的微妙深切,不仅是沈从文用文物诠解作品的尝试,也被他用
来断定古代无名氏作品的年代问题。推断无名氏作品的年代,
一般以文献最早记录的时间为下限,再以其内容、风格与已知
年代相比较得出。但在沈从文看来,这仍没有脱离以书证书的
套路,虽可解决很多问题,但值得推敲之处却同样不少。他在
这里贡献的一个经典案例,就是1954年对《木兰辞》成诗年代
的考证。他认为这首诗不是南北朝的作品,就因为诗中的"帖
花黄"一事不可能出现在南北朝:

　　　　最引起人兴味的是"对镜帖花黄",一般注解虽可引梁
　　简文帝"约黄能效月"诗句,以为兴于南朝。事实上从实物
　　注意,却有问题。因为年来南朝出土俑有一定数量,保存
　　得完整的,衣还淡着色,却从无在眉额脸辅间加靥子装饰
　　的。传世《帝王图》中几个南朝帝王,侍女多作标准南朝

①沈从文:《文史研究必需结合文物》,《沈从文全集》第31卷,第316页。
②沈从文:《文史研究必需结合文物》,《沈从文全集》第31卷,第316页。

装,头上脚下一点不含胡,脸庞上也看不出一点痕迹消息。图虽传为唐初阎立本作,立本父颜毗则仕于隋,父子均懂旧制,不会疏忽这一点。然到唐代画中,则女人脸颊眉额间贴小鸳鸯水鸟、花朵及星月玩意儿的,却相当多。敦煌画反映得十分完备具体。开元以后,下及五代,许多女人脸上真是鸂鶒相趁相逐,星月交辉!花黄即"靥子",是放在小小银盒子中,随时可以贴上的。温李诗中所常咏,《花间集》中词,也有许多形容,是指这些东东西西和衣领、衣袖、披帛绣花的。南朝俑既无这个打扮,北朝着色俑石刻也无一点消息,敦煌北朝画也不曾发现,唐画则反映得如此分明,我们说这诗是北朝还是唐?结论是容易得到的。①

最早记载《木兰辞》的《古今乐录》产生于南朝,但流传中出现的各种增补、插叙式变异,使这个记载中的不少说法转而成为疑团,《木兰辞》的成诗年代到底是南北朝还是隋唐,也就一直众说纷纭,莫衷一是。沈从文以诗中反映的"帖花黄"生活习俗为切入口,认为那种"相趁相逐,星月交辉"的斑斓脸饰,在南北朝出土文物中全无表现,只有到了唐代的实物材料中才有了丰富的反映,从而得出《木兰辞》成诗于唐代的结论。从他列举的《帝王图》、敦煌壁画等物质证据来看,这种结论是站得住脚的;尤其是描画帝王仕宦、神佛供养的图录,画师对其画中各色人物的表现,需要严守"写真"的"旧制",其真实性保证了它

---

① 沈从文:《从实物学习谈谈〈木兰辞〉的相对年代》,《沈从文全集》第30卷,第341页。

作为历史资料的真实性。关于《木兰辞》成诗于唐代的观点，其实立说也较早。1925年姚大荣、徐中舒分别从人物、姓氏、地理及时序方面作出了论证①，1932年郑振铎更道出"花黄为唐时之女饰，以归之唐，似不会很错"②，解释有力却仍无法达到止纷息讼的程度，但它显示了要用更为可靠的知识解决问题的方向。沈从文依据实物材料，再现了"帖花黄"的历史世界，使这一立论终于建立在牢固结实的基础之上。

沈从文结合文物的文史研究在20世纪50年代的学术界可谓别开新面，对破解"就文论文的老方子的困难纠缠局面"，有时起到了一锤定音的作用③。与此同时，他的一些专题研究也引起同时代学人心理上相当程度的震动。据周汝昌回忆，1955年人民文学出版社组织出版注释本《红楼梦》，受邀参与的沈从文的注释讲解翔实，处处落到"实物"。主任其事的启功大为惊讶，并苦恼于这种"繁琐"考证与时代学风不符而准备弃之不用，后经周汝昌委曲斡旋才采用了其中的一部分④。直到2002年《沈从文全集》出版，这个近500条注释的手抄本才以《〈红楼梦〉衣物及当时种种》为名全部面世。

关于这段往事，周汝昌曾以"弃文订古考衣装，细注红楼辨短长"形容之⑤。然而沈从文"订古"并不"弃文"，继续考释

①姚大荣：《木兰从军时地表微》，《东方杂志》1925年第22卷第2号；徐中舒：《〈木兰歌〉再考》，《东方杂志》1925年第22卷第14号。
②郑振铎：《插图本中国文学史》，北平：朴社出版部，1932年，第273页。
③黄永玉：《这些忧郁的碎屑》，《比我老的老头》，第116页。
④周汝昌：《沈从文详注〈红楼梦〉》，《文汇报》2000年8月15日。
⑤周汝昌：《沈从文详注〈红楼梦〉》，《文汇报》2000年8月15日。

《红楼梦》中的"名物种种"。这源于他利用实物考证古诗文的信心。这种文学考古活动被他视为解开《诗经》《楚辞》等古代文学幽深世界的有效密码而进行引申和提倡，并且将之用于阐释《红楼梦》这样博大精深的近世作品①。在沈从文看来，现代读者不应该绕过对《红楼梦》所反映的"十八世纪中上层社会流行好尚起居服用"等实物及其可能含有的寓意的了解，注释者应具备"懂得透，注得对"的能力，以便"帮助读者深一层领会原作的好处"，否则"和原意相反，便给读者带来一种错误印象，把原文也糟蹋了"②。

由此沈从文发展出一套"务实"与"务虚"并举的方法，并用这套方法导读《红楼梦》所描写的名物中暗含的机锋和寓意，以和盘托出作者的用心及在游戏笔墨中显现的幽默与讽刺。这集中体现在他讨论《贾宝玉品茶栊翠庵》回目中妙玉使用的名之为"瓟斝""点犀盉"的两件饮器。所谓的"务实"，就是明白这两件饮器与时代经济、文化的关系。它们随着宋明南方经济崛起和南海丝路贸易兴盛，而成为宫廷贵族喜用的器具，并从此发展出一套高雅精致的文化生活。借用犀角、象牙、杯盏等文玩进行含蓄隐射，"在曹雪芹时代，实为一般贵族士大夫所熟习"③，因此在他们的诗书生涯中，派生出言此意彼而又机锋迭出的文字游戏，形成了文学活动中由实入虚的多种意义指

①沈从文:《文史研究必需结合文物》,《沈从文全集》第 31 卷,第 313 页。
②沈从文:《"瓟斝"和"点犀盉"——关于〈红楼梦〉注释一点商榷》,《沈从文全集》第 30 卷,第 285 页。
③沈从文:《"瓟斝"和"点犀盉"——关于〈红楼梦〉注释一点商榷》,《沈从文全集》第 30 卷,第 289 页。

涉。沈从文认为,曹雪芹正是借用这两个器物的名称,虚以实之地暗示了妙玉的虚伪:

> 如何务虚?这个爬器别的不叫,为什么偏偏叫这么个习钻古怪名称?似古怪实不古怪。俗语有:假不假?班包假。真不真?肉挨心。意思是"假的就一定假,真的也一定真"。作者是否有意取来适合俗语"班包假"的谐音,既指物,也指人?我想值得研究研究。
> ……
> 如何务虚?既明白了犀有"正透"、"倒透"、"透到底为贵"意思,又知道记载中有"竹犀形大纹粗可以乱真"的说法,且明白元明杂剧市语说"乔"多指装模作样假心假意,那么当时取名"点犀盉"用意,是不是影射有"到底假"、"透底假"意思?就自然明白了。①

这样的解读,不啻于借助实物之筏的"读心术",打通了通往文心、人心的孔道,也打开了通往作者之心和社会心理的大门。初看起来,这似乎只是解读作品所需的必要基础,而深究之下,它却是文学研究最需要探幽索隐的源头。作家写作常有运用典故曲折表意的习惯,也有随"物"赋形、象"形"写意的机敏手段。这构成了文学欣赏中的智慧游戏,也成为文学理论需要总结的修辞方法论。正是在这样的意义上,沈从文认为研究文学

---

① 沈从文:《"瓟爮斝"和"点犀盉"——关于〈红楼梦〉注释一点商榷》,《沈从文全集》第 30 卷,第 288—289 页。

作品，"不仅要懂语言，也要懂文学，不仅要懂社会，还要懂文物。更重要还是不能把这几点看成孤立事物，必需融成一份知识"①。这甚至形成了活意泛滥的文学体验。如周汝昌根据对上述器物的不同认识，把"点犀盉"理解成"杏犀盉"的误写、改写，因此其语涉双关的应是"性蹊跷"，从而认为它们隐射的其实是薛宝钗（班包假）、林黛玉（性蹊跷）②。这同样引来沈从文"有同感"的知赏之论③。这似乎说明，当文学中的实物描写由实入虚进入象喻世界之后，它们产生的多重意指盘活了作品的意义空间，只有进入这样的意义空间，"活的文章"才不会被"扣死"。

沈从文的上述做法，显示了实物材料在文学研究中的重要性，"开启了文学与文物相互结合以至于融合的一条新路"④。正如陈寅恪一面说唐诗是"极好之史料"⑤，一面指出地上文献不足以证明历史的时候，可以到地下去寻找⑥，提示着文史研究的史料，既可以扩大到地下，也可以扩大到地上的很多文字和实物。这意味着历史范围的放大，同时带来阐释空间的扩充。当沈

①沈从文：《"瓟瓟斝"和"点犀盉"——关于〈红楼梦〉注释一点商榷》，《沈从文全集》第 30 卷，第 290 页。

②周汝昌：《也谈"瓟瓟斝"和"点犀盉"》，《光明日报·文学遗产》第 385 期，1961 年 10 月 22 日。

③沈从文：《"杏犀盉"质疑》，《沈从文全集》第 30 卷，第 292 页；原刊《光明日报·文学遗产》第 388 期，1961 年 11 月 12 日。

④扬之水：《"名物"之路不寂寞》，《羊城晚报》2018 年 9 月 1 日。

⑤石泉、李涵整理：《听寅恪师唐史课笔记一则》，《陈寅恪集·讲义及杂稿》，北京：生活·读书·新知三联书店，2017 年，第 491 页。

⑥黄萱整理：《唐代史听课笔记片段》，《陈寅恪集·讲义及杂稿》，第 475 页。

从文利用出土的古器物、敦煌壁画、传世绘画、生活中使用的实物材料进行文学研究的时候,他确实构想了一种如费正清所说的"包括地图、遗址、风景和人物,而不只是一张阶梯状的年代列表"①的文学史,在文字之外呈现了更多由实物材料烘托出的想象世界。这种特色是如此明显,以至于成为他衡文论诗的独有标志。比如当他从汉代到南朝的画像砖上发现上面书写的是"南山四皓"而非"商山四皓",从而猜测生活在汉和南朝之间的晋代陶渊明的"悠然见南山"可能也寄托了诗人具有"四皓"的辅政理想,这和"刑天舞干戚"一样说明他并非纯然的隐逸②;此外,他建议用敦煌写本中的云谣子杂曲、禅门十二时小曲、俗讲变文等配伍于李白的诗歌,用来说明李白创造词体、写作通俗化与时代文化关系③,都给人以转换角度再行思考的印象。沈从文曾稍嫌夸张地形容纯粹的文献研究"正等于把一桶水倒来倒去,得不出新东西",从而建议在图书馆旁边应该建立"一个收藏实物、图片、模型过百万件的'历史文物馆'",以便实行"新的文史研究"④。这不啻为 20 世纪 50 年代专业分化日趋狭窄环境下的冷静之语,也对当下跨学科的交叉研究具有方法论的启示。

---

①〔美〕费正清著,阎亚婷等译:《费正清中国回忆录》,北京:中信出版集团股份有限公司,2017 年,第 179 页。
②沈从文:《"商山四皓"和"悠然见南山"》,《沈从文全集》第 30 卷,第 327—328 页。
③沈从文:《李诗中所见相关形象材料》,《沈从文全集》第 28 卷,第 346—347 页。
④沈从文:《文史研究必需结合文物》,《沈从文全集》第 31 卷,第 316 页。

史诗情怀与抒情学术

　　进入 20 世纪 60 年代,沈从文的学术研究进展顺利,取得了多项文物、文史研究成果,赴全国多家高校、文博单位指导文物、工艺美术工作。1960 年他出版了《龙凤艺术》,同年正式制订了"中国服装史"的研究计划,研究成果即后来的《中国古代服饰研究》。当这项研究于 1964 年完成初稿的时候,郭沫若用其酣畅淋漓、笔势转出的书法,为该项成果题写了高度肯定、文字精简的序言,似乎意味着二人走出了 1948 年以来"斥反动文艺"事件所产生的对立纠葛。1961 年冬,中国作协组织包括沈从文在内的一批作家赴江西等地参观考察,也显示了文坛重新接纳他的态度。他在江西行旅中写了一些五言古体诗和为数不多的散文,《人民文学》《红旗》杂志在约请和刊发这批稿件时表现出极大的热情①。这些作品表达了他对新社会山河与建设的赞美,同时也在其中一抒幽古的情怀。

　　在今天看来,这些作品不少习染着较为明显的时代痕迹,但重要的是,沈从文在其中表明他崇尚"老杜诗风"②,意在把

---

①张兆和:《有关诗作的三封信·张兆和复沈从文（1962 年 1 月 12 日）》,《沈从文全集》第 15 卷,第 276—277 页。
②沈从文:《有关诗作的三封信·致张兆和（1961 年 12 月 23 日）》,《沈从文全集》第 15 卷,第 274 页。

诗歌书写成照鉴历史的"史镜"那样的东西①。这催生了十年之后的1970—1971年，他在咸宁双溪干校创作的九首内容新颖厚重、气势雄强沉郁的五言文化史诗。这些诗歌在他生前并未得到发表，经《沈从文全集》编者收集整理，命名为《文化史诗钞》后得以面世。它们包括《红卫星上天》《读贾谊传》《读秦本纪》《文字书法发展——社会影响和工艺、艺术相互关系试探》《叙书法进展——摘章草行草字部分》《商代劳动文化中"来源"及"影响"试探——就武官村大墓陈列》《西周及东周——上层文化之形成》《战国时代》《书少虞剑》，几乎囊括了先秦文化史的大部和物质文化意义上的文字书法史。从内容看，它们既是历史也是史学，构成他文物研究别样的五言诗成果形式，最后产生了一种交织着文学与学术双重色调的特殊文本，代表着他学术结合文学的一大发明，形成了当代文学新的诗歌品种。《红卫星上天》是这批作品的开篇之作，它借1970年中国成功发射首颗人造卫星入题，以1500字篇幅浓缩、书写了中华民族从亘古至当今的文化史。正如他夫子自道的，这是"用旧体裁来表现新事物一种新试探性工作"②。其后诸作，都以"殷商有史序，文献多可征"③、"用文献结合文物互证法"④这样的方式，在"纯

---

①张兆和:《有关诗作的三封信·张兆和复沈从文（1962年1月12日）》，《沈从文全集》第15卷，第276页。

②沈从文:《〈红卫星上天〉序跋》，《沈从文全集》第15卷，第366页。

③沈从文:《文字书法发展——社会影响和工艺、艺术相互关系试探》，《沈从文全集》第15卷，第374页。

④沈从文:《西周及东周——上层文化之形成》，《沈从文全集》第15卷，第409页。

文字"书写不到的历史深处,取材实物,"用五言旧体诗作新的处理",勾画出条理分明的文化史轮廓①。

显然,这些史诗最重要的特色是"以学为诗",属于沈从文学术研究的诗化表现。但另一方面我们发现,挖掘其中的作者心态,是一个牵涉面更广的话题。沈从文几乎为他的每一首诗都加上了序言、自注或跋语。围绕着这些"诗化论文",它们形成了一个强大的学术—文学场域,建立起孤悬于咸宁双溪的沈从文与外部世界及内在自我发生紧密联系的方式。它一方面指涉着客观、冷寂的学术生活,彰显独学无友环境下的发现之旅;另一方面则诉诸感性,回溯自己的人生道路,以想象中再现的青春激情安顿生命,抵抗衰年时代难以预知的荣辱祸福。

在第一首诗作《红卫星上天》的跋语中,沈从文写道:

> 一九七〇年五月,时独住湖北咸宁双溪丘陵高处一空空小学中。八分钱笔蘸破碟陈墨居然终篇,对个人来说,亦足纪念。②

其中的"对个人来说,亦足纪念",显示了他在艰难书写条件下,努力借助"文字纪念碑"形式,记录他的学术发现和蕴藉其中的自我实现心绪。如在描写秦代坑儒的诗句"数百迂腐士,区区何足云?兆民成饿殍,才是大事情"之后,他自注:"读书人多以焚书坑儒为大事,当时说来殊不足道也。"这坚持了他超越读书

---

① 沈从文:《战国时代》,《沈从文全集》第 15 卷,第 410 页。
② 沈从文:《红卫星上天(双溪诗草之一)》,《沈从文全集》第 15 卷,第 365 页。

人史观,要在更大的范围里书写历史的一贯意识,且因这一发现"说法较新,却是事实"而流露自得自赏之情①。在《西周及东周——上层文化之形成》的序言中,他题解此诗"分析西周到战国社会进展"及其"促进制度的衍变和学术的兴起",并自信"世必有解人认可也"②。"解人认可"云云,意味着他希望从"独住"的寂寞环境中突围而出,这导致"读者"也成为他关心的对象,促使他借用"旧式七言'说唱文'和启蒙《三字经》"的书写方式,使五言诗通俗化,以便给予读者一个容易理解的历史的概括印象③。事实上,这些诗歌成为那一时期沈从文唯一的反观自我、实现自我及与外界(读者)交往的"想象性"方式。即使读者是作品意义生成或宣示作者存在乃至永生的重要工具,可对当时的沈从文而言,所谓"读者",也不过是至亲好友二三人而已④。

相比较而言,《文字书法发展——社会影响和工艺、艺术相互关系试探》是自注和跋语最多的诗作。它对沈从文的意义不言而喻:不仅因为他本身就是一个优秀的书法家,还因为书法

---

①沈从文:《读秦本纪》,《沈从文全集》第 15 卷,第 371 页。在《商代劳动文化中"来源"及"影响"试探——就武官村大墓陈列》则有四处写下"对来源新解""新提法"等注语。《沈从文全集》第 15 卷,第 401—402 页。

②沈从文:《西周及东周——上层文化之形成》,《沈从文全集》第 15 卷,第 409 页。

③沈从文:《战国时代》,《沈从文全集》第 15 卷,第 410 页。

④沈从文:《复萧乾(1970 年 9 月 22 日)》;《致张兆和(1970 年 9 月 24 日)》;《复马国权(1971 年 2 月 7 日)》,《沈从文全集》第 22 卷,第 380—384、385—391、423—425 页。

其实是打开他"从文"生涯的第一个推动力。少年时代的沈从文因为缮写能力强，才得以从普通一兵调任靖军司令部文书，在那里阅读到的古文字书画和新文学报刊，启蒙了他的新学术、新文学意识。1930年，他已"认得许多古文，想在将来做一本草字如何从篆籀变化的书"①。四十年之后，这些知识和兴趣的积累在一种非常状态下终于变成了514句2570字的长诗，书写了从结绳记事到清代的文字书法发展史。其特色在于利用出土文物与金石、字纸、笔砚、印刷等物质文化，结合传世帖学、语音与文学、文字及书法史录，呈现文字书法变化发展的各种轨迹。诗中随处可见的"说似较新，大致还是历史事实""这提法也新而重要，是出于六国书的概括，和史不悖""这一点却少有人道及，但却重要""简繁之因，提法似较新""这一点也从实用得发展，前人谈书艺少提及""提法似较新，但事实必如此也""近人谈宋拓碑帖，喜说用白麻纸，实猜谜子呓语，并不知此实质"等等注语②，意味着出现了一种文学史上少见的"诗文注释本"——作者以近乎自夸的方式对自己的作品进行了"学术批评"。它提醒我们注意：这一方面显示了沈从文在这一学术专题上的极大自信和创新自觉；另一方面则表明，倘若离开了这种自我肯定的意识，双溪时期的沈从文将无法维持任何属于生命创造的动力。

《文化史诗钞》显示了沈从文努力延续学术生命所取得的成绩，可从另一角度看，它也以五言诗形式重现了沈从文的感

①沈从文：《致胡适（1930年9月28日）》，《沈从文全集》第18卷，第107页。
②沈从文：《文字书法发展——社会影响和工艺、艺术相互关系试探》，《沈从文全集》第15卷，第378—380、386、389—390页。

性激情,并以曲折迂回的方式联通了他往昔的文学岁月。写作五言诗的热情,如前文所述,产生于1961年底的那次江西之行。那时他还写下了一段"老夫聊发少年狂"的文字:

> 这份老本事过去很用过一点心,有时还写香艳体,也十分俨然。古体固懂典故多,读古文熟,又对汉魏五言诗有兴趣,过去十多岁时还被人称"才子",即为了写诗。①

幼能吟诗是记述古代天才诗人常见的故事,"才子"云云,不论实指还是用典,都是沈从文自比于历史上那些杰出诗人而作出的自我肯定。所可注意的还有他自揭"写香艳体"的经历,这在年届六秩的老人身上实在是不多见的,证明着沈从文身上未曾逝去的对青春的抒情体会。某种程度上,"香艳"其实也伴随了沈从文的一生:初登文坛时他收集整理的《筸人谣曲》,便出现了大胆越轨的艳色②;中年时期又被定性为"桃红色"作家③;到了晚岁依然"对美的东西有着一种炽热的、生理的、近乎是肉欲的感情",把故宫造型极美的莲子盅说成是"按照一个女人的奶子做出来的"④;他甚至在给求字人的书法条幅上写下他在1926年编写的《筸人谣曲》那样的"黄色山歌",以至于被中间

---

① 沈从文:《有关诗作的三封信·复张兆和(1962年1月28日)》,《沈从文全集》第15卷,第279页。
② 沈从文:《筸人谣曲》,《沈从文全集》第15卷,第14—40页。
③ 郭沫若:《斥反动文艺》,《大众文艺丛刊》(香港)1948年第1辑。
④ 汪曾祺:《我的老师沈从文》,《收获》2009年第3期。

人黄永玉一直压在箱底不好意思交货①。衰年时期重提"写香艳体"的"老本事",不得不说他正是要通过写诗这一行为,重现其活泼跳动的生命。

这样的书写也延续到 20 世纪 70 年代创作的"文化史诗"中。它们以"古典乐章"的形式出现:

> 时已年近七十,高血压经常在二百廿卅间盘旋,既无药能解决,因之试就平时对古典乐章所理会到的作曲法,转而用五言旧诗体,作文化史诗。②

用古典乐章作曲法写诗,一方面是他用有韵的文字,以乐章的规模书写文化史这样的重大题材,并寄托曲折流动的情怀于其中;另一方面,则指向音乐连接着他人生若干悲欣苦乐阶段,从而与他的文学和生命感受发生着紧密关系。二十年前的 1949年,他写作第二个自传《西南漆器及其他(一章自传——一点幻想的发展)》,就说他的"故事中的排比设计与乐曲相通",造成

---

① 黄永玉:《这些忧郁的碎屑》,《比我老的老头》,第 84 页。所书条幅为沈从文录赠作家李准的湘西歌谣:"娇家门前一重坡,别人走少郎走多,铁打草鞋穿烂了,不是为你为那个?/天上起云云起花,包谷林里种豆荚,豆荚缠坏包谷树,娇妹缠坏后生家。/你歌莫有我歌多,我歌共有三只牛毛多,唱了三年六个月,刚刚唱完一只牛耳朵。书奉李准兄新年哈哈一笑,弟从文写湘西看牛伢崽山歌。笔用沈民则法,较挺拔,不免受宋仲温影响,失之媚。"
② 沈从文:《红卫星上天(双溪诗草之一)》,《沈从文全集》第 15 卷,第365 页。

了"重叠、连续、交错、湍流奔赴与一泓静止"的田园诗旋律①。同年9月,也即从北大调入北平国立历史博物馆的第二月,他在病中又写作了《第二乐章——第三乐章》《从悲多汶乐曲所得》二首长诗,表达他通过"诉之于共通情感"的交响乐,努力沟通自我与周边,使思想和灵魂"逐渐澄清莹碧,纯粹而统一"②,以此迎接新的命运安排。1962年,他为表侄黄永玉的画作《木兰花长卷》题写的七言古体长诗《白玉兰花引——书永玉木兰卷》,跋语中又出现了"唯有大乐章方能用百十种不同乐器,共同形成的旋律节奏"这样的文字③。此诗作于他在青岛养病期间,距离他1931年初次到青岛大学任教刚过三十年,而他在1976年仍在对这首诗歌作出改订,则使之成为"旧事疏忽四十年,记忆犹新唯有我"的时间—生命绵延体,其本身也逸出了画卷范围,成为他神游往昔,进行"幻异抒情"④的工具。诗中回忆了那时、那里他的友情和艳遇⑤,也有"射干巧中人,因隐约其辞"而留待后来之解人的影射⑥。他在诗中还营构了《山海

①沈从文:《关于西南漆器及其他(一章自传———一点幻想的发展)》,《沈从文全集》第27卷,第25页。
②沈从文:《从悲多汶乐曲所得》,《沈从文全集》第15卷,第216、222页。
③沈从文:《〈白玉兰花引——书永玉木兰卷〉跋》,《沈从文全集》第15卷,第302页。
④沈从文:《〈白玉兰花引——书永玉木兰卷〉跋》,《沈从文全集》第15卷,第301页。
⑤沈从文:《〈白玉兰花引——书永玉木兰卷〉跋》,《沈从文全集》第15卷,第305页。
⑥沈从文:《白玉兰花引——书永玉木兰卷》,《沈从文全集》第15卷,第300页。

经》《聊斋志异》那样既属人间也似仙境的水陆意境,使之突破时空、真幻的牵制,再现其生命史的奇幻之旅,形成了大乐章的壮美气势①。在笔者看来,诗的高潮部分出现在他把《边城》及其英译本《绿玉》安放在中国文学史中的情节,视之为"青春永不磨"的经典②。他为这一安排作出的注语,道出他的创作就像"屈、宋、三曹、李、杜、元、白"一样,"成就均非庙堂文学,因为其所以产生及流传,和权位不相干"③。这与他1941年在《短篇小说(五月二日在西南联大国文学会讲)》中指出的"《红楼梦》所有的成就,显然不是用别的工具可以如此简便完成的"又形成了遥相呼应④。在这里,沈从文一改近二十年来对自己文学创作的贬抑之词。这样的自诩意识,如前文所述,和他在文化史诗中高度肯定自己的学术成就如出一辙。

本章拟借沈从文《抽象的抒情》的题名作一收尾。因为它似乎给出了一个多维的视野,让我们在偏于理性(学术)的"抽象"和偏于感性(文学)的"抒情"之间游走,观察文人和学者是如何在沈从文身上进行着交叉、转移,并且互相影响、互相贯通的。这篇作于1961年的文字,也提醒我们注意1961年对于沈从文的重要性。这一年他以古体诗人的面目回归文学,也是他

①沈从文:《〈白玉兰花引——书永玉木兰卷〉跋》,《沈从文全集》第15卷,第302页。
②沈从文:《白玉兰花引——书永玉木兰卷》,《沈从文全集》第15卷,第297页。
③沈从文:《白玉兰花引——书永玉木兰卷》,《沈从文全集》第15卷,第299页。
④沈从文:《短篇小说(五月二日在西南联大国文学会讲)》,《沈从文全集》第16卷,第494页。

双溪时期在缺乏基本资料情形下,以文化史诗进行学术研究的直接诱因。在人生的暮年,沈从文早岁以来就具有的文人和学者的双重基因在"诗人"的形象中合为一体,他身上同时聚集的"抒情性"和"抽象性",终于在以诗人之笔进行的书写中得到了同构性的呈现。

玉史衍化与"美术考古"

    沈从文于 1949 年 8 月由北京大学转入北平国立历史博物馆，即开始自行研究中国古玉。他利用前人文献和出土实物，考述古玉的出处、出产及向中土运输的方式，使这一问题显现为"一连串的历史事实"。他分疏玉史衍化的几个典型过程，辩证处理研究中的玩玉经验与历史知识，颇能翻出新意。和其文学创作所追求的审美理想甚相一致，他张扬商周雕玉艺术意境上的雄秀活泼与价值上的自由精神，在物质文化研究"史"的范围之外，拓宽了"美"的新领域，形成不仅考订历史，而且彰显艺术的治学特色。他把春秋战国"百家争鸣"视为上层文化的思想构造，把"百花齐放"视为下层百工技艺的物质创造，堪称既新颖又有力的学术归纳。

    "金缕玉衣"人所共知，然而把它从散乱腐朽的"石片"中考订出来的是沈从文，却很少有人提起。其实对于中国古玉的研究，也是沈从文物质文化研究的一个部分，而且是他正式转行后第一个成系统的研究成果[1]。研究中国古玉，缘起于 1949

---

[1]沈从文在 1948 年即开始撰作《中国陶瓷史》，1949 年 6 月整理完成，时在其由北大转入北平国立历史博物馆之前，故称本章讨论的中国古玉系列研究为沈从文正式转行后的第一个成系统的研究成果。

年8月，沈从文从北京大学转入北平国立历史博物馆，自行研究之际，又在中央美院"打了点杂"①，编撰讲稿，给从事相关工作的同行讲授"中国玉工艺"。在这些讲稿上，经常注录"整理稿""第N部分"或"×月×日用"等内容，显示出它们的撰作信息和讲授情况。或许因为是讲稿的缘故，这些文字在他生前并未得到修订②和公开发表，直到2002年《沈从文全集》的编者才据原稿分章整理，辑为《玉的出产》《玉的应用》《玉的处理》《玉的价值判断色泽问题》《玩玉的贡献》《中国古玉》《中国雕玉工艺发展的几个段落》《玉的出处——于阗及其他》《玩玉者对古玉研究的贡献（三则）》九篇，另外收录沈从文为1955年第6期《历史教学》杂志作的封面说明《汉碧玉马头》，合以《中国玉工艺研究》为题，编入《沈从文全集》第28卷。2008年，这些文章又以《从文赏玉》为名，由天津百花文艺出版社出版。该书配有精美古玉图片，图文对举，增益读者对于中国古玉的理解和欣赏。

据《沈从文全集》的"编者说明"，研究中国古玉，是甫入历史博物馆的沈从文在参加华北人民革命大学学习、土改工作队、"五反"工作组等政治任务中，间断穿插而又从未停止地进行的③。据此可以推测，这些讲稿的撰作和讲授，当主要集中在1949—1953年的三四年间。其时知识分子改造运动虽然

①沈从文：《致周扬（1953年11月）》，《沈从文全集》第19卷，第369页。
②讲稿的一些地方有"……"，似表示未完结，待补充；有的两章之间内容或有重叠，均表明其为随编随讲的讲义，撰、讲之后也未经修订完善，且因此原因，其引、述有未及清理之处。
③《〈中国玉工艺研究〉说明》，《沈从文全集》第28卷，第2页。

已经展开,但专门批判资产阶级学术立场、思想和方法的剧烈运动还要在几年之后,加之古器物研究距离意识形态较远,易代之际的工艺美术建设亟须补充、储备专门人才,宣扬中华民族历史文化的悠久灿烂。值此之故,利用沈从文的文史知识和古器物学基础,让他登台宣讲,就构成产生这批学术成果的内外因缘。只是从1953年到2002年的五十年间,这批研究成果或匿存于私箧,或许还曾于抄家后收缴于库房,同时,也从未被当年受学的学子们提起,因而失载于迄今为止的几部关于中国古玉研究的学术史著述,即使在《沈从文全集》出版之后,情况也是如此。这不能不说是一个遗憾。有鉴于此,本章拟对沈从文的古玉研究作一初步的分疏整理,钩稽其研究的主要问题,阐释其研究的若干创新成就,归纳其研究的方法特色,尽可能地还原其在中国古玉研究学术史上的应有位置。

考述玉的出处、出产与运输

沈从文古玉研究的一个重要工作,是考述、考实古玉的主要出处在西域,使这一问题落实为"一连串的历史事实"。这是因为中国古玉出自西域,一般人的常识大多建立在穆天子西游故事和玩玉的经验之上,却并无对其进行深究的知识上的兴趣。李济1945年发表《研究中国古玉问题的新资料》,还指出关心这一问题的学者既不多,所得出的结论反而不相一致:大约如美国汉学家洛佛尔认为西周至汉的中国古玉都是出自中国内陆地区,而近人章鸿钊则以为"古所谓产玉之奥区者,从中国言,皆西域而已"①。两造意见相左,因此关于古玉的出处及其传播所勾画的中西文明交流路线图,就有必要为中国现代考古学家和地质学家关注并予以解决②。四年之后沈从文开始的古玉研究,或可视为对这一问题的直接跟进。

然而,沈从文并非如李济所寄望的那类考古学家和地质学家,在当时考古发现仍未充分的情况下,无法依靠更详尽的出土实物和必要的地质调查来回答相关的中国古玉问题,进而证明"在殷商以前,华北的陆路交通已是西至昆仑东至于海"③。沈从文是依据大量书证、出土实物与书证相结合方法,来解决这一问题的:"中国古代用玉出于新疆,这是从文献从近代地下实物玉的品质判断,都可以证明的。"④

虽然也注意到《管子》《淮南子》《尚书疏》《周礼》⑤等先秦文献,《抱朴子》《水经注》《前凉杂录》《大唐西域记》《册府元龟》《西域记》《本草图经》《游宦纪闻》《辍耕录》等历代旧籍⑥,均有古玉出于昆仑、于阗的记录,但沈从文还是更为倚重传志史书,通过连类排比史传类书证,用"排排队"的方式,"从中发现它们相互间的联系"⑦,整理归纳出较为可靠的结论。他利

①章鸿钊:《石雅》,天津:百花文艺出版社,2010年,第95页。
②李济:《研究中国古玉问题的新资料》,张光直主编:《李济文集》第3卷,上海:上海人民出版社,2006年,第291—292页。
③李济:《研究中国古玉问题的新资料》,张光直主编:《李济文集》第3卷,第292页。
④沈从文:《玉的出产》,《沈从文全集》第28卷,第4页。
⑤沈从文:《玉的出产》,《沈从文全集》第28卷,第4页。
⑥沈从文:《玉的出处——于阗及其他》,《沈从文全集》第28卷,第41页。
⑦《文物研究资料草目》,《沈从文全集》第29卷,第316页。

用的第一部史传,是西晋发掘的"汲冢竹书"里的《穆天子传》。《穆天子传》记录周穆王西北游踪,多处提到玉名、玉产地、用玉制度和与玉相关的人物故事,沈从文据以为战国以前中国古玉出处的实例:

> 书中提起悬圃玉和群玉山,用它和《庄子》文中所说,《列子》文中所说昆仑情形,可见正是战国时一般士大夫的话题,也反映古代中国人向西方寻玉,及战国时人对于玉的兴趣,以及对于西方的种种传说。《穆天子传》说,"……先王所谓悬圃,天子于是得玉荣枝斯之英。"又说"天子北征,东还,乃循黑水至于群玉之山。"……当时和西王母相互送礼用玉,献河宗用玉。玉代表最高货币价值。①

沈从文相信《穆天子传》所说为实,一方面如文中所言,是凭自己的独到眼光,发现它和同时期的《庄子》《列子》等书有相近的兴趣,代表了当时一般士人的话题趋向;另一方面,则是基本认同晋隋人物对于它的史书性质的判断。如荀勖序《穆天子传》,认为书中所述穆天子"北绝流沙,西登昆仑,见西王母,与太史公记同",其书"虽其言不典,皆是古书,颇可观览"②。《隋书·经籍志》则称它"体制与今起居正同。盖周时内史所记,王命之副"③。

---

① 沈从文:《玉的出产》,《沈从文全集》第 28 卷,第 3—4 页。
② 〔晋〕郭璞注,〔清〕洪颐煊校,谭承耕、张耘点校:《山海经·穆天子传》,长沙:岳麓书社,1992 年,第 197 页。
③ 见〔晋〕郭璞注,〔清〕洪颐煊校,谭承耕、张耘点校:《山海经·穆天子传》,第 200 页。

而其言语不够典则，乃是由于"春秋之时，诸侯各有国史，多庞杂之言。下逮战国，王迹熄而圣言湮，处士横议而异端起，人人家自为说"所导致①。所谓言语庞杂，"近于小说家言"，正是当时史体初立情况下的一般的书写特色。而从《穆天子传》所记可与后来实物发现相印证这一"内证"角度，沈从文更断定它是对于中国古玉进行历史探索的开篇：

> 世人对于古代玉工艺和品质的历史探索，照文献记载来说，起始当在魏晋之际……汲郡魏王冢的大批竹简册发现，经当时荀勖、束晳等整理，为后世留下《穆天子传》、《竹书纪年》等书，得到许多重要知识……有些记载虽近于小说家言，不尽可信。有些却和后来发现的实物，可以相互印证。②

不仅《穆天子传》和后来的出土实物可以相互印证，沈从文还发现，自此以后，对大量古玉"从古代器物考查，多属新疆于阗来的玉材"③这一事实，历代史部文献均有详略不同的记载，他引用《石雅》著录的史籍、史迹，并加上自己的按语进行说明：

> 《史记·大宛传》：汉使穷河源，河源出于阗，其山多玉石。

---

① 〔晋〕郭璞注，〔清〕洪颐煊校，谭承耕、张耘点校：《山海经·穆天子传》，第 199 页。
② 沈从文：《玩玉者对于古玉研究的贡献（三则）》，《沈从文全集》第 28 卷，第 42 页。
③ 沈从文：《玉的出处——于阗及其他》，《沈从文全集》第 28 卷，第 40 页。

《汉书·西域传》:于阗之水……多玉石(师古注曰:玉之璞也。一曰石之似玉也)。

《北史》:于阗城东三十里,有首拔河,出玉石,山多美玉(《魏书》首拔作首拔)。

《齐书·皇后叙传》:永明元年,有司奏贵妃淑妃并加金章紫绶,佩于阗玉。

《梁书·于阗国传》:有水出玉,名曰玉河,书则以木为笔,以玉为印。

《唐书》:于阗有玉河,国人视月光盛处,必得美玉。俗以玉为印。德宗即位,遣给事朱如玉之安西求玉于阗,得圭一,珂佩五,枕一,带胯三百,簪四十,奁三十,钏三十,杵三,瑟瑟百斤并他宝等。(这个记载重要性在求来是成品,在制作上必影响到唐宋玉作法作风。)

《五代史·于阗国传》:晋天福三年,遣张匡邺高居诲为判官,册圣天为大宝于阗国王。居诲记曰:其南千三百里为玉州,云汉张骞所穷河源出于阗而山多玉者,此山也……国王捞玉于河,然后国人得捞玉。匡邺等还,圣天又遣都督刘再昇献玉千斤,及玉印降魔杵等。

《宋史·太祖本纪》:乾德三年,于阗国王遣使进玉五百团。又《于阗国传》:建隆二年,遣使贡圭一,以玉为柙;玉枕一。开宝二年,遣使直末山来贡,且言本国有玉一块,凡二百三十七斤,愿以上进,乞遣使取之。天圣三年,遣使罗面于多等来朝,贡玉鞍辔,白玉带。

《明史》:于阗国永乐四年,其酋打鲁哇亦不剌金遣使贡玉璞。二十年,贡美玉。诸番贪中国财帛,且利市易,商

人率伪称贡使,多携马驼玉石,声言进献。既入关,则舟车
水陆晨昏饮馔之费,悉取给有司。及西归,辄沿途迟留,多
市货物。东西数千里间,萧然繁费。其邻国亦多窃取来献。
(按明史西域柳城永乐五年贡玉璞,撒马儿罕景泰七年贡玉
石,别失八里永乐二年贡玉璞三千八百斤,哈烈宣德中贡玉
石,黑娄弘治三年贡玉石,当亦有窃取于阗者。)①

以上文献均为正史,从《史记》到《明史》,既层累而成,又一线
贯之,颇具证明力。其所述史实史事,又是由简而繁,从单纯
"水多玉石""山多美玉"的名物记录,进而为"加金章绶带,佩
于阗玉""以木为笔,以玉为印"的典章制度,再进为由使臣和商
队发起的"贡美玉""利市易"的政商往来,说明从西域到中土,
"东西数千里间",玉的输入不仅几乎从未中断,而且有持续扩
大之势。这种持续扩大的古玉的"自西徂东",还说明从上古到
近世,中土人物由较为单纯的"向西方寻玉的兴趣",扩大为涵
盖了政治经济、风俗文化、工艺美术等多种多样的话题,从而呈

①沈从文:《玉的出处——于阗及其他》,《沈从文全集》第 28 卷,第 40—
41 页。以上并见《史记》卷一二三,清乾隆武英殿刻本,第 1188 页;《汉
书》卷六一,清乾隆武英殿刻本,第 934 页;《北史》卷九七《列传第八》,
清乾隆武英殿刻本,第 1406 页;《南齐书》卷二〇《列传第一》,清乾隆
武英殿刻本,第 161 页;《梁书》卷五四《列传第四》,清乾隆武英殿刻
本,第 367 页;《新唐书》卷二二一上《于阗》,清乾隆武英殿刻本,第
2069 页;《五代史记注》卷七四,清道光八年刻本,第 2197—2198 页;
《宋史》卷二《本纪第二》,清乾隆武英殿刻本,第 11 页;《宋史》卷四
九〇,清乾隆武英殿刻本,第 5126 页;《明史》卷三三二,清乾隆武英殿
刻本,第 3641 页。

现出中国的古玉不仅在物质文化上有其明显的内涵,而且在历史文化上有其深长的意味。如《新唐书》记载唐德宗派遣使臣朱如玉到西域寻玉,得到圭、珂佩、枕、带胯、簪、奁、钏、杆、瑟瑟等玉器,沈从文附言其后云:"这个记载重要性在求来是成品,在制作上必影响到唐宋玉作法作风。"关于唐宋玉的工艺制作,20 世纪 50 年代之前的人们对于它们的工艺特色,知识不多、不够且不具体①,沈从文据文献记载推想其必受西域雕工影响。而这一推想也被随后不久的考古发现所证实。1957 年西安发掘隋朝李静训墓,1970 年西安何家村出土唐窖,其中镶珠嵌玉金项链和玛瑙兽首杯等文物雕玉工艺的"西域风"乃至"波斯风"十分明显:前者可能"原产于巴基斯坦或阿富汗地区",其祖源甚至可上溯至"古代两河流域和伊朗高原"②;后者则制作于 8 世纪前期,由唐人工匠模仿自粟特式"来通"饮器③,也有学者"推测是古代伊朗萨珊时期的制品",为纯粹的舶来品④。唐与隋年代踵武相继,其典章制度、社会风俗一脉相承,史称"隋唐",沈从文由文献记录推测史事真相的功夫也可谓"覃思妙想"。又如《明史》记载西域诸藩借"贡献美玉"之名,行"贪中国财帛,且利市易"之实的史料,史家关注得还不是很够。其实这种"言

---

① 沈从文:《中国雕玉工艺发展的几个段落》,《沈从文全集》第 28 卷,第 39 页。

② 熊存瑞:《隋李静训墓出土金项链、金手镯的产地问题》,《文物》1987 年第 10 期。

③ 孙机:《仰观集:古文物的欣赏与鉴别(修订本)》,北京:文物出版社,2015 年,第 303 页。

④ 齐东方:《何家村遗宝与丝绸之路》,齐东方、申秦雁主编:《花舞大唐春:何家村遗宝精粹》,北京:文物出版社,2003 年,第 38 页。

此意彼"的政商交易,历时久远。蔡鸿生后来著文《唐代九姓胡贡品分析》,称之为"'以献为名'的传统"①。沈从文引用的《石雅》史料及对它们的按语,可证从汉唐直到明代,这个传统具有绵绵不绝的生命力,再现了丝绸之路上经久不息的物质与文化活泼交流图景。

在以史部文献结合古代器物的考证之外,沈从文还利用近代考古发现,继续对这一问题进行补充研究。然而对于考古发现,他在态度上又有"史前"和"有史以来"的区别。如引述"一部分史前学者所作的推测,是随彩陶而南来,那么上古玉的范围,也必和彩陶分布范围相去不多",沈从文并不认为其确然②。这是因为,除了史前的信息尚有待于征实之外,可能还牵涉西方考古学家据此主张"中国文化西来"这一事关中华文明本源性和主体性的大是大非问题,这和沈从文主张中华文明属于"本土的综合,决非全盘外至"的观点不相一致③。但他对于斯坦因《西域考古记》发现的汉晋木简则深信不疑。这批木简出土于"古于阗(即和阗)附近尼耶河边",据其记载可"得知当时居住的(或者是戍卒屯田的小官吏)男女赠送礼物,就大多用的是玉石"④,沈从文相信其为古玉西来和文化互通的证据。近例是日本学者滨田耕作的《古玉概说》,该书利用《西域考古

①蔡鸿生:《唐代九姓胡贡品分析》,《文史》第 31 辑,北京:中华书局,1988年,第 99 页。
②沈从文:《玉的出产》,《沈从文全集》第 28 卷,第 4 页。
③沈从文:《彩陶的衍化》,《沈从文全集》第 28 卷,第 55 页。
④沈从文:《玉的出产》,《沈从文全集》第 28 卷,第 5 页。"尼耶木简"今称"尼雅木简"。

记》的绘图,大致考订玉的出产范围当在昆仑山系的和阗河,证明前人所记不误①;远事则是,"以玉表情示敬",本为上古以来中国人的旧俗:

> 照汉代木简的记载,那个时代边疆送礼,表示尊敬和表示情爱都送玉,也正是古已有之。和《左传》、《诗经》记春秋时代用玉相合。或以玉为两国报聘信物,如《左传》、《国语》常提起的。或以玉作男女悦爱赠送,如《诗经》所说报之以琼瑶,报之以琼玖。

> 王母谨以琅玕一致问(背面)王
> 臣承德叩头。谨以玫瑰一再拜致问(背面)大王
> 奉谨以琅玕一致问(背)春君幸毋相忘
> 苏且谨以黄琅玕一致问(背)春君②

其中"谨以……"四句简文,是 20 世纪初斯坦因西域考古发现和甘肃出土的流沙坠简的实物文字。罗振玉、王国维、史树青均考订其为汉简,因为是"男女悦爱赠送",被钟叔河称为"两千年前的情书"③。特别是"奉谨以琅玕一致问春君幸毋相忘",因为其情可悯,引得平和冲淡的周作人也忍不住为之赋诗一首:"琅玕珍重奉春君,绝塞荒寒寄此身。竹简未枯心未烂,千

---

①沈从文:《玉的出产》,《沈从文全集》第 28 卷,第 5 页。
②沈从文:《玉的出产》,《沈从文全集》第 28 卷,第 6 页。
③钟叔河:《一封两千年前的情书》,《书屋》1999 年第 3 期。

年谁与再招魂。"①沈从文利用文献和实物,千年之后,千里之外,往复而委曲地考述中国古玉的出处,也是可以称为招魂之举的。

既考订了玉的出处,那么其开采及向中土运输的方式,也就进入了沈从文的研究视野。旧时的古器物学,因专注于器物图样,所以略于涉及它的生产方式,而这正是代之而起的现代物质文化研究的题中应有之义。这方面的材料,正史也并非缺记,只是失之简略,如前引《新唐书》"于阗有玉河,国人视月光盛处,必得美玉",《五代史》"国王捞玉于河,然后国人得捞玉"等。沈从文乃有意扩大史料范围,在史部之外,摸索多种杂记杂书,揭示由中古及于近代,玉石开采由"水取"到"山凿"的渐变过程和取运方面的制度安排,使问题得到了较为详尽的解决。

如对"水取",沈从文引《张匡邺行程记》:"玉河在于阗城外……每岁五六月,大水暴涨,则玉随流而至。玉之多寡,由水之大小。七八月水退乃可取。彼人谓之'捞玉'。"②此记是五代时后晋供奉官张匡邺、判官高居诲在天福三年(938)出使于阗国时留下的一本风物著述,言说水中捞玉虽嫌简略,但已能窥其大概,不失为真切。而到了明代的《天工开物》,对"水取"的记载则由简到繁,更为详尽可观了:

---

① 周作人:《知堂杂诗抄》,长沙:岳麓书社,1987 年,第 18 页。
② 沈从文:《玉的出产》,《沈从文全集》第 28 卷,第 6—7 页;并见〔清〕纪昀撰:《河源纪略》卷一六,清文渊阁四库全书本,第 51 页。

玉璞不藏深土,源泉峻急激映而生。然取者不于所生
处,以急湍无着手。俟其夏月水涨,璞随湍流徙或百里或
二三百里,取之河中。凡玉映月精光而生,故国人沿河取
玉者多于秋间。明月夜望河候视,玉璞堆聚处,其月色倍
明亮……其俗以女人赤身没水而取者,云阴气相召,则玉
留不逝,易于捞取。①

　　这说明,从五代的 938 年到《天工开物》刊刻的 1637 年,七百年
间人们对于玉的兴趣和知识,既一脉相承,又有很大提升。其
所记逐流追玉至二三百里事,尤可见捞玉者的热情和辛苦。而
"明月夜望河候视,玉璞堆聚处,其月色倍明亮",又与前引《新
唐书》"国人视月光盛处,必得美玉"相同,两书对照,可见引述
者的心思当在说明其言不虚,其事可征。特别是西域女子赤身
没水则玉留不逝的说法,与中土的阴阳、天人观念类似,实令人
产生"东海西海,心理悠同"的想象。至于"山凿"采玉,虽从现
存故宫的大型山材玉雕"大禹治水图"可知至迟元朝已经流
行②,但文献记载主要还是集中在清代。沈从文释之为其时宫
廷大规模用玉,水取已不足敷用,故"欲求纯玉无瑕,大至千万
斤者,则在绝高峻峰之上"③,其方法是"采者乘牦牛至其巇凿
之,坠而后取……玉色黝而质坚,声清越以长"④。至于采玉制

————————

① 沈从文:《玉的出产》,《沈从文全集》第 28 卷,第 7 页;并见〔明〕宋应
　星:《天工开物》卷下,明崇祯初刻本,第 67 页。
② 沈从文:《玉的出产》,《沈从文全集》第 28 卷,第 10 页。
③ 沈从文:《玉的出产》,《沈从文全集》第 28 卷,第 8 页。
④ 沈从文:《玉的出产》,《沈从文全集》第 28 卷,第 7—8 页。

度,关于"山凿"文献记之不足,"水取"则说之甚详:

> 河底大小石错落平铺,玉子杂生其间。采之之法,达
> 岸官一员守之,近河岸营官,行截河,并肩赤脚踏石而步,
> 遇有玉子,回子即脚踏,一员守之。派熟练回或三十人行,
> 或二十人,一知之,鞠躬拾起,岸上兵击锣一棒,官即过朱
> 一点。回民出水,按点索其石子。①

这则对水取采玉的记载与前引的采玉情形已大不相同,其由官
家操持、军人监督、驱使民役的施行方式,沈从文称之为"公家
采玉制度"②。当中提到的民役"回子""熟练回",当是新疆维
吾尔族的"采玉专工"。他们其实一直是开采玉石的主力。在
讨论玉石如何从西域输入中土的路径时,沈从文发现他们还以
"缠头回"的称谓,活跃在繁忙的运输线上:

> 凡玉由彼地缠头回或溯河舟,或驾橐驼,经庄浪,入嘉
> 峪至于甘州,与肃州中国贩玉者,至此互市而得之,东入中
> 华,卸萃燕京(明时代事)。玉工辨璞高下定价而后琢之。③

这里记录的是明代的运输途径,可知是由回民沿黄河流域经过

---

① 沈从文:《玉的出产》,《沈从文全集》第 28 卷,第 8 页;并见〔清〕椿园
撰:《西域闻见录》卷二,清青照堂丛书本,第 13 页。
② 沈从文:《玉的出产》,《沈从文全集》第 28 卷,第 8 页。
③ 沈从文:《玉的出产》,《沈从文全集》第 28 卷,第 7 页;并见〔明〕宋应
星:《天工开物》卷下,明崇祯初刻本,第 67 页。

庄浪,东行至甘州、肃州,然后设市与中土商人贸易,东至于华土腹地再至于帝都燕京等处。到了清代,在"溯河舟,驾橐舵"之外,沈从文又从文献钩稽出"人畜挽拽以千计""堙山导水淹泥涂"的大型陆路远程运输方式,再现了当时辛苦而壮观的"输玉行旅图"。如他引清人黎谦亭《瓮玉行》诗及序云:

> 于阗贡大玉,大者重二万三千余斤,小者亦数千斤,役人畜挽拽以千计。至哈密有期矣,嘉庆四年奉诏免贡。
> 于阗飞橇至京都,大车小车大小图。轴长三丈五尺咫,堙山导水淹泥涂。大乃百马力,次乃百十逾。就中瓮玉大第一,千蹄万引行踌躅。日行五里七八里,四轮生角千人扶。①

至此,沈从文已基本考订了古玉的主要出处、出产和输入中土的一般情形。他梳理前代文献,并证之以出土实物,丰富了玉史的脉络,具有学术拓展的价值。虽然沈从文也认为中国古玉并非尽出于西域一地,但来自西域的古玉因其古远和普遍,特别是与中国文化联系紧密,所以影响了中国文化的形成和发展,甚而成为中国文化一个灿烂光彩的部分,则是确定无疑的。

订定玉史几个问题

在考辨玉的出处出产外,沈从文的古玉研究还涉及玉的应

---

①沈从文:《玉的出产》,《沈从文全集》第28卷,第10页。

用、玩赏、制作、玉史兴衰及附丽其上的各种文化问题，相比前人的研究均有所拓展。前人对于玉的研究，不同程度存在着认识上、材料上和方法上的历史局限：如认为玉多是一种"无文字可考"的遗物①，不像文字资料那样易于进入研究者的视野；少数属于"正经"的记述，如《考工记》的"玉人之事"和先秦几部子书的"比德说"，倾向于论说玉在国家政治、君子道德方面的象征性，虽提升了玉在典制与文化上的重要程度，却略于呈现其物质文化本义；宋代的一些古玉图谱，存在真伪不分的情况②。这都无助于今人对于历史上的玉产生较为丰富真切的了解。沈从文借鉴清末以至民国的文献，结合出土实物，切换研究角度，侧重其物质文化层面，所得出的一些观点切实而有新意，值得摘取几个要点条缕如下：

（一）补证玉的交换价值

史上记载的玉的应用，以《周礼》、"君子比德于玉"所建立的制度仪轨最为上层文化重视，然而，对于代表上层文化仪轨的玉制度，沈从文虽予以关注，但又并不究心于此。他也罗列排比了璧、璜、圭、璋等多种"礼玉"的用途，但多半是存而不论，对于这种玉由石器转化成象征符号的现象，也是点到为止。这或许是受到研玉专家郭宝钧疑古史观的影响——郭氏认为《周礼》等反映的玉器，文献和实物并不配列，"玉器自玉器，文献自

---

① 〔清〕吴大澂著，杜斌编著：《〈古玉图考〉叙》，北京：中华书局，2013年，第4页。
② 沈从文：《玩玉的贡献》，《沈从文全集》第28卷，第27页。

文献"，"学人空想与玉人实作，二者本不相谋"①。相比较而言，沈从文研究古玉应用的视野和重心，是从经济社会角度讨论玉的"交换价值"，也就是从上古到两汉，玉作为货币或货币代用品，并由贵重等价物进而成为供人玩赏的工艺品、美术品的过程在历史上的表现。这又一分为二：一是用中土的粮食、丝绸和茶叶，换取西域的美玉和宝马，呈现"西方交通和商业交换制度"②；二是揭示上古至汉代，"玉代表最高货币价值"③，而这一点，当属他较为特别的心得体会。

关于玉曾作为上古时期的货币，王国维《说珏朋》的"殷时，玉与贝皆货币也……盖商时玉之用与贝同……其用为货币及服御者"④，以现代科学的研究解开了玉"其用为货币"的事实。此说虽为举世公认，而其考释只及于"珏"，以为二玉串连为珏可作货币之用。沈从文乃从实物与文献多方考查，证明此事为确实而范围又远超于一珏，而且并非只有"小玉、小贝"为货币，大玉如"圭璧之属以为瑞信，皆不以为货币"的说法，也是可以商榷的⑤。如沈从文考订环与瑗非为日人滨田耕作由石斧发展而来的说法，就是通过观察实物，认为它们"和石斧条件不合，倒像是古代货币代用品"⑥；推定礼天祭河聘问使用的圭、璧象

①郭宝钧：《古玉新诠》，夏鼐、陈寅恪编：《中国科学院历史语言研究所集刊》第20本下册，上海：商务印书馆，1949年，第1、22页。
②沈从文：《玉的应用》，《沈从文全集》第28卷，第14页。
③沈从文：《玉的出产》，《沈从文全集》第28卷，第4页。
④王国维：《说珏朋》，黄爱梅点校：《王国维手定观堂集林》，杭州：浙江教育出版社，2014年，第79页。
⑤王国维：《说珏朋》，黄爱梅点校：《王国维手定观堂集林》，第79页。
⑥沈从文：《玉的应用》，《沈从文全集》第28卷，第13页。

征最贵重礼物①,是由于它们"既然是政治权威的象征,还兼具最高货币的意义"②。其书证应是《周礼·仪轨》"大朝觐会同,赞玉币、玉献、玉几、玉爵"③中有"玉币"六种,分别为"圭以马,璋以皮,璧以帛,琮以锦,琥以绣,璜以黼"④。其中的"圭以马""璧以帛",证明了圭、璧曾作为货币被使用的事实。事证则是战国和氏璧故事:"战国时和氏璧价值十五城,《战国策》上形容美玉且以为有一看也值十城的。说的虽嫌夸张,惟玉价之贵,也可想见。"⑤今人面对连城之璧,不免以为是文学上的夸张,而忘记《战国策》本是一部关于"国策"与"国事"的重要史书,所以其言"虽嫌夸张",惟其事"也可想见"。而到了汉代,不仅玉璧,小件精美玉器也充当着货币或货币等价物的角色:

> 政府工官尚方制作有一定格式的大型青玉璧,已成为当时变形货币,诸侯王朝觐就必需一个用白鹿皮作垫的玉璧。诸侯王郡守从尚方购置时,每璧得出五铢钱四十万个。因之也成了政府向下属聚敛一种制度……当时小件精美雕玉是得到社会爱好,有个物质基础的。西汉末通人桓谭就提起过,见一小小玉器,竟值钱二万。当时山东出的一匹上等细薄绸料和绣类,还只值钱一万五千!⑥

---

① 沈从文:《玉的应用》,《沈从文全集》第 28 卷,第 13 页。
② 沈从文:《中国古玉》,《沈从文全集》第 28 卷,第 33 页。
③ 崔高维校点:《周礼·仪轨》,沈阳:辽宁教育出版社,1997 年,第 4 页。
④ 崔高维校点:《周礼·仪轨》,第 72 页。
⑤ 沈从文:《玉的价值判断色泽问题》,《沈从文全集》第 28 卷,第 22 页。
⑥ 沈从文:《中国古玉》,《沈从文全集》第 28 卷,第 35—36 页。

其中,"用白鹿皮作垫的玉璧"与《周礼》的"璧以帛"属于同一形制,却也有了小异,成为当时的"变形货币"。"每璧得出五铢钱四十万个",以至于派生出由中央政府作价售给地方的一种聚敛制度。在沈从文看来,也正是玉作为币的物质基础,引起了宝爱玉器的社会风尚。再加上工艺的成熟,小件精美雕玉的价值竟抵官家玉璧的一半,超出"一匹上等细薄绸料和绣类"的四倍。沈从文又引西汉末桓谭《新论》玉具剑作价十万的故事,说明宝剑值千金,其实在"玉"而不在"剑",也即在"剑鞘剑鼻,剑护手剑柄的装饰玉上"①;其之所以贵重是"既重在玉质,又重在工艺",尤其反映在"铜器从泥沙范铸成,下手易。玉为琢磨而成,施工难"这一如琢如磨的工艺制作,于人工方面的巧思和辛劳之上②。因而随着工艺美术价值的提升,玩赏美玉逐渐占据了主流的位置,"到这时玉自然已完全脱离了应用,成为装饰"③,从而翻过了玉史上重要的一页。

(二)玩玉知识与历史知识的辩证

研判古玉的真义,除了正经文献著录的信息,沈从文尤其推崇玩玉者的贡献。这是因为,在圭、璋、璧等由于与礼天祭神有关而形成了玉制度,可按规矩准其方圆外,还有更大量的日用玉器、出土玉器和传世古玉的用途、真伪,无法参考"旧物和旧图"给予合理正确的解释;而且,随着后世玩玉成为风气,受到不识字且富于财力的商人的操弄,一些玉名与玉形不同程度

---

① 沈从文:《玉的价值判断色泽问题》,《沈从文全集》第 28 卷,第 22 页。
② 沈从文:《玉的价值判断色泽问题》,《沈从文全集》第 28 卷,第 25 页。
③ 沈从文:《玉的应用》,《沈从文全集》第 28 卷,第 14 页。

突破了原来的规范和习惯，以至于缺乏一定的成规可以照章寻绎它们的名与实。这就形成了古玉研究的"复杂和错综"。沈从文认为，"我们认识它，研究它，另外有一部知识"，这部另外的知识，"即由玩玉而来的知识"①。

　　玩玉知识的起始，当在三国两晋之际。其时官府豪族首开掘墓盗宝先例，"对古玉知识增加，当然也是这个时节"②，"后人对于古墓制度及殉葬器物的知识，都是因此而丰富的"③。其后是两宋时期的《宣和博古图》《古玉图谱》，二书的作者收罗旧玉，刻成图谱，流行近千年而不衰。最盛期则是在明清两朝，出现了《格古要论》《夷门广牍》《天工开物》《博物要览》《玉纪》《古玉图考》等重要的博物图书或专门玉书。它们或"从玉工艺谈玉，也就提到玉的鉴赏价值，新旧真伪的分别"；或"叙述了玉的生产技术、过程"；或"综合这些知识，和古董商、近世玩玉者知识"，对古玉进行辨伪与复原④。尤其是清末吴大澂的《古玉图考》，是一部承上启下的古玉研究著述⑤，其所以能够"修正了八百年来宋代古玉图的错误，更为新的美术考古有关玉的知识，有些新的启发"，就是根据玩玉的知识，"用实物考订旧制"，掌握了古玉玉质变异、色泽变化的成因和规律，对

①沈从文：《玩玉的贡献》，《沈从文全集》第28卷，第26页。
②沈从文：《玩玉的贡献》，《沈从文全集》第28卷，第27页。
③沈从文：《玩玉者对古玉研究的贡献（三则）》，《沈从文全集》第28卷，第42页。
④沈从文：《玩玉的贡献》，《沈从文全集》第28卷，第27页。
⑤邓淑苹：《百年来古玉研究的回顾与展望》，宋文薰等主编：《考古与历史文化——庆祝高去寻先生八十大寿论文集》上，台北：正中书局，1991年，第245页。

于"恢复旧制"起到了关键的作用①。

吴大澂利用玩玉经验,成就了具有开创意义的《古玉图考》;沈从文利用玩玉知识,同样在玉的研究上取得杰出成绩。其中最值得一说的,当属1953年对于"金缕玉衣"的发现和考订:

> 近年北京历史博物馆接收华北文物中,有一批汉墓殉葬出土器物……另附有如大理石质黑白相杂大小约一寸二分方玉片三大包,每片玉上下均有钻有小斜孔二,同事均不明用途。这些玉片照我私人意见推测,必然就是《西京杂记》说的玉衣玉匣。因从有关器物比较,得知这些玉片实出于汉墓。从玩玉专著如《玉纪》、《古玉辨》所提及古玉因和尸身衣物接触变质情形,和玉片制作形式,都说明这些玉片除玉衣别无用途。钻孔极细,非金属丝不易缀连。可能是金丝已抽去,或当时尚附着于一种精美丝织物上,年远腐朽,方散乱成一堆。如无玩玉者对出土玉知识,就可能把这种受色沁的小玉片当成石质,不会和剑饰白玉等价齐观的。玩玉者的知识,且说明这些颜色黑白驳杂灰黯的方片,一经加热如法处理,即可回复玉的本来光润。即这一件小事,可知玩玉者的玩玉知识,在许多问题上,对我们是有用的,能帮助我们更科学的来理解这些地下新材料,解决一些旧问题的。②

---

① 沈从文:《玩玉的贡献》,《沈从文全集》第28卷,第27页。
② 沈从文:《玩玉者对古玉研究的贡献(三则)》,《沈从文全集》第28卷,第43页。

这样，沈从文就考订出一件引人侧目的国宝级文物。其关键证据，主要不是近于当时曹丕《典论》所说的"丧乱以来（似当指董卓焚烧洛阳以来），汉氏诸陵，无不发掘，乃至烧取玉柙金缕，体骨并尽"，也不是张载《七哀诗》所感叹的"珠柙离玉体，珍宝见剽虏"①；他更倚重《玉纪》《古玉辨》中玩玉知识所说的"古玉因和尸身衣物接触变质"，因受沁或石质化而失去本色，却"一经加热如法处理，即可回复玉的本来光润"，下了确定不移的断语。这成为1968年他的弟子王亚蓉成功修复满城汉墓出土的我国第一件金缕玉衣的一个法式。据王亚蓉回忆，当时沈从文的意见并没有被接受，那些"颜色黑白驳杂灰黯的方片"仍以"古牌饰玉片"在历史博物馆展出，但"他的判断、预见，从1953年到1968年十多年以后就得到证实"②。然而孙机引《礼记·檀弓》《丧大记》等，认为"玉柙是殓具，不是殓服。如今多称玉柙为'玉衣'，是不正确的"③。所论有所不同，并记于此。

沈从文之所以倚重玩玉人的经验，是由于玩玉知识"是世代传授的，因家中人爱玉，藏玉，积累了不少知识"④。但他对之并非全信，而是以辩证的眼光对待之：玩玉知识一部分出于经验，近乎科学，可以加以利用，但"有一部分出于传说和推

①沈从文：《玩玉者对古玉研究的贡献（三则）》，《沈从文全集》第28卷，第42页。
②王亚蓉编著：《章服之实：从沈从文先生晚年说起》，北京：世界图书出版公司，2013年，第43页。
③孙机：《玉器、漆器、瓷器》，《中国古代物质文化》，香港：三联书店（香港）有限公司，2016年，第257页。
④沈从文：《玩玉的贡献》，《沈从文全集》第28卷，第27页。

想",则需要审慎和节制①。如对于同治、光绪两朝两次刊刻的陈原心的名著《玉纪》,沈从文既表彰他"行家话,非有眼力办不到"的辨伪能力,又指出他在玉的出产、名目、玉色、质地、制作、认水银等方面的见识,虽可当作辨识古玉的参证,但由于说法常"近于臆想",就"不可尽信",原因即在于"作者少历史知识"②。这里的历史知识,主要是指考古发现和整体比较的眼光。沈从文示例指出,"玩玉者知识一般说半浮刻子母蟠螭多指为汉式玉特征",但如"把它和陶器、铜带钩上圆形守宫物比较,它应当是战国时即已盛行"③,说明历史的知识,仅靠"玩物"还无法周全,还应"考古",熟悉当时当地的历史文化及其相互联系、相互影响。这就涉及科学的现代研究方法,如上述所谓利用出土实物进行比较的方法和整体的眼光,并凸显出时代的特征。这正是沈从文古物研究的一个雄心所在。如其精彩地论述杂龙佩、子母螭系璧等是战国而非汉玉道:

> 周或战国,多变化幻异感的杂龙佩,具半浮雕的子母螭系璧、剑饰、带钩、用器、羽觞、薄片饰玉,和战国时代抽象及造形文化意识状态有个一致处。自由思想表现于文字为诸子学说,为楚辞;表现于造形美术,为漆器的朱墨彩绘,为铜器的楚系铜及秦系铜纹饰,陶器为燕下都各种印花刻纹,及形态多方的红灰陶。玉器也相通,有个时代特

①沈从文:《玩玉的贡献》,《沈从文全集》第28卷,第27页。
②沈从文:《玩玉的贡献》,《沈从文全集》第28卷,第27—28页。
③沈从文:《玩玉的贡献》,《沈从文全集》第28卷,第28页。

征，即纹案多无拘束的奔放。一面受器材制约，一面却在纹饰和形态上作成奔放自由效果。另一面则为由简到繁，由象征到写实。如《金村聚英》玉筯及瓢形玉饮器，都可见出它是和战国思想有个大体一致关连处，并非孤立存在的。①

这就完全超越玩玉的经验，进而为视野宏阔的历史研究了。沈从文对不同出土器物的风格比较，不仅借镜于铜、陶、漆器等具体的造型艺术，也取譬于学说、文辞等抽象的"文化意识状态"，进而找到时代特征的共通性，最终把它们归结为共同思想的凝结物。这样的一种从比照实物到沉潜时代背景的考辨方式，不仅析理如仪而且自由奔放，无疑是启人学思而又令人神情飞荡的。

（三）考订魏晋唐代之玉事

沈从文曾认为三国两晋是玩玉知识的起始，而从三国两晋到唐代，却是中国玉史发生转折的时期，其转折的标志，是玉从神圣的礼玉渐变为世俗的用玉。这个时期，也是出土玉器较少的阶段，惟其出土实物较少，反证它是中国古玉的衰落期。因此研究这一时期的古玉，就更要倚重周边的史事材料，"用联系和发展上下前后四方求索方法"②，考订出事实的真相。

---

① 沈从文：《玩玉的贡献》，《沈从文全集》第 28 卷，第 28 页。
② 沈从文：《试释"长檐车、高齿屐、斑丝隐囊、棋子方褥"》，《沈从文全集》第 31 卷，第 52 页。

如考订魏晋的玉事不彰，沈从文一是从"薄葬"制度入手，指出其时发坟掘墓成为风气，使"魏晋之际的人……明白了多藏厚亡，天下无不发掘的古墓"，导致从西汉武帝时期杨王孙到东汉光武时期王充所提倡的节葬意见，终于在此一时期落实为薄葬的制度：曹操"遗令即主薄葬，且葬毕即除服，不必用什么儒礼"，"刘备也主薄葬，不费民力"①，如此的既主薄葬又不拘儒礼，与之前尤其是流行于汉代的葬玉制度的切割是十分明显的；二是长期战乱阻断了西玉东输路线，"即西北或因交通断绝，运玉入关大不容易"，"至于东晋渡江以后，政府和玉出产地为羌胡隔绝，用玉习惯自然也不能不变"，于是"中原坟墓似即不再有那么多玉器可殉了"②，比如 1951 年发掘曹植墓，"出土玉佩数种，制作简朴而无风格可言"③。由于原料缺少和制度遗失，相较于前代，三国两晋时人对于玉的态度已大为不同，从昔日的寻常惯见变为今时的"少见多怪"。沈从文列举二三事如下：

> 战国及汉代名位较高一点的士大夫，视为身边必备的玉具剑，到三国时，即已成比较少数人所专有。史称钟繇有一玉具剑送友人，友人不肯要，钟因知美玉可以灭瘢，即捶碎玉具相赠。又曹丕有一玉具剑，即十分得意，向人夸

---

① 沈从文：《玩玉的贡献》，《沈从文全集》第 28 卷，第 29 页。
② 沈从文：《玩玉的贡献》，《沈从文全集》第 28 卷，第 29—30 页。
③ 沈从文：《中国古玉》，《沈从文全集》第 28 卷，第 36 页。

夸其谈,少见多怪,自然之理。①

曹丕"少见多怪"的事例,还包括他因索得钟繇的一块玉玦,大喜过望,"五内震骇",立作《与钟繇谢玉玦书》②,和炫耀玉具剑一样"夸夸其谈",卖弄为世人所遗忘的玉知识。这样的索隐日常行事的细节,可见出沈从文究心史实、推导事理的细心,由此说明"晋六朝一段时代,在社会发展史说来……玉工艺的全盛时代,比较上已成过去,成尾声"③,是有生活史作为背书的。又钟繇"知美玉可以灭瘢,即捶碎玉具相赠"友人事,则有关"药及酒"所表现出的魏晋风度。但与主流意见认为魏晋人物心态潇洒脱俗的观点有所不同,沈从文把"碎玉灭瘢"之事当作魏晋人物"把现实的'生'看得重,而抽象的'心'看得轻"④的文化表征,所以在象征层面逐渐产生了一种"贱玉"的倾向。这种解释虽与思想史的叙述不尽一致,在物质文化史上却不见得没有

①沈从文:《玩玉的贡献》,《沈从文全集》第 28 卷,第 30 页。沈从文曾数次提到三国时期人们对于玉及玉制度已相当陌生。其时距离玉的繁盛期两汉未远,原因即在于战乱和世乱可瞬间摧毁传统,湮没文化。这种现象在历史上并不鲜见,如赵孟頫记述《兰亭序》的流传:"五代丧乱之余,视唐所藏,存者百一。""当宋未度南时,士大夫人人有之。石刻既亡,江左好事者,往往家刻一石,无虑数十百本,而真赝始难别矣。"(房弘毅书写,董雁、王惺卓释译:《赵孟頫书论全集》,北京:西苑出版社,2011 年,第 48、75—77 页)此段文字说明了"五代之乱"和"靖康之变"对于《兰亭序》等古代书画存废的巨大影响。
②〔三国魏〕曹丕著,易健贤译注:《魏文帝集全译》,贵阳:贵州人民出版社,2009 年,第 189 页。
③沈从文:《玩玉的贡献》,《沈从文全集》第 28 卷,第 30 页。
④沈从文:《玩玉的贡献》,《沈从文全集》第 28 卷,第 29 页。

它的依据。曹植的"思荐宝以继佩,怨和璞之始镌"①、嵇康的"金玉满堂莫守,古人安此粗丑"②、阮籍的"更希毁珠玉,可用登遨游"③,从"以诗证史"的角度看,也可以说明随着魏晋以来儒家信仰和儒法仪轨遭受破坏,玉所比附的君子美德不再闪耀昔日的荣光,象征皇权的玉玺又成为汉末诸侯乱世的诱因,致使原来附丽于美玉之上的有关品德和权威的声名消亡殆尽:玉从君子之德变为君子之殇,成为受戮、失国的不祥之物。诗中表露的怨玉、弃玉、毁玉情绪,虽有若干惋惜,但也说明玉的黄金时代已经过去了。

又论唐玉,则重在解释"玉的致用由政治和宗教仪式转到日常服用"④,落入寻常百姓家的原因。沈从文是从唐代"倾杯乐舞"图中所见玉乐器和乐舞人的服饰配玉,推出玉已更多成为日常用具和装饰的证据,"虽贵重却不占主要部分"。而新兴的人工制品如瓷器和金银器的崛起,是导致这一结果的关键因素:

> 但这个时代,一般工艺都特殊发达,服用主要在丝织物的染色和织文刺绣,金银钿工艺且成为妇女头上主要装

---

① 〔三国魏〕曹植:《玄畅赋有序》,赵幼文校注:《曹植集校注》,北京:人民文学出版社,1984年,第242页。
② 〔三国魏〕嵇康:《六言十首·其五》,戴明扬校注:《嵇康集校注》,北京:人民文学出版社,1962年,第42页。
③ 〔三国魏〕阮籍:《咏怀诗·七十二》,黄节注:《阮步兵咏怀诗注》,北京:人民文学出版社,1984年,第86页。
④ 沈从文:《玩玉的贡献》,《沈从文全集》第28卷,第31页。

饰,玉的应用即广,虽贵重却不占主要部分。又因北方邢州白瓷器和南方越州青瓷器,烧造技术都已得到高度发展,十分进步,高级消费社会把这种陶瓷称假玉,事实上却已代替了玉的位置而且有广泛用处。金银工艺也特别发达,尤其是银器应用,也是在贵族社会中代替玉器的必然原因。这时候的玉佩制,在诗文中虽常道及,在唐代女性画像上,却看不出重要性……封建主服饰用的着玉的,还有一定数量,玉依然已失去主要地位。①

这是在物质文化的"上下前后四方"演进中,阐释人工制品的新旧衍化。尤其是随着烧造技术的突飞猛进,瓷器以"假玉"之名取代"真玉"而成为时代的新宠儿,更显现了转折时期新时尚和旧事物此消彼长的真情境。而其方法,则如沈从文后来所说:

> 一切生活器用绝不孤立存在,既不能凭空产生,也不会忽然绝踪。用联系和发展上下前后四方求索方法,去研究文物中丝绸、陶瓷、家具、字画和铜、玉、漆、竹、牙、角器等,必然可以使我们得到极多便利,过去许多不易着手的问题,在这种新的认识基础上,都能够理出一些头绪和相互关系。②

这里"联系和发展"的说法,应该源自其时已经流行开来的辩证

---

① 沈从文:《玩玉的贡献》,《沈从文全集》第 28 卷,第 31 页。
② 沈从文:《试释"长檐车、高齿屐、斑丝隐囊、棋子方褥"》,《沈从文全集》第 31 卷,第 52 页。

法的新词语，但也可能是借用，借此表达他以"比较"和"贯通"所进行的"上下前后四方求索"的考订方法。使用这种方法，沈从文确实整理出了不少物质文化演进的"头绪和相互关系"。如从"玉的加工精制，必是用铜器来处理材料时"①，推断玉器的精细琢磨应大致始于商代②，从此开始了从商代到汉末持续约二千年的铜玉并用时代③。从晋唐墓葬出土物多为陶瓷而少见玉器④，补证"高级消费社会把这种陶瓷称假玉，事实上却已代替了玉的位置"，都可见出这种"一切事物从不孤立存在，生活日用什物，更必然上有所承而下有所启"⑤研究方法的魅力所在。直到1983年，八十老翁沈从文在自述平生时还写道："历史文物中若干部门，在过去当前研究中始终近于一种空白点的事事物物，我都有机会十万八万的过眼经手，弄明白它的时代特征，和在发展中相互影响的联系。"⑥可见这种研究方法是他长期积累且屡屡得手的一个治学法式。

推崇意境雄秀、精神自由的商周雕玉艺术

　　不仅考订历史，而且彰显艺术，是沈从文物质文化研究的

---

①沈从文：《玉的应用》，《沈从文全集》第28卷，第14页。
②沈从文：《玉的应用》，《沈从文全集》第28卷，第12页。
③沈从文：《玉的应用》，《沈从文全集》第28卷，第14—15页。
④沈从文：《玩玉的贡献》，《沈从文全集》第28卷，第31页。
⑤沈从文：《试释"长檐车、高齿屐、斑丝隐囊、棋子方褥"》，《沈从文全集》
　第31卷，第47页。
⑥沈从文：《无从驯服的斑马》，《沈从文全集》第27卷，第380页。

一大特色。他曾自道:"我的名分是历史博物馆设计员,弄研究,我预备作的是工艺美术史……这几年因在博物馆工作,又教工艺美术。"①可见工艺美术是他当然的研究方向,如琢如磨的玉器就更是题中应有之义。他对中国雕玉艺术极为推崇:不仅从上古时期自打磨石器时代开始迄于今日,玉的工艺制作具有悠久的历史,而且它的"优秀技术和玉本质的温润粹美结合,所得到的艺术效果,给予世界美术鉴赏家和爱好者的深刻启示",是其他人工制品无法比拟的,在"工艺美术史上是一种奇迹"②。

然而,对于雕玉艺术的价值判断,沈从文却是明显的"厚古薄今":厚于商周而薄于其余。他认为古玉的美的范型奠定于先商,而大成于春秋战国,形成了雄秀活泼的风格,抵达高度协调的境界,而使后世始终难以超越。这和那些流行的萌芽—发展—高潮—衰落的"四段论"及其依据的"进化论""辩证法"十分不同,却与他自己对于玉史衍化轨迹的掌握甚相一致。这体现了沈从文不偶于俗的学术个性,也是以他实际的学术研究作为支撑的——中国雕玉是早熟的艺术,而人类童年期艺术早熟的现象并不鲜见。如他论商代仪式玉:"极重品质和色泽,磨治素朴,除打孔外还无多少纹饰。但在设计上实在已经十分讲究……用简单纵横线纹,极巧妙的,把严峻和秀美结合而为一,是同时的青铜器艺术所达不到的。"又论装饰玉:"这类玉技术

①沈从文:《复沈云麓信(1951年8月18日)》,《沈从文全集》第19卷,第100—101页。
②沈从文:《中国雕玉工艺发展的几个段落》,《沈从文全集》第28卷,第37页。

上处理不如前者谨严,大有自由创造作风……在方寸器材上,也充分可表现古代工人智慧和巧思……把握物象都非常活泼生动,而又十分准确。"①

商代玉"制作设计上的巧慧,作工的精练与谨严,特别是治玉工人对于材料的深刻理解",艺术特征上"把严峻雄壮,和秀美活泼几种美学上的矛盾,极巧妙的溶化统一起来,表现于同一作品中",使沈从文认为"它在中国古代美术史中,占有一个特别重要的位置",在"艺术上已达成熟期";后世"雕玉技术中的平面透雕、线刻、浮雕和圆雕,种种不同表现方法",至此已经基本赅备②,开启了周代八百年的雕玉艺术黄金时代。

对于周代的雕玉工艺,沈从文又把它们分为春秋及以前和战国时期两个阶段,它们在工艺上各有成就而艺术上渐至完美,臻于极致。如论西周、春秋玉器:

> 礼仪用玉如圭璧,多素朴无纹饰,或仅具简单云纹。佩服用玉因金工具的进步,发展了成定型的回云纹和谷状凸起纹,和比较复杂有连续性的双线盘虬纹。佩服玉中如龙环,鱼璜,和牺首兽面装饰镶嵌用玉,一部分犹保留商代雕玉作法,一部分特别发展了弯曲状云纹玉龙。玉的使用范围虽显明日益广大,一般作工却不如商代之精。大型璧在各种应用上,已有不同尺寸,代表不同等级和用途,但比较普通的璧,多具一定格式,以席纹云纹为主要装饰。有

①沈从文:《中国雕玉工艺发展的几个段落》,《沈从文全集》第28卷,第37页。
②沈从文:《中国古玉》,《沈从文全集》第28卷,第32页。

一种用途不甚明确成对透雕玉龙,制作风格雄劲而浑朴,作风直影响到西汉,还不大变。①

又论战国玉②,则以洛阳金村、河南辉县等地的出土实物为例:

花纹制作的精美,玉质的光莹明澈,以及对于每一件雕玉在造型和花纹相互关系上,所表现的高度艺术谐调性,都可以说是空前的。特别是金村玉中的玉奁,玉羽觞,和几件小佩玉,故宫博物院收藏的一件玉灯台,和三四种中型白玉璧,科学院考古所在辉县发掘的一个白玉璜,一个错金银嵌小玉玦的带钩,无一不显明指示出,这个时代雕玉工艺无可比拟的成就……至于技术风格上的特征,则纹饰中的小点云乳纹,和连续方折云纹,已成通用格式……极重要发现,是金村出土的一全份用金丝纽绳贯串起来的龙形玉佩。至于玉具剑上的装饰玉,又发展了浅浮细碾方折云纹,和半圆雕的变形龙纹(大小螭虎)。圆形玉璧也起始打破了本来格式,在边沿上著二奔龙和中心透雕盘夔。一般雕玉应用图案使用兽物对象,有由复杂趋向简化情形,远不如商代向自然界取材之丰富。但由于从旋曲

①沈从文:《中国古玉》,《沈从文全集》第 28 卷,第 34 页。
②一些成组的佩玉,后来从墓葬的形制重作考察,厘定为春秋玉。1958 年沈从文对此亦有所修正,认为"公元前六世纪的春秋时代,流行编成组列的佩玉"(《鱼的艺术——鱼的图案在人民生活中的应用及发展》,《沈从文全集》第 31 卷,第 11 页)。他也倾向于在雕玉和金工的工艺美术史上,合春秋战国为一期(见《织金锦》,《沈从文全集》第 30 卷,第 155 页)。

规律中深刻掌握住了物象的生动姿态,和商代或周初玉比较,即更容易见出新的特征。换言之,雄秀与活泼,是战国时代一般工艺——如青铜器和漆器的特征,更是雕玉工艺的特征。①

其中"空前的""打破了本来格式"等词句,显示了雕玉艺术大胆创新的演进轨迹;"由复杂趋向简化"和"从旋曲规律中深刻掌握住了物象的生动姿态",则意味着当时的雕玉艺术已经能够摆脱造型艺术的原始性,开始使用抽象、概括甚至变形的方法处理对象。这无疑代表了艺术创作上的自觉,也可视为人的一次大的解放,因而成为人类有能力把握外物、演述心灵的一个重要证明。它所达到的"雄秀与活泼"意境,既及于造型,也反映了人的情感意态,在沈从文看来,就"不仅对于历史科学工作者是一种崭新的启示,也为世界古代美术史提示出一份重要新资料"②,其意义无疑是非凡的。

对于商周雕玉从"严峻和秀美"臻于"雄秀与活泼"的历史成因,沈从文进行了多方面的解释,周详且具说服力:其一是制度层面,"雕玉和中国初期封建社会,发生了紧密的结合,成为封建制度一部分……国家用玉极多,还特别设立有典守玉器的专官,保管收藏。遇国有大事,就把具典型性的重器陈列出来,供人观看";其二是应用逐渐扩大,"商周之际,惟帝王诸侯才能赏玩的,晚周春秋以来,一个代表新兴阶级的知识分子,也有了

①沈从文:《中国古玉》,《沈从文全集》第 28 卷,第 34—35 页。
②沈从文:《中国古玉》,《沈从文全集》第 28 卷,第 35 页。

用玉装饰身体的风气,因此有'君子无故玉不去身'的说法。并且认为玉有七种高尚的品德,恰和当时社会所要求于一个正人君子的品德相称,因之雕玉又具有一种人格的象征,社会更加普遍重视玉";其三是"更因商业资本的发达流转,促进了交通和贸易,虽古语有'白璧无价'、'美玉不鬻于市'的成规,雕玉艺术和玉材的选择,因此却得到空前的提高"①;其四是和青铜艺术齐头并进,"玉的加工精制,必是用铜器来处理材料时,到这时玉自然已完全脱离了应用,成为装饰"②,从而在艺术上产生独立意识,追求精益求精,"刻镂技术则线刻精细稳准而活泼","充满新意,为后世不可及"③;其五则专论战国玉的时代背景,特别注意到这一礼崩乐坏时期,由于"社会发展矛盾蜕变","旧封建制度已逐渐崩溃解体","一面解除了旧的王权政治制度上的束缚,另一面也解放了艺术思想上的因袭",从而完成了"旧形式的解放"④,形成自由创作的风气。这种思想的解放和创作的自由体现在由普通无名工匠创造的精美工艺艺术品中,它们所具有的划时代的价值和意义是值得充分发覆和予以肯定的。关于这一点,沈从文尤有会心而别立新说如下:

　　近人喜说战国是一个"百家争鸣、百花齐放"的时代。
　　严格一点说来,目下治文史的,居多注重前面四个字,指的

①沈从文:《中国古玉》,《沈从文全集》第28卷,第33—34页。
②沈从文:《玉的应用》,《沈从文全集》第28卷,第14页。
③沈从文:《中国雕玉工艺发展的几个段落》,《沈从文全集》第28卷,第38页。
④沈从文:《中国古玉》,《沈从文全集》第28卷,第34页。

只是诸子百家各自著书立说而言。而对后面四个字,还缺少应有的关心,认识也就比较为模糊。因为照习惯,对于百工艺业的成就,就兴趣不多。其实若不把这个时期物质文化成就各部门成就加以深入研究,并能会通运用,是不可能对于"百花齐放"真正有深刻体会的。因为就这个时代的应用工艺的任何一部门成就而言,就令人有目迷五色叹观止感!①

这种解释,很能代表沈从文眼光上的高屋建瓴、取境上的宏阔深邃和归纳上的新颖有力。他把"百家争鸣"与"百花齐放"两分为一对,又把它们合并成对立统一的整体,是为下层社会百工技艺的物质文化创造争地位。也就是说,战国思想的活泼解放,浸润于当时的整个社会环境,造成服务于上层文化的下层文化创造,也随之兴盛发达。这使我们理解到,战国时期,不仅诸子百家活泼争鸣,即使所谓文化程度不高的手工艺劳动阶层,其艺术精神、审美态度也是自由奔放的,开辟了一个百花齐放的新时代。这些百工技艺的文化创造,摆脱了思想因袭,打破了形式成规,取得了工艺美术上"目迷五色叹观止"的成就,相比于诸子百家的著书立说毫不逊色,故而需要重作整理和研究,并给予实事求是的总结和表彰。其中"目下治文史的,居多注重前面四个字",则重在提醒历史研究者在关心传世文献外,也须对非文字的物质遗存感兴趣,方能钩沉索隐,去偏取全,会通运用于历史文化的整体。这不啻为一种很先进且切实的方

---

① 沈从文:《中国古代服饰研究引言》,《沈从文全集》第32卷,第6页。

法论。其后他屡次申说的,如"我们地面上只有一部二十五史,地底下有一百部二十五史"①,"研究中国文化史、艺术史与工艺史",要重视"从地下发掘的东西",以此"充实、丰富、纠正《二十五史》不足与不确的地方,丰富充实以崭新内容"②,都是为这一方法论张目并把它落实于实际的研究工作。

既以"雄秀活泼"为雕玉艺术的最高意境,这种意境又建立在自由思想的基础之上,所以在沈从文看来,其他世代的雕玉就有所不及了。如汉代"用玉风气日益普遍,但在技术上不免逐渐失去本来的精细,活泼,而见得日益呆板"③,故"战国或以前琢磨制度似比汉代精致"④;唐宋玉"花纹精美有余,形制不古"⑤;清代玉虽在工艺上有发展性⑥,只是"工虽多并不美"⑦,"能繁复不能简单","因此也堕落了玉工艺"⑧。如此强调"活泼"反对"呆板",推崇"简单"贬低"繁复",竟使沈从文对被他视为玉的衰落期的晋六朝雕玉艺术产生兴趣,并把这种艺术特色所反映的时代性,当作考订玉史的一个证明:

①沈从文:《在吉首大学的讲演——一九八二年五月二十七日》,《沈从文全集》第 12 卷,第 401 页。
②沈从文:《从新文学转到历史文物——一九八〇年十一月二十四日在美国圣若望大学的讲演》,《沈从文全集》第 12 卷,第 388 页。
③沈从文:《中国古玉》,《沈从文全集》第 28 卷,第 35 页。
④沈从文:《玉的价值判断色泽问题》,《沈从文全集》第 28 卷,第 25 页。
⑤沈从文:《中国雕玉工艺发展的几个段落》,《沈从文全集》第 28 卷,第 39 页。
⑥沈从文:《中国雕玉工艺发展的几个段落》,《沈从文全集》第 28 卷,第 39 页。
⑦沈从文:《玉的应用》,《沈从文全集》第 28 卷,第 15 页。
⑧沈从文:《玉的处理》,《沈从文全集》第 28 卷,第 20 页。

到目前为止，谈到玉工艺衍变史时，晋六朝前一段时间，玉器的制作，我们不易具体举例。它的特点何在，有多少新的式样上承秦汉，又下启隋唐（如瓷器在这个时代过程中的摹仿，和新旧的关连，是明明白白的），都不清楚。只有一种推测可能性比较大，即晋代玉作或重素材而少雕饰。唐素玉带的方法，或由此而来……又一卵圆形带头，有土浸锈，背部作工精整有格致，极希见，竟令人疑心非晋人制作不可。因在造形设计上，即类乎晋人风格，简而巧，有《世说》作风也。①

其中，从"作工精整有格致"推出"非晋人制作不可"，从"简而巧"翻出"有《世说》作风"的"晋人风格"，虽自谦为推测之词，却典型地反映了沈从文既重形制之精简，又重精神之自由的雕玉艺术观。他截断众流，推崇战国玉为中国雕玉艺术的最高峰，也是建立在这种独特甚而可以说是不羁的艺术观之上的。

1991年，台湾地区学者邓淑苹撰文《百年来古玉研究的回顾与展望》，把近代以来中国的古玉研究分为1889—1950年、1951—1980年、1981—1990年三个时期。沈从文的研究恰好处在第一期和第二期的分界线上。第一期的古玉研究随着西学东渐，已超越流行千年的古器物学范畴，广泛利用考古资料进行古史新证：1889年吴大澂著《古玉图考》，"考其源流，证以经传"②，之后王国维、郭沫若等考释上古玉器所镌古文字，二

---

① 沈从文：《玩玉的贡献》，《沈从文全集》第28卷，第30页。
② 〔清〕吴大澂著，杜斌编著：《〈古玉图考〉叙》，第1页。

者研究虽有方法上的差异,但都把古玉援为考证古籍古事虚实的新材料,开实物与书证相互配合的学术新方向;郭宝钧、李济等利用考古发掘,提出中国古玉及其反映的中国古史、中西交通与文明传播新课题;另有邓之诚等从古董商、收藏家的方向,绍述玩玉人的经验①,用传世玉所得知识,补充出土实物不能充分解释的现象②。这显示新学人受新史学、现代考古学等学术新风影响,把对中国古玉本身的研究提升到一个新的高度。沈从文踵武其后,既承接其问题意识,综合前人材料和论述,以"接着说"的方式作进一步的研究,也扩大研究范围,建立新的视野,在物质文化研究方面作出了别开生面的贡献。如他详考古玉的出处、出产及其反映的中西文化交通问题,分疏玉史衍化的几个典型过程,辩证处理研究中的玩玉经验与历史知识,均能翻出不少的新意。他演述雕玉艺术,张扬商周雕玉艺术意境上的雄秀活泼与价值上的自由精神——这种推崇雕玉工艺所具有的美学品质,竟然和他文学创作所欲达到的艺术意境是高度一致的,在物质文化研究的"史"的范围之外,又拓宽了"美"的新领域,在结合中国文化史谈中国美术史方面,不无创建之功③。这种究心"美术考古"的学术旨趣,尤其成为第三期中国古玉研究设定的一个新方向④。因此,即使沈从文的研究

---

①邓淑苹:《百年来古玉研究的回顾与展望》,宋文薰等主编:《考古与历史文化——庆祝高去寻先生八十大寿论文集》上,第245页。
②沈从文:《玩玉的贡献》,《沈从文全集》第28卷,第27页。
③沈从文:《玉的出产》,《沈从文全集》第28卷,第3页。
④邓淑苹:《百年来古玉研究的回顾与展望》,宋文薰等主编:《考古与历史文化——庆祝高去寻先生八十大寿论文集》上,第254页。

成果 2002 年才迟迟面世,但它在学术史上的承接作用却是不容怀疑的。

　　至于研究方法,沈从文继承民国以来出土实物与文献互证的"二重证据法",又出于己意以"联系和发展上下前后四方求索方法",考订古玉多种疑难问题,使不少看似难解甚或不可解的现象豁然以明,堪称方法论的创新,亦足为后来者效法。他的研究还富于"文史交互"的特色:如掘发穆天子西方寻玉会西王母故事,说明其对中国二千年的文学艺术与宗教情感的影响①;从唐宋诗文小说所描写的玉佩饰,推断历史上玉的应用的世俗化②。他用《广韵》"逐臣待命于境,赐环则返,赐玦则绝",解释《史记》鸿门宴范增投玦提醒项羽以"决(玦)绝之心"除掉刘邦③,不仅使人洞察古人行事深曲隐晦的套路,与古人仿佛处于同一时空,而且领略故事情节跌宕起伏的微妙,增益阅读时的会心理解。这种只有借助"学问"才能含玩的情味,是不懂"玦""绝"相通这一古人"通关密码"的今时读者所无从体会的。这对于丰富文学、文史研究,充实文史之学,无疑大有用处,也成为启发他后来主张"文史研究必需结合文物"新方法论的来源之一④。这使我们想到,研究物质文化史,随着新材料的发现,原有结论容有继续商讨甚而推翻重来之时,惟方法的科学与得力,其生命之树是长青的。

---

①沈从文:《中国古玉》,《沈从文全集》第 28 卷,第 33 页。
②沈从文:《玩玉的贡献》,《沈从文全集》第 28 卷,第 30 页。
③沈从文:《玉的应用》,《沈从文全集》第 28 卷,第 13 页。
④沈从文:《文史研究必需结合文物》,《沈从文全集》第 31 卷,第 311 页。

"第三次改业"：从咏史寄怀到诗化论文

　　沈从文自道其于 1961 年开始了人生的"第三次改业"，在文物研究的同期或间歇，持续进行了约二十年的古体诗创作。这些诗作具有"史镜"的照鉴功能，表现出明显的"诗史"色彩。沈从文有关社会史诗的创作，以温旧歌今方式书写当时社会的变迁图景。他创作的以物质文化研究为题材的一批文化史诗，则成为文学史、学术史上不多见的诗化学术研究成果。借助诗缘情的感性手段，沈从文既咏史且述怀，创作出属于自我的个人史诗，再现其为人、为文、为学的今昔缠绕。沈从文的古体诗源出魏晋南北朝咏史述怀文学传统，嫁接唐宋诗人的经验，具有"在旧体裁中表现新意思"的特色，显示出诗人对文学遗产的扎实继承和真诚敬重。

　　1961 年，沈从文开始了"第三次改业"的人生幻旅①。从这一年起手进行的古体诗创作，使他在文物研究的同时或间歇，

---

① 沈从文：《致张兆和（1970 年 7 月 4 日）》，《沈从文全集》第 22 卷，第 329 页。

复归其文学家的事业。然而此时的情形已和作为新文学家的沈从文有所不同,他创作的这些古意盎然且又翻出时代与个人新声的诗作,已不同于他的边城时代所描写的辽远澄澈的人事风云,也不像他新月时期发出的现代诗咏唱。作为时代玄黄变迁的亲历者,同时作为经历了人生巨大转变的历史学家沈从文,"究心历史"成为他这一时期的写作职志。"历史化"不仅见于他构建的那些丰富多彩的古代文化图文世界,也见于他通过"第三次改业"创作的这批古体诗歌。这一跨度约二十年写作古体诗的行为,显示了沈从文要把诗歌写成既承载"史镜"的照鉴功能,又具备"老杜风"那样"诗史"特色的作品①。他用诗歌叙述社会史、文化史,也在阅世、读史和著史的过程中,反观自我,书写其曲折复杂的人生经历。颇具意味的还有:作为一个曾经的新文学家,在以古体诗重操文学旧业的时候,他对文学史也进行了新的构想,这使作为古体诗人沈从文的其人其诗,压上了古今对照的鲜明印痕。通过传统文体的精心制作,沈从文重建了他与新时期的关系,并以古典诗人的身姿,走进当代文学史。

社会史诗:"温旧实歌今"

　　1949 年的玄黄之变,影响及于沈从文个人史的,是他从作

---

①张兆和:《有关诗作的三封信·张兆和复沈从文(1962 年 1 月 12 日)》,《沈从文全集》第 15 卷,第 276 页。

家转变为文物研究者。这个转型不可谓不成功。一个事关身份认定的标志性事件，是他以工艺美术界代表的身份，参加了1953年的第二次全国文代会，可是到了1960年的第三次全国文代会上，他的身份又回转到作家代表①。这意味着，不仅是他个人，而且包括代表官方的文艺界最高组织，并没有放弃让他从事文学创作的创意和设想。这也促成1961年岁末，由中国作协安排他和来自原解放区的一批作家、诗人，前往江西井冈山等地进行考察和创作。沈从文此行的初衷是写一部以自传为线索的反映中国近三十年变迁的长篇小说，未果，"就好象毛主席当年所得的一样，几首旧诗"②。这是否有负于第二次文代会上毛泽东要他"再写几年小说"的当面嘱托③？其实并非完全如此。因为他虽失手于用小说完成近三十年中国社会变迁史的书写，却创作了数十首以"匡庐诗草""井冈山诗草""赣游诗草"为总题的五言古体诗。这些诗歌事关中国社会的今昔变化，而写法却不同于时流直抒胸臆的单纯光明。它们经常采用贯通古今的结构，回还委曲，由"温旧"进而"歌今"。如《回南昌途中》：

> 昔人在征途，岁暮百感生，
> 江天渺萧瑟，关河易阻行。

---

① 吴世勇编：《沈从文年谱（1902—1988）》，第358、419页。
② 〔美〕金介甫：《访问沈从文之后的感想》，朱光潜等著，荒芜编：《我所认识的沈从文》，第90页。
③ 沈从文：《我为什么始终不离开历史博物馆》，《沈从文全集》第27卷，第248页。

王粲赋登楼,杜甫咏北征,
食宿无所凭,入目尽酸心。
遥遥千载后,若接昔苦辛。

我幸生明时,千里一日程,
周道如砥矢,平稳感经营。
连村呈奇景,远山列画屏。
待渡赣江南,江水清且深,
群峰幻青碧,千帆俱崭新。
倏忽白云驰,比翼雁南征。
默诵王勃文,入目壮怀增。

还过永丰县,绿橘万树荣,
丹实勤采摘,社社庆功成。
田畴布方罫,牛鹅总成群。
老幼貌怡悦,冬衣各上身。
生聚滋地力,谋国见典型。

白头学作诗,温旧实歌今,
无泪湿青衫,才多慕庐陵。
诸事难具陈,笔拙意朴诚,
多谢贤主人,作客愧深情!①

---

① 沈从文:《资生篇·三、回南昌途中》,《沈从文全集》第 15 卷,第 259—
260 页。

这首作于游赣途次的诗作,沈从文曾以他拿手的章草条幅书赠香港诗友曾敏之,被曾敏之称为"诗书皆属佳构","很有陶渊明田园诗的风格"①。其实又不然,诗歌虽然描写了乡村的人事风景,但并非"隐者"的自怡悦。诗歌通篇以行程记方式连缀,美丽风景中却是今昔风物与人事交织而成的历史画卷。它是一首古今对照的咏史诗,寄托了诗人感旧歌今的"朴诚深情"。

对比同期沈从文创作的同类古诗,这一首无疑是最有代表性的。它显示了沈从文结构社会史的典型诗思和笔法:从历史纵深处展开今昔对照,进而描写当代中国历史变迁图景。在从"昔人在征途"到"若接昔苦辛"的第一节中,同样是岁末行旅的途次,沈从文想起了历史上著名诗人王粲和杜甫的羁旅之思。然而王粲在《登楼赋》中表露的怀才不遇和杜甫在《北征》中描写的浇漓乱世,其酸辛之感和今天的诗人沈从文何其不同。江山易代,所见风景从古诗人的"萧瑟""行阻"变成了今诗人眼里的欣荣气象。诗就此进入从"我幸生明时"到"谋国见典型"的第二、三节。诗人用极为详尽鲜明的笔墨描写了新社会的变化:其途程平砥迅疾的快感,其风景连屏如画的铺展,其对千帆崭新、群峰青碧的光影捕捉,及其对绿橘万荣、老幼怡悦的村社丰年的深描。这些"谋国"成就的"典型",和古诗人的所见所感是如此的不同,显示终于摆脱持续百年动荡的中华民族进入了一个新的、和平的历史时期,成为他"白头学作诗"的动力,使他抒发出像王勃写于南昌的《滕王阁序》那样的壮怀激

---

① 曾敏之:《天末怀沈从文先生》,朱光潜等著,荒芜编:《我所认识的沈从文》,第 179 页。

情。在诗的最后一节,沈从文提到了白居易和欧阳修。白居易做过江西的江州司马,以写作既"合为时"又"佳诗亲人民"①且为妇孺皆懂的诗歌著名;欧阳修则祖籍诗中写到的永丰县,并以宽简的施政作风造福地方为人称道。借由欧阳修宽简施政的典型,诗人或许还含蓄地表达了对于时政渐趋宽松的欣然感受和委婉寄托:所谓"包严欧宽",正是国人对于治世理想的一种憧憬向往。

《回南昌途中》体现了沈从文社会史诗的基本主题和风格,也表露出他自觉进入的诗歌传统:以陶渊明田园诗的乡俗画卷为底色,追摹杜甫的诗史作风,以白居易的手法和王勃的壮怀,写出像《诗经·小雅·大东》"周道如砥,其直如矢"②所喻指的安顺和平,以及像欧阳修那样寄托政通人和理想的社会。然而,这里需要注意的,还包括沈从文自己的文学小传统和他转行历史研究、文物研究之后形成的知识背景。曾敏之提到的诗中的田园风景,也是沈从文二十年前小说风格上最突出的标志,而在如诗如画的风景之上,寄托着他的文学所要表达的社会理想。诗中"绿橘万树荣""丹实勤采摘"的意象,不免让人想起他构筑在小说中的湘西世界的人事背景。他在 1938 年开始创作的小说《长河》,"橘子园"和"摘橘子"就是故事的发生地和情节展开的线索。也正是从这部未完成的长篇开始,沈从文打算一改过去的思路和习惯,"拟将'过去'和'当前'对照",创作出贯通"'过去''当前'与那个发展中的'未来'"的乡土中

①沈从文:《庐山"花径"白居易作诗处》,《沈从文全集》第 15 卷,第 244 页。
②〔清〕方玉润撰,李先耕点校:《诗经原始》,北京:中华书局,1986 年,第 419 页。

国历史叙事①。

在《庐山含鄱口望鄱亭》《庐山"花径"白居易作诗处》和《新栗里村》等诗中,也显示出上述沈从文在如画风景的空间结构里组织今昔对比的时间意识。这种时间意识就是诗人的丰富历史感。如在《庐山含鄱口望鄱亭》中,诗人面对"景物雄秀""波光潋滟"的美景,不仅想起西王母东游于此留迹的神话传说,更想起朱元璋和陈友谅曾在湖上鏖战,最后朱元璋获胜建立了新的政权②。这种笔法,一方面来自他当时展开的上古物质文化研究,另一方面则指向取得解放战争胜利后建立的新中国。长诗《新栗里村》描写的是陶渊明居住过的村庄,沈从文更多地利用了他的物质文化研究成果,一新历代以来把陶渊明视为"隐者"典型的固定印象,并以此重建诗人与历史、时代的关系。沈从文曾从汉代到南北朝画像砖镂刻的文字(包括南朝的楷书)上,考证出所谓的"商山四皓"其实是"南山四皓",因此,"采菊东篱下,悠然见南山"的陶渊明实际上和他的"刑天舞干戚"一样,一直不息于"四皓"那样的辅政理想③。这使沈从文笔下陶渊明生活过的栗里村,在从古昔"千年就这样,代代忙到今"的"旧栗里",变成"社会时时变,农村事事新"的"新栗里"的时候,应该出现一个新的陶渊明。这个陶渊明不再是幽居林下、荷锄饮酒的隐逸者,而是"还须赶形势,不作马后尘"地

①沈从文:《〈长河〉题记》,《沈从文全集》第 10 卷,第 5、7 页。
②沈从文:《庐山含鄱口望鄱亭》,《沈从文全集》第 15 卷,第 242—243 页。
③沈从文:《"商山四皓"和"悠然见南山"》,《沈从文全集》第 30 卷,第 327—328 页。

拿起诗笔书写社会变迁的今诗人①。

　　这样,在《游赣州通天岩》和《游赣州八境台》等诗中,沈从文成功地化身为"现代陶渊明",借自然人事之美抒发历史的感兴。通天岩是赣州近郊的一处胜景,在"重冈郁积石""明镜酿小潭"的风景之中,不仅矗立着南唐至两宋建造的崖窟庙宇作为沈从文学术研究的物质材料,而且有苏东坡、王阳明和王琼留下的诗文书画遗迹,使诗人产生与古代先贤隔代神交的逸兴。通天岩曾为蒋经国经营赣南的军火库和张学良的囚禁地,由于历代失修和战争破坏,此处已经"胜迹转荒凉"。只有解放后"产业还人民",人民政府"慎重保护,添置花木",它才重新焕发"耸秀争荣""蔚呈奇观"的新面貌。诗中出现的"旷达拟渊明,东坡乐与友"的岩居高人,恐怕主要还不是某个居住在当地的村叟农夫,而是今诗人与古诗人合体而成的"现代陶渊明"。他游目在自然美景之间,心接千年的沧桑事变,在发出"志欲饱天下,辛勤建山村"的感叹后,产生了"我亦乐淹留"的"忘归"之感②。《游赣州八境台》则重在于宏阔的风景中切换发生在这里的历史片段。"台"为"观四方而高者"③的建筑,常常由于雄秀挺出而成为诗人游目骋怀进行吟咏的对象。沈从文观览八境台的雉堞与长天共色,遥望远处云树间隐约浮现的高大郁孤台,想起了曾经领军驻扎于此的爱国诗人辛弃疾。辛弃疾是南宋"方期复中原"的主战派,他在郁孤台写作的《菩萨

①沈从文:《新栗里村》,《沈从文全集》第 15 卷,第 247 页。
②沈从文:《游赣州通天岩》,《沈从文全集》第 15 卷,第 285—287 页。
③〔汉〕许慎撰,陶生魁点校:《说文解字》,北京:中华书局,2020 年,第 385 页。

蛮》表达了为了国家统一不惜"血战龙蛇翻"的意志。《菩萨蛮》里像"西北望长安,可怜无数山"这样的"佳句至今传",在郁孤台与江天之际回响。最后它们汇入了八境台"檐前铁马丁冬,音响清越"。诗人在历史的回声中"凭高远望,见滔滔逝水,千帆来去",再次完成了一首"怀古幽情"的诗篇①。

　　沈从文1961年岁末开始的江西行旅所收获的这一批古体诗,可谓一新读者的耳目。它们"不落俗套,写景抒怀,浑然一体"的作风,引起文坛一定程度的"骚动":其中的一些诗篇,"(陈)白尘同志觉得惊异",当即拍板在《人民文学》发表,《红旗》杂志的编辑浩然也通过张兆和的关系尽可能地截留稿件②。即使沈从文自己也颇感讶异:"六十岁重新写旧诗,而且到井冈山起始,也是一种'大事变'!"③在现代文学史上,操持白话文的作家同时擅写古诗者屡见不鲜,但是,像沈从文这样似乎是陡然扭转的行为却并不多见。这种情况的发生,显然不仅仅是由于他少年时代打下的古体诗基础,主要的原因还在于他感到无力重操小说旧业之时,别寻途径的自觉的文体实验。如前文所述,此次江西之行的初衷是为了创作一部近三十年中国变迁史的小说,但他用古体诗的形式进行咏史的时候,其创作远远超过了三十年的范围。通过古体诗这种形制虽然短小而容量可以特别巨大,并且容许思接千载、坐地八万的文体形

①沈从文:《游赣州八境台》,《沈从文全集》第15卷,第283—284页。
②张兆和:《有关诗作的三封信·张兆和复沈从文(1962年1月12日)》,《沈从文全集》第15卷,第276—277页。
③沈从文:《有关诗作的三封信·致张兆和(1961年12月23日)》,《沈从文全集》第15卷,第275页。

式,沈从文令人满意地完成了他的历史叙述。他这一时期的古体诗创作运用咏史诗的体裁,化用他擅写风景的特长,并且融入了自己文物研究的成果。而特别引人注目的是,这些古体诗显示了经过思想改造和文学观的改变之后,"到井冈山起始"写作旧诗的沈从文与新时代建立的新的文学关系。

个人史诗:"引思深感生命奇"

在创作社会史诗的同期,沈从文的诗笔也涉及他的人生轨迹,创作出属于自己的个人史诗。这起源于1962年5月26日,《光明日报》发表了他的《题〈寄庑图〉后》。文章由题《寄庑图》诗及后记组成。诗是题写田名瑜的画作《寄庑图》,后记却是由诗画因缘牵及的人生过往,使题画诗成为记录其生命史的特殊文本。沈从文同年创作的题画长诗《白玉兰花引——书永玉木兰卷》,又再现了他四十年的往事与随想。1970年到1972年困居双溪和丹江口,他又以《拟咏怀诗》《双溪大雪》等作品曝露其人生行迹的若干线索。从题目看,这些诗作都不像是在吟咏历史,但字里行间浸润的生命感受,却可以填补《从文自传》《关于西南漆器及其他(一章自传——一点幻想的发展)》等传记未及述尽的人生内容。

《从文自传》塑造的那个顽劣不学的野小子形象,一直占据着读者的心田,并成为沈从文研究的重要起点。可通过《题〈寄庑图〉后》,沈从文道出了他从"拼命逃学"转向"一心向学"的另一层动因。"寄庑"典出梁章钜《归田琐记·南万柳堂》,记写的是一段师生间的诗画因缘①。题写画作一定勾起了沈从文对于他从师学艺的许多回忆:《寄庑图》的作者田名瑜,湖南凤凰人,他是南社老诗人、同盟会会员和知名学者,1951 年受聘中央文史馆,和沈从文同寓京华;而他的另一个身份,却正是沈从文的小学国文老师。从"京华寄身久,淳朴犹老农"的田名瑜身上,沈从文想起老师幼年同样顽劣,却在十六七岁时幡然醒悟,发奋古文诗学,卓然成家,位列 1100 多人备选的《南社吟坛点将录》"天损星浪里白条张顺"②,并因为积极投身爱国护乡的革命事业而受到新政府的礼遇③。这种关于老师"浪子回头"的叙述和《从文自传》关于自我的描写何其相似。沈从文也是十六岁时从军入伍,在彷徨无定中接触到《论语》《史记》《汉书》《千家诗》等,并通过管理陈渠珍的古代器物和书画藏品,奠定了国学的基础。这种写法不禁使人联想《从文自传》中传主的原型也包含了老师田名瑜的因素,沈从文以这种橐栝书写的方式在 1932 年就记录了老师对他施加的影响。事实上,田名瑜影响及于沈从文的还不止于此。1934 年 1 月,师生重逢于湘西沅陵,田名瑜写作《送沈从文序》公开发表。在这篇序文中,田名瑜言及对于学生的"著书已翔有闻,然非余徯于从文者"。"徯"意为等待、期待,可见在文学创作之外,田名瑜对于沈从文的另一种人生盼愿。这种盼愿,就是劝勉学生"益自骋于学",

---

① 〔清〕梁章钜撰,于亦时点校:《归田琐记·南万柳堂》,北京:中华书局,1981 年,第 5—6 页。

② 钱仲联:《南社吟坛点将录》,《苏州大学学报(哲学社会科学版)》1994年第 1 期。

③ 沈从文:《题〈寄庑图〉后》,《沈从文全集》第 15 卷,第 425 页。

以顾炎武经世之学相标榜,并用勘正学术的方式,实现正人心、救躜世的功业①。此后沈从文的人生转向,如张兆和回忆所言,也包括田名瑜希望他以学术研究作为人生的价值取向在内②。

借"图"发挥,《题〈寄庑图〉后》再次体现了沈从文从空间结构梳理时间之流的笔法,形成在风景中舒卷人事风云的鲜明画面,并延续到后来双溪—丹江口的一系列古体诗创作。沈从文写于双溪—丹江口时期的古体诗颇为丰富,既有前述的文化史诗,也有"行船知转舵,触藩易拔角"的讽世③和"不怀迟暮叹,还喜长庚明"的言志④。而值得注意的是,其中的一些作品在风景的描画中透露了沈从文人生的展痕。创作这些古体诗的一个重要背景,是沈从文以"编外人员"的身份误入下放干校的队伍。沈从文曾讲述,因为年纪超龄,按照政策规定,他本不属于下放劳动人员,他的下放是有人刻意使坏,故在《老马之二》一诗的"附记"中说,其事"系为夫己氏所形成一骗局,有意使之进退两难"⑤。"夫己氏",意为不便明说之人,沈从文的难言之隐可想而知。因此既在这一群体的周边,又不须参加任何集体学习和田间劳动,使沈从文产生了一种旁观与内省的视角,导致他的诗作和其他人的当时记录及事后追记都不一样。身处陈白尘、冰心、臧克家、李季、郭小川等作家的周围⑥,却又

①田名瑜:《送沈从文序》,《南社湘集》1936 年第 6 期。
②钱世明:《读田名瑜〈送沈从文序〉》,《光明日报》2004 年 3 月 10 日。
③沈从文:《高知赞》,《沈从文全集》第 15 卷,第 431 页。
④沈从文:《喜新晴》,《沈从文全集》第 15 卷,第 448 页。
⑤沈从文:《沈从文全集》第 15 卷,第 453 页。
⑥陈白尘:《忆云梦泽》,《陈白尘文集》第 6 卷,南京:江苏文艺出版社,1997 年,第 1 页。

属于局外人的处境,使他把注意力更多地投向这个被称为云梦泽的地方,那些被古时诗人行吟过的历史和风景不时袭上他的心头,加深了他为文与为学的今昔之感。在《双溪大雪》"登高望广野,雨雪渺蒙蒙"的画面中,出现了"路逢荣启期,相对还一笑"的诗句,诗人自注:"荣启期,古代高士,年九十,安贫乐道,因学绳作腰带,还行歌自得其乐。"①这是以古代高士自况。荣启期是春秋时期藏身泰山而又深谙音乐的隐逸者,沈从文模仿他"绳作腰带""行歌自得其乐"的行为颇能反映自己当时的心境。然而翻开他写于1949年的第二个自传《关于西南漆器及其他(一章自传——一点幻想的发展)》,这种在美丽风景中行歌作乐的意态,却也是通过画面与音乐传递,形成了乡村风景画的文学风格②和作品中"画面愉快的底子"③,从而使此时的写诗连接上了昔时的文学岁月。

所可注意的还有《拟咏怀诗——七十岁生日感事》《思入蜀》《拟咏怀诗之一》中出现的"'揽辔'同'入蜀',文传印象深"④、"我生类漂萍,川蜀拟寄身"⑤、"昆明天时好,年成三度秋"这样的诗句⑥。这是"悬置"在云梦泽的诗人对于打算寄身川蜀的"悬想"和对于昆明旧地的"悬念"。其思之所在,极有

①沈从文:《双溪大雪》,《沈从文全集》第15卷,第457、459页。
②沈从文:《关于西南漆器及其他(一章自传——一点幻想的发展)》,《沈从文全集》第27卷,第25页。
③沈从文:《我的分析兼检讨》,《沈从文全集》第27卷,第72页。
④沈从文:《拟咏怀诗——七十岁生日感事》,《沈从文全集》第15卷,第441页。
⑤沈从文:《思入蜀》,《沈从文全集》第15卷,第443页。
⑥沈从文:《拟咏怀诗之一》,《沈从文全集》第15卷,第462页。

可能包括了他从三十年前居昆明时开始的文物收藏和二十年前赴四川参加土改时写作的一批有关地方风俗与文物的学术性"游记式家书"。"'揽辔'同'入蜀'",使用的是范成大《揽辔录》和陆游《入蜀记》典故,它们是这两个宋代文人记录四川民俗风物的学术性游记名著。1938年避战居昆明以后,沈从文就有志于结合川蜀及黔中接壤区域文物来开拓西南文化研究①,1951年在四川参加土改时甚至画出了从川南直到西藏拉萨大庙的考古路线图②。不难想象,在"索居寂处"只能以诗"自娱"的时候③,作为学者的沈从文的旧梦将构成怎样的一种愿景,推动着他"独轮车虽小,不倒永向前"④。

无论是《题〈寄庑图〉后》的看图说话,还是《双溪大雪》《思入蜀》等作品的嵌入式、回旋式追忆,它们都是借助文字风景画,书写诗人的人生行旅。但在《白玉兰花引——书永玉木兰卷》七言长诗中,诗人强调了它的音乐性。原因在于,这首起笔于1962年在青岛疗养,1976年还在修改的长诗,表现的不再是沈从文人生经历的片段,而是对他四十余年漫长生涯的全景式展览。这使定格在瞬间的人生剪影变成延绵不息的生命之流,形成"用百十种不同乐器"奏出的"大乐章"气势⑤。沈从文自

---

①沈从文:《关于西南漆器及其他(一章自传——一点幻想的发展)》,《沈从文全集》第27卷,第36—37页。

②沈从文:《致沈龙朱、沈虎雏(1951年12月6日)》,《沈从文全集》第19卷,第209页。

③沈从文:《〈双溪大雪〉后记》,《沈从文全集》第15卷,第457页。

④沈从文:《喜新晴》,《沈从文全集》第15卷,第448页。

⑤沈从文:《〈白玉兰花引——书永玉木兰卷〉跋》,《沈从文全集》第15卷,第302页。

1931年秋天开始任教青岛大学,逐渐进入文学创作的黄金时代。当1962年重游故地的时候,数十年的奇幻经历,催发他"引思深感生命奇"的感兴①。诗从回忆人琴俱亡的八骏文友和一次隐约隐秘的艳遇开始,逐渐落笔在《边城》的产生和它不输于文学史上"屈、宋、三曹、李、杜、元、白"的成就,最后以白玉兰花"不因偏院雨露少,只缘入土植根深"的脱俗坚韧品质,表现诗人漫长生涯中由于宠辱不惊而抵达"得失荣枯不因人"的人生境界②,以及因之呈现的"自然丰富和人事孤寂对照",使人反而转向积极有为的生命哲理③。借助青岛的碧海蓝天和发生在崂山的神话传说,诗歌还营造出《山海经》《聊斋志异》那样的仙幻意境,打破时空真幻的限制,使诗人完成长达103行的"幻异抒情"④。

《白玉兰花引——书永玉木兰卷》是沈从文为表侄黄永玉画作《木兰花长卷》所题写,对画面的丰富感觉自是其明显的特色。但是,恰如诗人自道的"大乐章"气势,它以富于音乐性的流畅抒情文字表现了"生命青春流转永不停"⑤。如果从绘画

①沈从文:《白玉兰花引——书永玉木兰卷》,《沈从文全集》第15卷,第295页。
②沈从文:《白玉兰花引——书永玉木兰卷》,《沈从文全集》第15卷,第299页。
③沈从文:《【备考】忆崂山》,《沈从文全集》第15卷,第307页。
④沈从文:《〈白玉兰花引——书永玉木兰卷〉跋一》,《沈从文全集》第15卷,第301页。
⑤沈从文:《白玉兰花引——书永玉木兰卷》,《沈从文全集》第15卷,第298页。在这首诗的手稿的末尾,沈从文以旧时笔名"上官碧"题写了一段附记:"此七五年春为永玉侄所作木兰花大卷轴而作,时多变故,忌讳万千,鹰隼擅搏击,射干巧中人。因隐约其辞,亦不能直(转下页注)

表现静止而音乐表现动态的艺术分类看,通过音乐旋律表现社会人生也是沈从文惯用却少人注意的创作手法,并且和他同样独异的文字"风景画"一起,交织在他的小说、散文与新诗之中。1949 年,沈从文自揭其作品"用音符表现生命情感起伏与连续","故事中的排比设计与乐曲相会通",形成"重叠、连续、交错、湍流奔赴与一泓静止"的旋律①。同年他写作《第二乐章——第三乐章》《从悲多汶乐曲所得》两首长诗,其"曲谱中有红蓝细小符号勾剔,/象征生命在行进中,在发展中"②所表达的,正是像音符一样活泼细腻的生命跃动。当中的诗句"黄紫野花烂漫有小兔跳跃,/崂山前小女孩恰如一个翠翠;/达子营枣树下大片阳光,/《边城》第一行如何下笔"③,在《白玉兰花引——书永玉木兰卷》中则转写为"《绿玉》青春永不磨,无人能知来自那?旧事倏忽四十年,记忆犹新唯有我"④,可见音乐在不同文体之间传递,共同闪耀的生命光影。更进一层,《白玉兰花引——书永玉木兰卷》也是对古代乐府诗的致敬。但和《思入蜀》等五言乐府不同,《白玉兰花引——书永玉木兰卷》以七言的形式强化

(接上页注)书于画端,惟留此稿以待解人。"到了编辑《沈从文全集》的时候,张兆和追记道:"《白玉兰花引》初作于 1962 年,原篇名《忆崂山》。现存多种稿本,均为 1975—1976 年间的修改稿,内容不尽相同。从作者为改写稿所题篇名和有关'跋'语看,应以题写在黄永玉绘'木兰花长卷'的为正本。"见《沈从文全集》第 15 卷,第 300 页。
①沈从文:《关于西南漆器及其他(一章自传——一点幻想的发展)》,《沈从文全集》第 27 卷,第 24—25 页。
②沈从文:《从悲多汶乐曲所得》,《沈从文全集》第 15 卷,第 219 页。
③沈从文:《从悲多汶乐曲所得》,《沈从文全集》第 15 卷,第 223 页。
④沈从文:《白玉兰花引——书永玉木兰卷》,《沈从文全集》第 15 卷,第 297—298 页。《绿玉》为《边城》的英译名。

了旋律的曲折感。就如沈从文在诗中提到其文学成就可与元稹、白居易媲美,《白玉兰花引——书永玉木兰卷》很可能受到了《长恨歌》《琵琶行》之类七言新乐府的影响。如下诗句:

> 白云簇簇海上来,双鹿云车瞬息过。
> 中有仙子拟天人,大石磐磐幸同坐。
> 白鹄宛转延素颈,绿发茸茸草梳裹。
>
> 春来玉兰花争发,白中微碧怯抚摩。
> 对之默默曾相识,盈盈美目注澄波。
>
> 白鹄双双出雾中,芳草芊绵门不锁。
> 碧莲花开散清馥,辛荑苞发紫纱堕。①

具有明显新乐府的"根情""华声"特色②。通过音乐的华声传递,诗中表现的人事景物之奇幻与秀美,以及由此产生宛转流泻、重叠交错的生命旋律,确实达到了"都不是一般言语文字所能形容"的程度③。

---

① 沈从文:《白玉兰花引——书永玉木兰卷》,《沈从文全集》第 15 卷,第 296、298 页。
②〔唐〕白居易:《与元九书》,喻岳衡点校:《白居易集》,长沙:岳麓书社,1992 年,第 423 页。
③ 沈从文:《〈白玉兰花引——书永玉木兰卷〉跋》,《沈从文全集》第 15 卷,第 302 页。

文化史诗:诗化学术成果

1969 年冬,沈从文随同事一起下放湖北咸宁五七干校,不料"到时始知册上无名,不便接待"①,他只能独自留驻在一个名叫双溪地方的一所小学校里。其时沈从文已年近七十,却在这意外境遇下,以写作古诗顽强地进行他的物质文化研究。事情起于 1970 年中国首颗人造卫星成功发射,引发了他的民族自豪感,使他产生不能虚度光阴的冲动。当然,他也希望通过写诗的行为,说服历史博物馆的领导同意他返回北京,重新开展已经做好计划的一系列研究工作②。这些作品,如他在《红卫星上天》的后记中所说,是"用五言旧诗体,作文化史诗"③;这种"当作史诗加以处理的"文物研究,"等于把馆中一万六千米陈列,压缩到千字中","还拟就陈列各阶段时代特征和文物各部门结合,作些篇章较小,体例不同的试探"④。此后约两年间,沈从文"据破椅,临小窗,学易读诗,习经温史,并就廿年本业,如所学坛坛罐罐、花花朵朵、桌子板凳各部门本身矛盾发展史,编排出若干小节目,供后来人参考"⑤。

这些"若干小节目",就是《红卫星上天》《读贾谊传》《读秦

---

① 沈从文:《老马之二》,《沈从文全集》第 15 卷,第 453 页。
② 沈从文:《致高岚(1970 年 7 月 24 日)》,《沈从文全集》第 22 卷,第 334 页。
③ 沈从文:《红卫星上天》,《沈从文全集》第 15 卷,第 365 页。
④ 沈从文:《〈红卫星上天〉序跋》,《沈从文全集》第 15 卷,第 366—367 页。
⑤ 沈从文:《〈双溪大雪〉跋》,《沈从文全集》第 15 卷,第 460 页。

本纪》《文字书法发展——社会影响和工艺、艺术相互关系试探》《叙书法进展——摘章草行草字部分》《商代劳动文化中"来源"及"影响"试探——就武官村大墓陈列》《西周及东周——上层文化之形成》《战国时代》和《书少虞剑》九首五言古体诗。如果从诗是想象的产物方面来说,这些作品无一不是在无图书、无资料的条件下完成的,说它们是向壁虚构的产物也有道理。宋代以降,以学问为诗歌的基础、使事的典故和明理抒情的背景成为创作的一个惯例,沈从文直接以他的物质文化研究内容为题材,可谓把这一惯例推到了极致,甚至可以说是翻出了一种新的诗歌类别。

　　这样,沈从文就把他的学术研究放进了诗的感性表达之中。它们既属于文学也属于学术,从而拓宽了史诗的表现范围。这些诗作首先体现了诗人从 1949 年以来形成的唯物史观和人民史观的学术理念,即运用唯物辩证的方法研究历史,并以普通人民的创造活动作为历史的推动力。在从共和国成立之初开始的多次思想改造运动中,沈从文接受了辩证唯物论、实践论、矛盾论、生产方式与社会制度等新史学研究方法①,立志为"中国文化史劳动人民成就部分作点基本功",填补通史和文化史上关于普通民众贡献的空白②。当然,应该注意到,这种变化也是伴随着他对文学道路的自我反思而逐步建立起来的,其过程体现了他较为顺利地从一个自由主义作家转变为具有无产阶级意识的文物学者的痕迹。1952 年的一份交代材料显

①沈从文:《我为什么始终不离开历史博物馆》,《沈从文全集》第 27 卷,第 247 页。
②沈从文:《文学创作方面检查》,《沈从文全集》第 27 卷,第 212—213 页。

示,他对自己作出了知识上接受自由主义而情绪上具有农民无产阶级意识,因此"大部分习作是自由主义偏左"的自我鉴定①。这使他在接受思想改造之后,可以比较便易地以普通劳动人民的物质文化创造为对象,"把中国人民的本质上的一切长处和现代科学知识重新好好结合"②,转变人生轨迹研究历史。当他用古体诗叙述其学术发现的时候,这些意识均以浓郁的诗化形式得到了再现。

作为文化史诗首篇的《红卫星上天》,即借中国首颗人造卫星成功发射,"引起历史联想"③,叙述属于人民创造的中华文化发展史,凸显"逐渐发现'人'""重造还在人",因之"人力能解放""思想能解放"④所产生的创造历史的非凡力量。这隐然令人想起五四时期"人的发现"主题,而耐人咀嚼的是,此时的"人"已经从启蒙的对象变成了历史的主体,在历史叙述上属于新篇章,在文学史上却具有了主题扩张的效果。《商代劳动文化中"来源"及"影响"试探——就武官村大墓陈列》是为历史博物馆"武官村大墓陈列"写作的。这首借展馆陈列的出土器物再现商周时期文化创造与交流的诗作,使读者强烈地感受到中华文化源流杂出的衍化、多元并进的互动及其所蕴含的丰富历史文化内容。这座 1950 年由考古学家郭宝钧在河南安阳武官村主持发掘的晚商墓葬,以出土包括后母戊鼎在内的精美金石器物闻名于世,体现了殷商时期中国宏大的上层制度文化和

①沈从文:《总结·思想部分》,《沈从文全集》第 27 卷,第 104 页。
②沈从文:《总结·传记部分》,《沈从文全集》第 27 卷,第 80 页。
③沈从文:《〈红卫星上天〉序跋》,《沈从文全集》第 15 卷,第 366 页。
④沈从文:《红卫星上天》,《沈从文全集》第 15 卷,第 359—360 页。

下层劳动人民精美的工艺制作水平。沈从文由此展开"诗路"，继续铺述在湖南、四川、江浙、两广等地出土的同时期器物，显示中华文化既不择地而出而又前后左右相继兴起、相互影响的发生发展过程，证实中华文明是"本土的综合，绝非全盘外至"的产物①。沈从文试图以此说明仅靠史书的记载来研究历史是不够的，因为"文化兴中原，旧说实谰言"，故必须同时重视考古出土的散播于五方四野并且由劳动人民创造的实物材料。那些"精美呈绝艺""清磬绘云风"的工艺制作，可以作为"唤醒"上古时代历史文化的"招魂术"，因此，"劳动文化史，宜多作探研"②，方能完整重现辉煌灿烂的中国历史。

利用出土实物重构历史，沈从文确实再现了由劳动人民创造的丰富斑斓的古代文化。一个突出的发覆之见，是他把春秋战国的"百花齐放"归功于百工技艺创造的物质文化，和上层文化的"百家争鸣"形成双峰并峙的局面，共同创造了我国历史上第一次的思想大解放③；更进一步，上层文化及社会制度的兴衰起伏，也有赖于劳动人民的生产活动和物质文化创造作为基础。这在《西周及东周——上层文化之形成》中的表现，便是演述"西周到战国社会进展，引起社会矛盾、斗争、分解，因而促进制度的衍变和学术的兴起"。诗人把农桑进步和工艺发展作为社会制度与学术文化的引擎，使社会出现"日新又日新"的演进局面："农民营田亩"，"社会实较新"；"技术交流频"，"社会面

---

① 沈从文：《彩陶的衍化》，《沈从文全集》第 28 卷，第 55 页。
② 沈从文：《商代劳动文化中"来源"及"影响"试探——就武官村大墓陈列》，《沈从文全集》第 15 卷，第 401、403、405 页。
③ 沈从文：《中国古代服饰研究引言》，《沈从文全集》第 32 卷，第 6 页。

貌新";"异论齐争鸣","反映阶层新"。其中的诗句,如"男耕而女织,即由诸明文""铜漆玉丝绸,发展见多端",再现了上古时代经济社会的日常形态;"戈戟比蜂虿,轻骑如云屯""殷周诸墓葬,犹多遗制存",则显示了"在祀与戎"的典章制度与军政大事。在沈从文看来,"此等新事物"是不能仅仅根据"旧史志"发现的。它们大量保存在劳动生产的物质资料如农具、丝绸、兵器、鼎彝、陶漆等出土实物中,因此"若重新证据",那么这一段历史就会出现"实应刮目看"的崭新面貌①。比如史书中的东周是合纵连横的诸侯争霸时代,《战国时代》却从物质文化角度,缕述"铁器和封建关系,大都市商业繁荣商人阶级抬头,社会动荡中诸子百家杂说如何出现","涉及问题多而且重要"。战国时代"铁器渐成熟,生产日以增"以至于形成"技术交流多,艺术齐上升"的物质文化基础,推进了"都市益发达,社会趋繁荣",出现了"且多大商户,自成新阶层"的社会形态;又因战火导致制度废弛,便从"识字人益多,有识而无权"的人群中,涌现出"百家多驰说,各花齐争荣"的文化兴盛②。这种由物质文化材料建构的历史,再现了先秦时代的另一种历史面貌。它就像史书之外的无字碑一样,蕴含着丰富的关于远古时代的信息。

用诗歌把"陈列实物和通史提法,加以综合和概括"③,沈从文创作出一批既新且异的文学作品,令人想起自他成名以来

---

① 沈从文:《西周及东周——上层文化之形成》,《沈从文全集》第 15 卷,第 406—409 页。
② 沈从文:《战国时代》,《沈从文全集》第 15 卷,第 410—411 页。
③ 沈从文:《复张兆和(1970 年 10 月 10 日)》,《沈从文全集》第 22 卷,第 396 页。

就获得的"文体家"称号。在文体实验方面走得更远的,是他在这一时期创作的不少诗中加上自注,使其成为一种文学史上少见的"诗文注释本"。

这种自注,一方面是他用实物材料补充说明诗义。如在《读秦本纪》"上升泰山颠,封禅告功成。'登高望四海',奇锦著明文"旁自注:"出土锦中有'登高明望四海'字样,和封泰山有关,图样必成于秦始皇与汉武帝。"①表现其以物证史,"用文献结合文物互证法"的治学特色②;又在"枚乘赋《七发》,相如赋《上林》。鲁殿重灵光,未免少见闻"旁自注:"杜牧《阿旁宫赋》晚出,笔俗,犹不及汉人诸辞赋反映和秦事接近,然所见壮丽远不及秦。"③属于兴之所至,在叙述秦史之际比较汉唐赋体的优劣高下,并旁及创作上实际经验与据空想象的关系。这种写法,恰是沈从文为博物馆陈列写作古诗的初衷,并且把这种诗化的表现,"当作一个'说明员'能否及格卷子看待"④。

自注的另一方面,是反映诗与注之间的文学和学术的互动及沈从文对于自己学术发现的期许和肯定。这突出地体现在《文字书法发展——社会影响和工艺、艺术相互关系试探》一诗对于中国文字书法的史述之中。该诗共 514 句 2570 字,而批

---

① 沈从文:《读秦本纪》,《沈从文全集》第 15 卷,第 369 页。
② 沈从文:《西周及东周——上层文化之形成》,《沈从文全集》第 15 卷,第 409 页。
③ 沈从文:《读秦本纪》,《沈从文全集》第 15 卷,第 371 页。
④ 沈从文:《文字书法发展——社会影响和工艺、艺术相互关系试探》,《沈从文全集》第 15 卷,第 393 页。

注文字密密麻麻,数量远远超过诗作本身。沈从文本来就擅写书法,1930年已掌握许多古文字形象,并打算撰写一部汉字从篆籀演化到草书的书法断代史①。四十年后的1970年,经过知识的丰富和积累,尤其是唯物史观的建立和对实物材料的充分掌握,这种志趣逐渐积攒并最终诗化为叙述从上古结绳时代直到清朝数千年的文字书法衍化史。其特色是"把'文字学'和'书法学'两课压缩,加上甲骨文中的文化反映,竹木简的反映,纸、笔、墨、砚发展,和写字当成艺术,又由艺术转为实用简体字的影响过程",并兼及"四言诗和七言诗的起源"②;随诗旁注的"说似较新""这提法也新而重要""前人谈书艺少提及"等等注语③,则显示诗人对其学术独创性的自我肯定,甚或是在"八分钱笔蘸破碟陈墨"④的治学、写作环境下,对于战胜困窘的有力宣示。诗中的一些史述,大胆挑战前人论说,包括从纸张、用笔等实物角度,对世传王羲之著名法帖出处的质疑,其自信建立在以经济基础作为上层建筑的依恃,并拥有大量由字体及刻印笔墨纸砚等实物知识构成的证据链条⑤。如叙述秦汉之际出现的简体文字书法:

---

① 沈从文:《致胡适(1930年9月28)》,《沈从文全集》第18卷,第107页。
② 沈从文:《致张兆和(1970年10月15日)》,《沈从文全集》第22卷,第402页。
③ 沈从文:《文字书法发展——社会影响和工艺、艺术相互关系试探》,《沈从文全集》第15卷,第378—379、386页。
④ 沈从文:《〈红卫星上天〉后记》,《沈从文全集》第15卷,第365页。
⑤ 沈从文:《〈文字书法发展——社会影响和工艺、艺术相互关系试探〉后记》,《沈从文全集》第15卷,第383—384、393页。

土地既富饶，社会生产增，
货殖具百物，贸迁交换频。
为便于应用，简字易流行，
　
商业及吏事，要求更切殷。
　
即作艺术看，也勇于探寻。
尚方官工镜，例证在眼前。
事过犹不及，因简反失真。

▲ 简字则因如下种种而得到
　发展。
▲ 和传出自程邈，及"隶"字本
　意而言，如上说也相合。
▲ 而这一点却少人道及，但却
　重要，因由"见日之光"早期
　镜子到武帝或王莽尚方官
　工镜，无不大量使用简化艺
　术字。大致由于简得不合
　实际，还是不流行。附尚方
　镜二种，字过简，反而行
　不通。

刘彻好铺张，乐府重新声。
文人作辞赋，字体又转繁。

▲ 简繁之因，提法似较新。还
　系事实。司马相如等辞赋
　中不少字当时即不流行，后
　来也少用。①

这些诗句叙述了秦汉时期文字书写的简繁变化和发生这种变化的原因所在。秦汉时期，经济社会的快速发展导致商事契约和官府文书的广泛使用，对文字的书写提出方便简易的要求，并使书法出现艺术上的创新。这是形成文字变化的经济基础。而由于汉武帝喜好铺张声色和文人铺排辞赋乐府的风尚，使文字又出现由简趋繁的现象。这是导致文字变化的上层建筑。

───────────────

① 沈从文：《文字书法发展——社会影响和工艺、艺术相互关系试探》，《沈从文全集》第 15 卷，第 380 页。

这种"简繁之因"的"新提法",典型地体现了诗人的唯物史观和"辩证规律在,执一难概全"①的辩证法眼光,而其以实物证据配伍于经济基础与上层建筑互动关系的笔法,有着极大的说服力。这种文字书法发展史,比之于由名家法帖的书写、著录、评点、流传、影响构建起来的历史更有统摄力,同时也更加语境化。这样的历史叙述,不仅从社会生产活动中发掘历史的动因,也以实物证据弥补仅用法帖为材料建构书法史的空缺,从而突破了由书法家及其书法作品与艺术鉴赏家及其评点文字圈划的历史范围。这种重视"人民工人和艺术应用",把"有名书家,放到次要次要地位"的做法②,使沈从文构建的书法史从单纯的书法"艺术史"中超脱出来,从另一角度更多一层地贴紧了文字书法发展的动态和真相。

在《红卫星上天》的后记中,沈从文曾提到写作文化史诗"对于个人说来,亦足纪念"③。然而,这批诗歌的纪念性远不止于其个人在双溪的生活。它们是诗人在极简治学环境下的一次创造性发挥,用诗笔对中国灿烂物质文化的细心刻镂,浸润着他对于古代百工技艺的深沉敬意。这批文化史诗可称得上是沈从文后期学术研究足以使人眼睛为之一亮的成果之一。在这之后,除了修订完善《中国古代服饰研究》和为博物馆陈列撰写说明文字,他已鲜有新的成系统的学术著述问世。因此,

<hr />

① 沈从文:《叙书法进展——摘章草行草字部分》,《沈从文全集》第 15 卷,第 398 页。
② 沈从文:《复张兆和(1970 年 10 月 10 日)》,《沈从文全集》第 22 卷,第 396 页。
③ 沈从文:《〈红卫星上天〉后记》,《沈从文全集》第 15 卷,第 365 页。

这批文化史诗又含有一层特别的意义:沈从文以"第三次改业"的方式回返文学创作,却用写诗的行为缔结出学术的花果;他为学术研究选择了诗化的表现形式,使其文人与学者的特质得到高度的统一。

研究沈从文的美国学者金介甫曾指出,从早期文学创作对于历史风景的捕捉,到后来以普通人民创造的精美物质文化为对象的历史研究,沈从文终其一生保持着献身历史的持续努力①。如前所述,通过创作古体诗的"第三次改业",这种献身历史的冲动,再次表现为他对包括物质文化史在内的历史"风景"的诗化,并把本我的生命也深深地镶嵌其中。从新文学变成古体诗,其文体的大幅移动,反映了丰富的文学史内容。从当代文学史角度看,写作古体诗可视为沈从文对 1957 年 1 月毛泽东在《诗刊》创刊号发表古体诗并认为"旧诗可以写"的一种响应②;而其精耕诗田的多般努力,就像他早年文学创作力求创新一样,体现出竞争的心理和辩论的态度。从文学史现场看,沈从文创作古体诗缘起于 1962 年初他在井冈山上胜出的一场诗歌比赛③,而对于诗坛"一新,二熟,三易俗"以至于"尽写概念,终易落入套套"的时弊④,他"气魄不俗,既无旧套,也

---

① 〔美〕金介甫:《沈从文论》,朱光潜等著,荒芜编:《我所认识的沈从文》,第 127—128 页。
② 沈从文:《复张兆和(1970 年 8 月 1 日)》,《沈从文全集》第 22 卷,第 348 页。
③ 沈从文:《有关诗作的三封信·致张兆和(1961 年 12 月 23 日)》,《沈从文全集》第 15 卷,第 274 页。
④ 沈从文:《致张兆和(1970 年 6 月 18 日)》,《沈从文全集》第 22 卷,第 313 页。

无新套"的诗作其实充满了"试验性"和"新的突破"①,并将以"风怀"与"抒情"方面的成就,在文学史上占有一席之位②。这使我们发现,即使在相对沉寂的文学史阶段,那些隐伏在沉寂之下的私言暗语,仍然值得重作挖掘和整理。而从古今文学的联系上看,沈从文的古体诗"缩短文、白、新、旧差距"③,显示出"晋南北朝风格"④和"在旧体裁中表现新意思"⑤的总体趋向,他以五言诗为主要的书写形式,也是因其为魏晋南北朝最为成熟的诗体。作为中国文学的自觉时代,魏晋南北朝涌现的咏史与述怀作品及其刚健沉郁的诗学作风,为沈从文所吸纳化用,并嫁接唐宋诗人的经验,使陶、杜、元、白、王勃、欧阳修等诗人的诗魂,一齐熔铸在他的古体诗创作中。沈从文的古体诗是当代文学史上的特别个案:他保持文体作家的习惯姿势,自觉利用古代文学传统创作新样的古体诗,显示出对文学遗产的扎实继承和真诚敬重。

---

① 沈从文:《复张兆和(1970 年 3 下旬)》,《沈从文全集》第 22 卷,第 279—280 页。
② 沈从文:《〈白玉兰花引——书永玉木兰卷〉跋》,《沈从文全集》第 15 卷,第 303—304 页。
③ 沈从文:《复张兆和(1970 年 9 月 24 日)》,《沈从文全集》第 22 卷,第 386 页。
④ 沈从文:《致张兆和(1970 年 7 月 1 日)》,《沈从文全集》第 22 卷,第 324 页。
⑤ 沈从文:《致张兆和(1970 年 6 月 18 日)》,《沈从文全集》第 22 卷,第 313 页。

风物、人事与"宋人画本"：《湘西》的抗战叙事

　　虽然在何谓、何为抗战文学上沈从文与左翼作家多有辩论，但他于1938年创作的《湘西》，却是不折不扣的抗战文学。《湘西》叙述出一个物产丰饶且与外界发生密切联系的枢纽区域，还原其历史和文化上既是苗区又属于中国的真实处境，寄望其对抗战有所贡献。纪实和史笔是创作《湘西》的主要手段，但沈从文利用中国绘画的"画意"调和作品的"文意"，为其美学上的精妙追求"增色"，形成"文画同一"的倾向；尤其是为古代绘画涂抹现实人生的色彩，喻示湘西人民必须超越自然的生命形式，投入到历史的洪流之中。他请求胡适把他"用平时态度写战争"的作品翻译成英文在美国出版，企望使之成为世界反法西斯文学的一个中国篇章。

　　《湘西》是沈从文湘西系列散记的第三部，成稿于1938年，连载于1938年8月25日至11月17日的香港《大公报·文艺》，1939年由商务印书馆出版单行本。与数年之前写作的《湘行书简》《湘行散记》不太一样，这是一部记载作家1937年与1938年

之交,在战时环境下写作的湘西途程记。面对同样的河山,但世易时移,《湘西》带上了特殊时期的明显印记。其突出的特征是表现抗战来临时的湘西,欲图唤醒湘西人民的国族意识,从历史联系时事角度,为湘西准备作成抗战的坚强前线或稳固后方发出呼吁,而为达到这个目的,就需要叙述出一个新的湘西。

与《湘行书简》《湘行散记》相异之处还有,蕴含在《湘西》中的个人抒怀和边地夸张的程度大大地降低了。沈从文重新打量这片他熟悉的土地,并对之进行了非个人化和历史化的处理,对于湘西民风民俗的存留,也从欣赏、炫奇的心态,转向冷静的反思乃至于批判的立场。而从写作的姿态来看,那种"乡下人"的眼光换成了代表地方发言的重要人物的口吻。沈从文在1932年就被他的老师、南社名诗人田名瑜视为"峻而气清,怀虚而志亢"的湘西后起之才俊①,1937年又获得了"沈凤凰"的称号②,从而和他的同乡前辈"熊凤凰"(熊希龄)一样,成为湘西人物的代表。因此,当他于1938年初因避战逃难重返故乡的时候,江山异色,其文章也随之变调,突出在战时环境下,祛湘西之魅和记乡土之实的目的,并且皴染上沈从文独有的模山范水的如画笔墨。

地理与人物

1937年8月12日,沈从文和他的一干高校友人杨振声、梅

---

① 田名瑜:《送沈从文序》,《南社湘集》1936年第6期。
② 施蛰存:《重印〈边城〉题记》,朱光潜等著,荒芜编:《我所认识的沈从文》,第302页

贻琦、叶公超、周培源、钱端升、张奚若、朱光潜、梁宗岱等,从沦陷于日寇铁蹄的北平乔装逃离,别妇抛雏,情态可谓仓皇。由于战事迅速由北向南、由东向西发展,沈从文一行水陆并行,经天津、南京等地,至武汉、长沙、沅陵时,才有了一段时间喘息小憩。在这里,沈从文发生了"向何处去"的困惑。然而无论何去何从,他都准备以一己之力参加到抗战的洪流中去。在长沙、沅陵,他曾和陈渠珍等同乡前辈讨论湘西的命运,也曾与曹禺等作家到长沙八路军办事处,访问毛泽东的老师徐特立。徐特立表示欢迎他们去延安参加抗战,然而同时也表示,像沈从文这样的作家、文化人,作为统一战线的一分子,留在后方团结合作,进行持久抗战同样很重要①。这被视为后来沈从文写作《湘西》的一个重要根据②。恰值此时,北大、清华、南开三校在长沙组成联合大学,并准备分头西迁云南昆明。沈从文在长沙加入了联合大学的队伍,不久就再一次经过了他的故乡湘西,于是,《湘西》因之敷彩成章。

上述背景构成了《湘西》的时代语境,同时也意味着,这部作品将探讨迫在眉睫的现实问题,并且不再把湘西当作一方充满异质性的偏僻之地,而是作为抗战不可缺少的一个部分来加以处理。因此,作为在湘西内外已经具备较高文化资本和社会影响力的知名人物,沈从文首先考虑的是为湘西"祛魅",改变外地人心中口里对于湘西的原始性印象,把这块神秘的充满神巫文化和土匪气的"化外之地"现实化,激活其既是苗区同时又

①凌宇:《沈从文传》,第354页。
②吴世勇编:《沈从文年谱(1902—1988)》,第201页。

属于中国的历史。沈从文把这件事当作自己应负的责任,势必会对湘西进行"翻转"式的描写。六年前他写作异域风情浓厚的《从文自传》的时候,一个很重要的使命是扭转代表清朝统治者意识的《苗防备览》给予人们的观感,还原出一个充满地方色彩、奇风异俗的湘西;而在写作《湘西》的时候,沈从文一方面检讨仍然存留于民国的防苗政策,一方面却要改造《从文自传》神秘化、风俗化湘西的写作路线,"再还原"出一个新的处于抗战环境中的湘西。

正是出于这样的用心,《湘西》的"引子"是以一种驳论的写作方式出现的。针对外乡人对于湘西的种种奇异的传说与印象,沈从文态度温和然而说理明快地予以否定——湘西既不是游宦于此的文人笔下任意涂抹的蛮愚凶险之地,也非人云亦云中任意夸张浪漫的"世外桃源";"充满原始神秘的恐怖,交织野蛮与优美",只是一种对于湘西的刻板而夸张的印象或表象①。这块土地烙印着屈原遭受放逐的行吟足迹——其"沅有芷兮澧有兰"的诗句影响了二千年来中国人的心灵和情感,也是汉代马援西征困死之地,以及五代马希范与土人立铜柱为记,进行分疆而治的地方。这样的历史脉络说明,湘西虽然相对独立却与外部世界有着长期历史联系的事实。这种状况随着中国历史进程的发展,在深度和广度上不断加深——1935年,一条为备战、抗战而修筑的战略公路——湘川公路,经过湘西通往重庆,不久以后,重庆成为了中国的战时首都。

众所周知,工业文明背景下产生的公路,代表着一种物质

---

① 沈从文:《湘西·引子》,《沈从文全集》第 11 卷,第 334 页。

和文化上的现代性。在这样的文明视线之下,沈从文早前在农业文明视野里观察、书写的"湘西",经由《湘行书简》《湘行散记》构筑的奇异景观,便让位于由工业文明与战争环境交织在一起的《湘西》。沈从文一行从长沙乘车到达常德,这个号称偏僻湘西的咽喉之地,便就不再是"与世隔绝的区域":

> 湘西虽号称偏僻,在千百年前的《桃花源记》被形容为与世隔绝的区域,可是到如今,它的地位也完全不同了。西南公路由此通过,贯串了四川、贵州、云南、广西的交通。并且战争已经到了长江中部,有逐渐向内地转移可能。湘西的咽喉为常德,地当洞庭湖口,形势重要,在沿湖各县数第一。敌如有心冒险西犯,这咽喉之地势所必争,将来或许会以常德为据点,作攻川攻黔准备。①

正是这样的现代性视野的建立和对时事的敏锐预测,在《湘西》的开篇《常德的船》中,沈从文不仅揭示常德在今时今世的战略地势,而且彰显其在历史上处于洞庭湖"沿湖各县数第一"的枢纽位置。立足于这样的叙述姿态,常德这个陶渊明笔下的"武陵郡",便不再是古时避秦人不知有汉无论魏晋的世外桃源。作为陶渊明叙事的反转,想象的武陵归隐、现实的湘西显形,这个地方所具有的古典浪漫气息让位于沈从文笔下的社会写实②。《常德的船》本可借用陶渊明《搜神后记》的诸多

①沈从文:《〈湘西〉题记》,《沈从文全集》第 11 卷,第 328—329 页。
②沈从文:《湘西·常德的船》,《沈从文全集》第 11 卷,第 338 页。

典故,或者重拾他往日的笔墨,描绘出一幅风物美丽的水乡风景。然而,作为湘西连接中部中国的水陆出口的历史事实,常德从《楚辞》发生的时代至今日,都是交换进出口货物的大码头。这成为沈从文书写的重点所在,其指归在于一个富庶繁荣的湘西市镇,可作为战时重要的物资转运站和人员储备地。

由此之故,《常德的船》以一种十分铺排写实的方式导引读者进入历史化而非传奇化的湘西。大量来自外省和湘西腹地的船舶辐辏于常德,显示作为一个社会有机体,湘西血脉畅通并且富于生气。《桃花源记》中"缘溪行,忘路之远近"的世外景象,被沈从文刷新重绘为一片现实社会的市声喧哗和桨声灯影。辐辏于此的船,来源广泛,名目繁多,包括"长江越湖来"的"乌江子"盐船,更多来自湘西腹地"富丽堂皇、气象不凡"的"洪江的船",沅陵酉水"平头大尾"的"白河船",凤凰、乾城苗乡"船舷低而平,船头窄窄"的"洞河船","极活动,极有生气"的"麻阳船",以及"漂浮水面如一片叶子"的"桃园划子"和"颜色黄明照眼,式样轻巧"的从湘西以西到达常德的贵州"铜仁船"。这些船只运载、交换着产于外江和湘西乃至川贵地区的物产,显示了湘西物资生产、商贸流通繁盛兴旺的一面。不计其数的桐油、木料、牛皮、水银、子盐、花纱、布匹、洋货、煤油以及各种轻工业日用品,由这里转口行销,使常德在历史上成为盘活湘西经济社会"吐纳货物和原料"的"咽喉",而战时则可望成为抗战物资的供给地,湘西的战略地位于此显露。文中特别引述了南宋《金佗稡编》记录岳飞乘"大鳅鱼头船"在洞庭湖水擒杨幺的故事,则于一片历史的硝烟中指示着即将来临的抗日烽火。

《常德的船》所具有的历史还原和地方写实的艺术特色，显示了沈从文对自我创作习惯的一次重大调整，其触机则是他希望创造一种由于"作者是本地人"因此力能胜任①，并且具有自我风格的战时文学。这种战时文学，不涉及普遍流行的抛弃个人主义从而投入时代洪流的群体觉醒，也不关乎使用铿锵有力的笔调夸张弥漫硝烟的高亢抒情；同样处于身居后方的写作位置，它也不同于张天翼《华威先生》那样辛辣愤世的幽默讽刺。《湘西》宣示了一种历史的、写实的而非浪漫虚构的地方主义的苏醒，其方式是以社会学、地方志的纪实写史笔法，为湘西"祛魅"。既然过去任职于此的地方官、史学者、社会问题等专家，不仅不能呈现湘西的真实历史与现实，而且不断使之神秘化和污名化，那么，在"湘西沅水流域必成为一个大战场——一个战场，换一句话说，也就是一片瓦砾场"的形势下，对于湘西的"过去"和"当前"必须给予真实的揭示，方可应对"诱敌入山地"的战事走向②。

　　这种对于真实湘西的揭示，还通过作家观察角度的调整，实现从"水土"到"人物"的推进。前文已述，沈从文此行的交通工具是长途汽车而非他习惯的水乡船舶，这使他对于湘西的观察，出现了一种抽离的、旁观的视角，刻画出一幅客观的，甚至近于俯瞰式的全景画面。这和沈从文惯常操持的情景交融、人景互化的手法是不同的。在他之前的湘西笔墨中，人是自然之子，"自然而不悖于健康的人性"是其"水土"与"人物"的同

①沈从文：《湘西·引子》，《沈从文全集》第 11 卷，第 334 页。
②沈从文：《〈湘西〉题记》，《沈从文全集》第 11 卷，第 328—329 页。

构关系。这种以自然映照出来的人生形式,在艺术表现上极为具体细腻,在艺术哲学上却是抽象的、象征主义的。然而这种为人称道的"沈从文风格",却在《湘西》中被他自己打破了。《常德的船》的结束部分出现了这样的叙述:"常德县城本身也就类乎一只旱船,女作家丁玲,法律家戴修瓒,国学家余嘉锡,是这只旱船上长大的。""旱船"云云,喻示的是一种前驱于时代而非归本于自然的历史方向。因此沈从文集中笔墨,使湘西的真实人物群像出现在他的文字之中。这些人物以其个人成就和对现代中国的多方面贡献,证明了湘西的价值所在。在《沅水上游几个县分》《凤凰》等文中,向警予、熊希龄、陈渠珍、田星六、王家烈等政治取向、行事风格、社会贡献大异其趣的人物罗列出场,他们也不再是沈从文笔下的自然之子。他们作为现代中国历史风云的代表被沈从文写进《湘西》,意味着作者把湘西从传奇转化成历史的努力。这种把湘西人物历史化的叙事目标,还更多表现在那些为时代作出贡献的普通人身上,沈从文尤其感慨系之的是湘川公路的建设者:

> 一个旅行者若想起公路就是这种蛮悍不驯的山民或土匪,在烈日和风雪中努力作成的,乘了新式公共汽车由这条公路经过,既感觉公路工程的伟大结实,到得沅陵时,更随处可见妇人如何认真称职,用劳力讨生活,而对于自然所给的印象,又如此秀美,不免感慨系之。这地方神秘处原来在此而不在彼。人民如此可用,景物如此美好,三十年来牧民者来来去去,新陈代谢,不知多少,除认为"蛮悍"外,竟别无发现。外来为官作宦的,回籍时至多也只有

把当地久已消灭无余的各种画符捉鬼荒唐不经的传说,在茶余酒后向陌生者一谈。地方真正好处不会欣赏,坏处不能明白,这岂不是湘西的另外一种神秘?①

其中"湘西的另一种神秘",是沈从文所要突出表达的现实中为抗战发奋劳作的湘西人民。湘西人民"认真称职,用劳力讨生活,而对于自然所给的印象,又如此秀美",使他们所修筑的湘川战略公路显得"伟大结实"。后来沈从文在进行学术研究的时候,屡次表彰那些精美工艺品的制作者为"沉默中的无名英雄",认为他们在中华民族遭受异族困辱奴役的时候,通过沉默坚实的劳动,表现出不甘屈辱、挣扎反抗的民族贞固品质和单纯信仰②。这样的一种认识,可以说是发源于《湘西》的。而在沈从文笔下,这些"沉默中的无名英雄"的劳动身姿融合在秀美的山水之中,又构成了一幅美丽动人"宋院画":

> 公路在山上与山谷中盘旋转折虽多,路面却修理得异常良好,不问晴雨都无妨车行。公路上的行车安全的设计,可看出负责者的最大努力。旅行的很容易忘了车行的危险,乐于赞叹自然风物的美秀。在自然景致中见出宋院画的神采奕奕处……溪流萦回,水清而浅,在大石细沙间漱流。群峰竞秀,积翠凝蓝,在细雨中或阳光下看来,颜色真无可形容。山脚下一带树林,一些俨如有意为之布局恰

---

①沈从文:《湘西·沅陵的人》,《沈从文全集》第 11 卷,第 355 页。
②沈从文:《〈中国陶瓷史〉题记》,《沈从文全集》第 28 卷,第 52 页。

到好处的小小房子,绕河洲树林边一湾溪水,一道长桥,一片烟。香草山花,随手可以掇拾。《楚辞》中的山鬼、云中君,仿佛如在眼前。上官庄的长山头时,一个山接一个山,转折频繁处,神经质的妇女与懦弱无能的男子,会不免觉得头目晕眩。一个常态的男子,便必然对于自然的雄伟表示赞叹,对于数年前裹粮负水来在这高山峻岭修路的壮丁,更表示敬仰和感谢。①

这段描写的点睛之笔是点出了"宋院画"。所谓"宋院画',就是流行于两宋由宫廷画师和艺术修养极高的宋徽宗等帝王创作的花木鸟兽人物山水画。它们以工笔为主,逸笔为辅,模山范水和描人状物追求真实效果,具有写景记人叙事功能。元代画家王绎(思善)以创作细腻逼真的人物画名显于世,他在《院画》中说:"宋画院众工,凡作一画,必先呈稿,然后上真;所画山水人物,花木鸟兽,种种臻妙。今朝廷内画,及民间画人物皆然。"②可见创作院画的画师从写稿、上真到臻妙的写真态度,和文人画家侧重于挥洒个人情绪、追求道禅意境的写意作风是非常不同的。沈从文以讲求写实逼真的宋院画比附他笔下的人事与风景,表现了为抗战胜利而"裹粮负水"辛勤劳动的湘西人民的"神采奕奕",正是他舍弃他之前的湘西叙事,把自己的创作朝着服务抗战的需求而发展。

1938年3月成立的"中华全国文艺界抗敌协会"提出"文

①沈从文:《湘西·沅陵的人》,《沈从文全集》第11卷,第348页。
②李敖主编:《齐民要术·唐伯虎全集·陶渊明集》,天津:天津古籍出版社,2016年,第186页。

章下乡，文章入伍"的倡议，对加入文协不甚措意的沈从文，却以实际行动响应号召，老早就加入了抗战文学的大合唱。通过对湘西地理与人物的再发现，沈从文叙述出这方水土新的历史与现实，祛除湘西之旧魅，凸显出一个置于抗战烽烟之中并可望对于抗战有所贡献的湘西。而对湘西地处抗战咽喉要冲与湘西人民修筑湘川公路的描写，体现了沈从文投身抗战事业的自觉和努力。可更值得申说的还是沈从文的创作方式，即使加入了"大合唱"，仍然保持独有的身段，构建属于自己的"小文学史"：他坚持其习惯的湘西书写题材，却更新了表达的旨趣；他贴紧其熟悉的风土人物，却挖掘、再现了新的主题。这个新的主题，犹如他提到的"湘西的另一种神秘"，也是通过沈从文更改原有的叙述模式揭示出来的。

"情魔"与"游侠"

写作《湘西》的另一个目的，是沈从文要解开这个"地方，人与物，由外人眼光中看来俱不可解"的谜团。在外乡人看来这地方无事不奇，定然有它令人惊奇的表象；而且，发生在这里的奇人奇事甚至也是沈从文通过自己的作品建构起来的。从这个层面而言，他之前构筑的湘西世界，也可以说是一次与外乡人的共谋——以满足读者的猎奇心理为目的。无论是《边城》等讲述的儿女情事，还是《从文自传》记录的军中行旅，都是以奇取胜，力求拍案惊奇的效果。而惊奇效果的获得，是作家偏重于渲染自然主义与原始宗法主义，从而使其故事和人物与20

世纪的中国,甚至湘西的真实处境拉开了不小的距离。因此在《一个传奇的本事》的"附记"中,沈从文说当他准备写作《湘西》的时候,就开始关注"背景和人事"以及"地方问题"①。如此一来,《湘西》所钩稽的"传奇"的"本事",就成为作者对湘西的奇人奇事所作出的历史文化与社会意识上的一种新解释。

沈从文是从由情而"魔"的女子和游侠未必"仗义"的男子的异闻故事里发掘存在于湘西之传奇背面的东西的。纯情以至于一往情深,游侠以至于不避血腥,曾是沈从文极力夸张表现的题材,并且形成其作品的牧歌情调和原荒色彩。这地方的这些人物,"他们的生活单纯",使1934年写作《湘行书简》的沈从文"永远有点忧郁"②,可是到了1938年写作《湘西》,他们却成为被"历史习惯所范围"的人物而使作家"心情实在很激动,很痛苦"③。从唯美范畴的"单纯"与"忧郁"过渡到社会观感的"激动"与"痛苦",导致沈从文笔下的自然牧歌和原始宗法主义的脉脉温情让位于生活中的残缺残酷部分,然而辩证地看,这些残缺残酷所隐伏的地方精神却有可能成为"发现"新湘西的历史文化基础。

流传在沅陵县柳林岔的一个关于貌美如花的寡妇与虔诚修道的和尚的奇恋故事④,透露了沈从文对于湘西子民深情执着而又深度压抑的生存状态的同情。故事叙述得相当冷静,却充满情绪的张力,隐含着作者对于地方、历史与人事的思辨意

---

①沈从文:《〈一个传奇的本事〉附记》,《沈从文全集》第12卷,第234页。
②沈从文《湘行书简》,《沈从文全集》第11卷,第132页。
③沈从文:《〈湘西〉题记》,《沈从文全集》第11卷,第330页。
④沈从文:《湘西·沅陵的人》,《沈从文全集》第11卷,第359页。

识。"寡妇因爱慕和尚,每天必借烧香为名去看和尚,二十年如一日。和尚诚心修苦,不做理会,也二十年如一日。"寡妇的儿子知道隐伏在二人之间的情事后,既不敢规劝母亲,也不能责怪和尚,只好雇请100名石工和100名铁匠,开山凿石,修筑了险且长的从家里通往山寺的桥和路,并在路桥的两旁固定粗大的铁索,作为攀缘和保护的设备。儿子完成这一切后,离开家乡再也没有回来。故事的结尾看起来和《边城》类似,但却不是那种"也许明天就会回来,也许永远都不会回来"的开放式结构——这种结构给不完美的人间世营造出一个担心揉碎了的梦境,因此保留了一种虚幻而又温柔的想象。对于寡妇与和尚的奇恋,沈从文揭出的是其中的眷"恋"与忍"苦"。和尚诚心修苦,寡妇二十年如一日不能公开的秘密,又何尝不是修苦,其修苦的背面却是不能公开的恋爱。而儿子为了这对恋人凿石修路却不能公开说明,终至于离开乡土的行为,更是一种眷"爱"与忍"苦"。他们的奇异情感并不涉及色空冲突的宗教意识和孝事母亲的儒家伦常,而是紧紧缠绕的承担命运的不恋之恋与忍苦眷爱的默然牺牲这样深沉贞固的人间情愫。他们眷"爱"而又守法不破戒,不破坏世俗纲常伦纪,不失尽责敬人的品质。当这段三人间的奇异情事从历史化为传说的时候,经行路过的行人因得益于这路桥的方便,沿河上下的水手因得益于坚固铁索拉纤,都赞叹他们"完成的伟大工程"。

沈从文书写的这段被他自称为"杂糅神性与魔性"且富于理解和奉献精神的奇情故事,其"本事"与本地"民族性的特殊大有关系","历史上楚人的幻想情绪,必然孕育在这种环境中,方能滋长成为动人的诗歌"①。楚国曾是产生屈原及其笔下"山鬼""云中君"的地方,忠贞坚韧和敏于深情作为一种历史传统流淌在楚人的血液之中,"想保存它,同样需要这种环境"的维护和再造。如与"楚虽三户,亡秦必楚"的坚贞顽强精神相联系,这个"三角"奇恋故事也就并不勉强,其所蕴含的时代内容,也就是不难理解的了。

　　另一种奇恋故事中的情魔色彩则与湘西的巫鬼文化有关。说巫谈鬼本是沈从文文学创作中的惯常题材和形成他独特文风的一个标志,但在写作《湘西》的时候,他指出这些流行于世的巫鬼传说并非供人猎奇的天方夜谭,而是人性压抑,尤其是性压抑的产物②。这种生命情感受到压抑的原因在于现实社会的愚昧与不合理。行巫者多半是或贫或寡的妇人,其行事"必与仇怨有关,仇怨又与男女之事有关"。是正常的爱欲不能合理实现从而"产生变质女性神经病",使她们或人到中年成为巫妇,或人到老年成为蛊婆,用变态行为发泄郁积的欲望,并且她们压抑痛苦的生存状态不为社会所理解。"落洞"则更是一种奇恋行为,年青姣好且知书识礼的女子,耽于美好浪漫爱情幻想而不得,终至于自以为和山里的英俊洞神发生恋爱,最后打扮如新娘自行落入山洞中死去,"实在是一种人神错综的悲剧"③。沈从文道出产生悲剧的原因是社会性的,是一直以来存在于湘西的对于女性的严厉道德管制和情欲压迫,使这些女子游离出人间,寄情于原始宗教中的神鬼,造成种种难以理解

①沈从文:《湘西·沅陵的人》,《沈从文全集》第11卷,第360页。
②沈从文:《湘西·凤凰》,《沈从文全集》第11卷,第398—399页。
③沈从文:《湘西·凤凰》,《沈从文全集》第11卷,第398页。

的人间悲剧。

沈从文把这些行为总结为"浪漫情绪和宗教情绪两者混而为一","神秘背后隐藏了动人的悲剧,同时也隐藏了动人的诗"①。浪漫缘于对美好爱欲生活的执念,宗教情绪则是流行于湘沅楚地万物有灵的人神合一意识。二者绾结生出的奇情奇事,看似神秘,其背后却是引人深入思考的社会悲剧。而在沈从文眼里,这种悲剧同时也是动人的歌诗,内蕴着不甘困窘压抑的挣扎反抗,虽然以悲剧为结局,但对其中的生命意志却应表示同情和敬意。和前述的僧俗之恋一样,沈从文把这种神巫之爱也视为"动人的诗"。而"诗可以怨",一方面表达沈从文对于他所述"情魔"主角同情之了解,另一方面,也是发挥"怨"介入现实、批评社会的功能。沈从文深入神魔"秘境",把他们还原为历史,正体现了他祛魅湘西的写作主旨。

"浪漫情绪和宗教情绪两者混而为一","在男子方面,则自然而然成为游侠者精神"②;"宗教情绪(好鬼信巫的情绪),因社会环境特殊,热烈专诚到不可想象"③,引发沈从文叙述了另一种湘西的奇人奇事——"游侠"。沈从文认为存在于湘西的"游侠观念纯是古典的,行为是与太史公所述相去不远的"④,"太史公《史记》叙游侠刺客,职业多隐于屠酤之间,且说这些人照例慷慨而负气,轻生而行义,拯人于患难之际而不求报施,比

---

①沈从文:《湘西·凤凰》,《沈从文全集》第11卷,第401—402页。
②沈从文:《湘西·凤凰》,《沈从文全集》第11卷,第402页。
③沈从文:《湘西·凤凰》,《沈从文全集》第11卷,第393—394页。
④沈从文:《湘西·凤凰》,《沈从文全集》第11卷,第404页。

士大夫犹高一筹"①,"游侠者行径在当地也另成一种风格……重在为友报仇,扶弱锄强,挥金如土,有诺必践。尊重读书人,敬事同乡长老。换言之,就是还能保存一点古风。"②《湘西》的《凤凰》篇描写闻名湘鄂川黔四省边地的凤凰游侠田三怒,"身体瘦而小,秀丽如一小学教员","一见长辈或教学先生,必侧身在墙边让路,见女人必低头而过,见作小生意老妇人,必叫伯母,见人相争相吵,必心平气和劝解,且用笑话使大事化小。周济逢丧事的孤寡,从不出名露面"。他十岁就以和屯田士兵斗殴投名江湖,十二岁身怀黄鳝尾小刀闻名同道,十六岁即翻越600里山路到常德为友报仇。凭借行侠仗义和尚勇精神,田三怒在二十岁时做了江湖龙头老大,成为维持地方秩序和道德礼俗的重要力量。由于"结怨甚多",最后他遭到仇家伏击,因不愿受辱而拔枪自毙。

沈从文把田三怒称为"当地最后一个游侠者"。作为草莽豪杰,田三怒正合于司马迁所欲表彰的"靡得而闻"的"布衣之侠"。他们身处民间,并不掌握国法赋予的财富权力资源,却能以"闾巷之侠,修行砥名,声施于天下,莫不称贤"。然而因为游侠行为有"不轨于正义"的一面,他们"已诺必诚,不爱其躯,赴士之厄困"③的精神是值得进行一番现代意识的审视、梳理和改造的。这里的"正义",就是为江湖的任侠使气所遮掩的民族大义。湘西游侠者徒具地方性而少有家国情怀,因此"这个地

---

① 沈从文:《芷江县的熊公馆》,《沈从文全集》第12卷,第295页。
② 沈从文:《湘西·凤凰》,《沈从文全集》第11卷,第403页。
③ 〔西汉〕司马迁:《史记》卷一二四《游侠列传》,北京:中华书局,1982年,第3181页。

方的人格与道德,便当归入另一型范"——必须通过教育、组织和管理的模范打磨,使游侠者刚直团结,不仅明白个人对于地方的责任,而且明白对于国家也要有所报效。就此而言,对于游侠者的教育和领导就变得十分重要:"个人的浪漫情绪与历史的宗教结合为一,便成为游侠精神,领导得人,就可成为卫国守土的模范军人。这种游侠精神若用不得其当,自然也可以见出种种短处。或一与领导者离开,即不免在许多事情上精力浪费。甚焉者糜烂地方,尚不自知。"古典的游侠者需要进行现代转化而成为"守土卫国"之士,因此沈从文特别呼吁执事于湘西的老前辈要发挥领导模范作用。这些人物是当地的读书人、政治家、带兵将佐,他们同样是为游侠精神所浸润的"游侠者":

> 这种游侠者精神既浸透了三厅子弟的脑子,所以在本地读书人观念上也发生影响。军人政治家,当前负责收拾湘西的陈老先生,年近六十,体气精神,犹如三十许青年壮健,平时律己之严,驭下之宽,以及处世接物,带兵从政,就大有游侠者风度。少壮军官中,如师长顾家齐、戴季韬辈,虽受近代化训练,面目文弱和易如大学生,精神上多因游侠者的遗风,勇鸷慓悍,好客喜弄,如太史公传记中人。诗人田星六,诗中就充满游侠者霸气。山高水急,地苦雾多,为本地人性格形成之另一面。游侠者精神的浸润,产生过去,且将形成未来。①

---

① 沈从文:《湘西·凤凰》,《沈从文全集》第 11 卷,第 407 页。

湘西因地处偏僻,文化风俗殊异,事事物物都被视为惊奇,使人以惊奇作为对湘西历史与现实的真实反映,想象出奇幻而瑰丽的异域世界。然而通过对奇人奇事的叙述,沈从文揭开其神秘面纱,还原其作为历史文化与社会现实的真实部分——湘西似奇实非奇。真实的湘西何以重要,乃是因为在战氛日浓之际,它即将作为抗日的主战场及人员与物资的输送地,湘西将承担重要的历史使命。《湘西》的写作旨趣,既是为国人讲述一个真实的湘西,使之合理地看待和使用这片水土,也是鼓励地方民气和自尊心,使湘西子弟明白身负的责任,建立超越地方的视野而为国家作出贡献。沈从文通过情魔和游侠者故事,深度挖掘人物中所浸润的坚贞坚韧品质和尚武勇毅精神,使湘西以新的精神面貌,从传说走向现实。

画意(文物)与文意(文学)

　　与沈从文的其他乡土书写比较,《湘西》属于写实纪事之作,并非之前以呈奇记异为主要目的;其风格不以抒情取胜,而是"作为关心湘西各种问题或对湘西还有兴味的过路人一分'土仪'"①。承担着与之前游历湘西的官吏、学者、记者,乃至包括他自己的乡土传奇进行"辩论"的任务,《湘西》体现出朴素的文风和显豁的文理,促使其叙述偏向史传的特色。然而这并没有削弱这部作品的艺术性,其状物记人的笔墨依然细腻精

---

①沈从文:《湘西·引子》,《沈从文全集》第 11 卷,第 335 页。

致,而更加特出的,是沈从文有意引入"画意",使之为作品"调色"并为之"增色"。

　　"画意",就是在文字书写中穿插使用中国绘画艺术。距写作《湘西》不到十年,沈从文就以对中国美术史的深厚了解为世人所知①,但在写作方面,则是早在他初到北平时,就经常品读含玩中国古代绘画,并将之学习、应用到文学创作之中,从而获得一种把作品敷写成既诗情画意又寄意遥深的特殊技艺②。相比古代文人"诗画合一"的审美追求,沈从文表现出一个现代作家在"文画合一"方面的努力。如其追忆早期创作经验时所说的:"范宽的《雪山图》,董源的《龙绣郊民图》,夏圭的《溪山清远图》,赵松雪的《秋江叠嶂图》……都深深吸引着我,支配着我,并产生种种幻想和梦境,丰富充实了我这方面的知识和感情,甚至于也影响到后来的写作,用笔时对于山山水水的遣词措意,分行布局,着墨轻重,远过直接从文学上得到的启发还加倍多。"③这些宋代画家的"宋人画本",以及他自称与湘西风景绝似的"新安画派"绘画,在助力沈从文的文学创作方面,实在是既深且多的。

　　这种技艺在《湘西》中的充分体现,是借鉴绘画艺术表现地方风景的特色和变化,增益读者对于湘西山川风物的审美兴味;更进一层,则是挖掘景色如画中蕴含的历史精神,为抗战背

---

① 沈从文:《给一论文作者——1947 年 1 月 19 日》,《沈从文全集》第 18 卷,第 460—462 页。

② 沈从文:《关于西南漆器及其他(一章自传——一点幻想的发展)》,《沈从文全集》第 27 卷,第 25 页。

③ 沈从文:《回忆徐志摩先生》,《沈从文全集》第 27 卷,第 433—434 页。

景下湘西子民所担负的时代使命赋予地方文化的坚固基石。前一个层面,是沈从文借用新安画派作品的润秀与奇崛,通过画卷的渐次打开,由浅及深地表现湘西风景风物的迤逦之势:

> 汽车过河后,长沙地方和旅行者离远了……上了些山,转了些弯,窗外光景换了新样子。且还继续时时在变幻。平田角一栋房子,小山头三株树,干净洒脱处,一个学中国画的旅客当可会心于新安派的画上去。旅行者会觉得车是向湘西走去,向那个野蛮而神秘,有奇花异草与野人神话的地方走去,添上一分奇异的感觉,杂糅愉快与惊奇。①

> 由三门水行七十里,到保靖县(过白鸡关陆行只有四十余里)。保靖是酉水流域过去土司之一所在地。酉水流域多洞穴,保靖濒河两个洞为最美丽知名。一在河南,离县城三里左右,名石楼洞。临长河,据悬崖,对河一山山上老松数列,错落布置,十分自然。景物清疏,有渐江和尚画意。②

前引"一个学中国画的旅客当可会心于新安派的画上去",是将入而未入湘西的宁乡、益阳景象;后引"错落布置,十分自然。景物清疏,有渐江和尚画意",则是深入湘西腹地保靖县的风

---

① 沈从文:《湘西·引子》,《沈从文全集》第 11 卷,第 336—337 页。
② 沈从文:《湘西·白河流域几个码头》,《沈从文全集》第 11 卷,第 362 页。

光。它们虽然分属两篇文章，却连接为一大幅由平芜通往"神秘而野蛮"的湘西风景画卷，铺述、镶嵌十分得体自然。渐江和尚是成熟期新安画派的领军人物，画风秀逸高洁，以遗民之身出家后，更显遗世独立、超然远引的气质。诚如沈从文所说，一个学画的旅客能够领会其中的新安画意，宁益地方"平静洒脱"的平田风景其实和"景物清疏"的渐江风度并不抵牾，相反地，成为它的一个"前景"。懂得画史的读者当会明白新安画派崛起于当地徽商的财富积累和文化提升，是经济与文化互动的结果。宁益地方商业富庶，文化相对开放，其"公路坦平而宽广"，"路旁树木都整齐如剪。两旁田亩如一块块毯子，形色爽人心目"的景色，正与新安画派发生的历史背景相对应。而到了湘西腹地，这块遗落在世外的风土，恰如出家后徜徉山水遗世独立的渐江和尚那寒鸟夜猿、空远沉寂的画意，透露出美丽空旷而又荒野漫漶的气息。沈从文利用自己的美术修养，以绘画意境逐渐加深读者对于湘西的印象，使湘西的山水世界与古人的艺术精神相融会。这是沈从文在更高的文化修养和美学层次上打磨他的写作对象，无论对于题意的彰显还是读者阅读兴味的增强，都取得了独具一格的效果。

沈从文使用这种画意与文意的"互渗""互答"，也不只是为了单纯表现山水秀色，或把抽象文字具象为直观的画面，增益文章的美学趣味。在如画的风景里，包括前文已经叙及的"宋院画"，沈从文还特别注意挖掘内含其中的人的精神意态，使自然、人生和时事生发出一种新的关系：

> 由沅陵南岸看北岸山城，房屋接瓦连椽，较高处露出

雉堞，沿山围绕；丛树点缀其间，风光入眼，实不俗气。由北岸向南望，则河边小山间，竹园，树木，庙宇，民居，仿佛各个都位置在最适当处。山后较远处群峰罗列，如屏如障，烟云变幻，颜色积翠堆蓝……就中最令人感动处，是小船半渡，游目四瞩，俨然四围是山，山外重山，一切如画。水深流速，弄船女子，腰腿劲健，胆大心平，危立船头，视若无事……在轻烟细雨里，一个外来人眼见到这种情形，必不免在赞美中轻轻叹息，天时常常是那么把山和水和人都笼罩在一种似雨似雾使人微感凄凉的情调里，然而却无处不可以见出"生命"在这个地方有光辉的那一面。①

其中，"各个都位置在最适当处"，使用的是南朝画论名家谢赫"论画六法"之"经营位置"②；"一切如画"则不仅指所见风景如画，更指向画中人物与山水之美一样，令人"在赞美中轻轻叹息"。这段描写出自《沅陵的人》，令人赞美的，是沈从文花费很大笔墨描写的修筑湘川公路的"画中人"——湘西女子。这些平时给人以和善朴素印象，多情如山鬼、神秘如云中君的女性，在"公民劳动服务"中毫不输于男子。她们"胸口前的扣花装饰，裤脚边的扣花装饰"，保持着"女子爱美的天性"，仿佛《镜花缘》女儿国中的人物③，激发人们深沉的敬意。而"危立船头，视若无事"的湘西女子置身于既属险境也是美景的自然之

①沈从文：《湘西·沅陵的人》，《沈从文全集》第 11 卷，第 353—354 页。
②引自〔唐〕张彦远撰，周晓薇校点：《历代名画记》，沈阳：辽宁教育出版社，2001 年，第 13 页。
③沈从文：《湘西·沅陵的人》，《沈从文全集》第 11 卷，第 354、350 页。

中,其美与险也指向抗战到来之际渲染着悲壮色彩的大好河山。这使整幅画面皴擦出历史的波涛声色,浸透着山水之子朴素而伟大的创造活动,"见出'生命'在这个地方有光辉的那一面",并因其埋没不彰,进一步引发作者"似雨似雾使人微感凄凉"的同情。这种描写达到的效果,也如谢赫"论画六法"之"骨法用笔"与"气韵生动"①,曝露沈从文充分调和画意与文意并使之对照互动,丰富了文学表现力与审美品质的笔墨所在。

然而也应看到,使用这种表现技巧,其本身也是通过改造、增补乃至"否定"宋元时期中国山水画的意境来实现的。上引为沈从文所揣摩学习的范宽、董源、夏圭、赵松雪等画家,他们的山水画更多体现了或风仪峭古,或空寂深幽,或平淡天真的审美意境,和现实的社会人生保持着相当大的距离。而从这些"人迹罕至"的画卷中读出、发现人生情味,是沈从文把现实人生提升到与山水美质同等高度的价值认识,并从一个特别的角度赋予它们美学上的意义。对绘画中人生情味的挖掘也关涉到沈从文对中国绘画史上更为古老的一种观念——和"文以载道"一样,文人画兴起之前的中国画论也曾主张"画以载道"。唐代张彦远《历代名画记》"叙画之源流"开宗明义就是:"夫画者,成教化,助人伦,穷神变,测幽微,与六籍同功。"②绘画与六经平起平坐,当然应该彰显它教化人伦的淑世理想和穷变测微的历史精神,否则就不足以发挥经世致用的"载道"功能。值此之故,和湘西山水相映成对的"宋人画本",又一反转成为需要

---

①引自〔唐〕张彦远撰,周晓薇校点:《历代名画记》,第 13 页。
②〔唐〕张彦远撰,周晓薇校点:《历代名画记》,第 1 页。

"反思批判"的"作品"：

　　石壁临江一面崭削如割切。河水深而碧，出大鱼，因此渔船也多。岩下多洞穴，可收藏当地人五月节用的狭长龙船。岩壁缺口处有人家，如为造物者增加画意……一切光景静美而略带忧郁。随意割切一段勾勒纸上，就可成一绝好宋人画本。满眼是诗，一种纯粹的诗。生命另一形式的表现，即人与自然契合，彼此不分的表现，在这里可以和感官接触。一个人若沉得住气，在这种情境里，会觉得自己即或不能将全人格融化，至少乐于暂时忘了一切浮世的营扰。现实并不使人沉醉，倒令人深思。越过时间，便俨然见到五千年前腰围兽皮手持石斧的壮士，如何经心设意，用红石粉涂染木材搭架到悬崖高空上情景，且想起两千年前的屈原，忠直而不见信，被放逐后驾一叶小舟飘流江上，无望无助的情景。更容易关心到这地方人将来的命运，虽生活与自然相契，若不想法改造，却将不免与自然同一命运，被另一种强悍有训练的外来者征服制驭，终于衰亡消灭。说起它时使人痛苦，因为明白人类在某种方式下生存，受时代陶冶，会发生一种无可奈何的痛苦。悲悯心与责任心必同时油然而生，转觉隐遁之可羞，振作之必要。目睹山川秀美如此，"爱"与"不忍"会使人不敢堕落，不能堕落。①

---

①沈从文：《湘西·泸溪·浦市·箱子岩》，《沈从文全集》第11卷，第375—376页。

其中,宋人画本"满眼是诗,一种纯粹的诗",映射的是湘西的山水意境;"生命另一形式的表现,即人与自然契合,彼此不分的表现",则是融化其中"乐于暂时忘了一切浮世的营扰"的湘西子民的"人格"。这是沈从文从"一切光景静美"的画幅中读出的"忧郁",对于纯粹审美画境的不满其实透露出对于静美生命形式的忧惧。犹如宋人画本纯粹如诗的品格无益于宋辽金一连串的国难一样,湘西人融化于自然的生活态度,在事变之亟的当下也难逃被"外来者征服制驭,终于衰亡消灭"的命运。因此绘画必须"化人穷变",湘西子民必须"深思现实",重张五千年前祖先的开辟精神和二千年前屈子即使"忠直而不见信"却仍然忠贞爱国的传统。

但是,"目睹山川秀美如此,'爱'与'不忍'会使人不敢堕落,不能堕落",沈从文的这番读"画"心态,又使人想起中国画史上一段不太为人提起的读画传统。那便是观睹江山如画而生起黍离之悲及收复河山的心志。北宋靖康之变后,不少南迁的文人打开前代的"宋人画本",往往从如诗意境中脱出,抚今追昔,产生失国之痛,其"爱"与"不忍"既催发痛苦的历史情愫,也传递反思、振作的愿力。

如范成大《题山水横看二首》之二:

> 霜入丹枫白苇林,横烟平远暮江深。
> 君看雁落帆飞处,知我秋风故国心。

陈与义《题画》:

分明楼阁是龙门,亦有溪流曲抱村。

万里家山无路入,十年心事与谁论。

　　生活在北宋末年,国土为北虏蚕食侵吞时期的张耒,在《题周文瀚郭熙山水》中写道:

洞庭碧落万波秋,说与南人亦自愁。

指点吴江何处是,一行鸿雁海山头。

他更在《题赵棨所藏赵令穰大年烟林二首》之二中呼唤:

枫林荻港白昼尽,落雁飞鸥尽日闲。

平远起君千里恨,清诗可要助江山。①

显示披览故国江山图画蕴含着复国中兴的心志,文艺必须有助于"还我河山"的经世题旨。这和《湘西》表现的对"画"沉思,若合符节。有识者认为,古代那些"兼具图史与词(诗)史的作品,不仅留存了一段宝贵的记忆,更可以让后人由此'直接'进入历史现场……这是鲜活的文学和艺术,也是冷峻的历史和思考"②。可以说,识画、懂画并且有兴趣把画意与文意鼎鼐调和的沈从文,也为这个"图史兼具诗史"的文艺样式,以及绘画、读画与题画(写作)的叙事传统,增添上精彩的一笔。

---

① 以上引自李德壎编著:《历代题画诗类编》上册,济南:山东教育出版社,1987年,第31—32、43、47页。

② 彭玉平:《编后记》,《中山大学学报(社会科学版)》2021年第5期。

作为一部抗战作品,《湘西》是"文章合为时而作"。关于它的题旨,沈从文了然于心:激励"民族前进的意志",使战火中的国家"不因之转而堕落"①。在 1944 年战事正酣的时候,他还希望已经离职驻美大使、滞留于美国的胡适,把"用我平时态度写战争,写我极熟习的湖南人对战争的种种……翻译成英文,似乎又很可能让国外读者对东方在应付战争的中国人生活与心情能脱离宣传味有所理解,这理解不仅有益于外国人,也有益于中国的"②。所以,虽然在抗战文学观上沈从文与倾向于中共的左翼作家有着尖锐的分歧,但《湘西》在题材、品类、风格与技术方面塑造了不一样的抗战文学品质,甚至寄望其对于世界反法西斯战争有所贡献,成为世界反法西斯文学统一战线的一个中国篇章。诚如作者所说,《湘西》是一部与一般通讯游记不一样的游历纪实作品③,即使以抗战复国、抗战建国为指归,仍不出之于直截的"宣传",而是笔之于精细的"文艺",使其"不仅是诗意的湘西,富裕的湘西,而且也是生气勃勃的湘西——抗战中的湘西"④,在服务现实与传承审美之间努力平衡,保持着"五四"新文学的姿态并延续它的香火。在沈从文自己的文学轨道上,《湘西》还代表着自我扬弃与变化。和临近时间创作的《湘行书简》《湘行散记》《长河》相比较,它和两个"湘

---

①沈从文:《怎样从抗战中训练自己——给沅州一个失学的青年》,《沈从文全集》第 14 卷,第 119 页。
②沈从文:《致胡适(1944 年 9 月 16 日)》,《沈从文全集》第 18 卷,第 433—434 页。
③沈从文:《湘西·引子》,《沈从文全集》第 11 卷,第 334 页。
④萧乾:《编者按》,沈从文:《湘西》,长沙:商务印书馆,1939 年。

行记"在名称上虽成系列,但其实貌合神离,而与《长河》有一致的追求,洵为姊妹篇①,可称为从"乡土文学(抒情)向寻根文学(历史)的衍化"的中间产品②,更关心现实并形之于富有自我特色的"历史叙事",显示了作家随时而变,调整写作方向的机敏。

①沈从文:《〈长河〉题记》,《沈从文全集》第 10 卷,第 6 页。
②吴宏聪:《沈从文的乡土情结——读〈边城〉与〈长河〉》,《吴宏聪自选集》,广州:广东人民出版社,2007 年,第 145 页。

主要参考文献

图书专著

〔西汉〕司马迁:《史记》,北京:中华书局,1982 年。

〔汉〕许慎撰,陶生魁点校:《说文解字》,北京:中华书局,2020 年。

〔三国魏〕曹丕著,易健贤译注:《魏文帝集全译》,贵阳:贵州人民出版社,2009 年。

〔三国魏〕曹植著,赵幼文校注:《曹植集校注》,北京:人民文学出版社,1984 年。

〔三国魏〕阮籍著,黄节注:《阮步兵咏怀诗注》,北京:人民文学出版社,1984 年。

〔晋〕郭璞注,〔清〕洪颐煊校,谭承耕、张耘点校:《山海经·穆天子传》,长沙:岳麓书社,1992 年。

〔梁〕萧统编,〔唐〕李善注,黄侃、黄焯校订:《黄侃黄焯批校昭明文选》,武汉:崇文书局,2022 年。

〔唐〕白居易著,喻岳衡点校:《白居易集》,长沙:岳麓书社,1992 年。

〔唐〕张彦远撰,周晓薇校点:《历代名画记》,沈阳:辽宁教育出版社,2001 年。

〔唐〕朱景玄著,吴企明校注:《唐朝名画录校注》,合肥:黄山书
　　社,2016 年。

〔宋〕欧阳修著,李逸安点校:《欧阳修全集》,北京:中华书局,
　　2001 年。

〔明〕宋应星:《天工开物》,明崇祯初刻本。

〔清〕方玉润撰,李先耕点校:《诗经原始》,北京:中华书局,
　　1986 年。

〔清〕梁章钜撰,于亦时点校:《归田琐记·南万柳堂》,北京:中
　　华书局,1981 年。

〔清〕吴大澂著,杜斌编著:《古玉图考》,北京:中华书局,2013 年。

〔清〕永瑢、纪昀等编修:《四库全书(文渊阁电子版)》,上海:上
　　海人民出版社、迪志文化出版有限公司,2004 年。

〔清〕张之洞:《增订輶轩语》,光绪乙未夏陕西学署刻本。

巴金、黄永玉等著:《长河不尽流——怀念沈从文先生》,长沙:
　　湖南文艺出版社,1989 年。

本集刊编辑部:《国立中央研究院历史语言研究所集刊》第 1 本
　　第 1 分,上海:商务印书馆,1928 年。

陈白尘:《陈白尘文集》第 6 卷,南京:江苏文艺出版社,1997 年。

陈春声主编:《学理与方法——蔡鸿生教授执教中山大学五十
　　周年纪念文集》,香港:博士苑出版社,2007 年。

陈平原、王枫编:《追忆王国维》,北京:中国广播电视出版社,
　　1996 年。

陈平原:《中国现代学术之建立——以章太炎、胡适之为中心》,
　　北京:北京大学出版社,1998 年。

陈寅恪:《陈寅恪集·讲义及杂稿》,北京:生活·读书·新知三

联书店,2017 年。

陈寅恪:《陈寅恪集·今明馆丛稿二编》,北京:生活·读书·新知三联书店,2017 年。

崔高维校点:《周礼·仪轨》,沈阳:辽宁教育出版社,1997 年。

戴明扬校注:《嵇康集校注》,北京:人民文学出版社,1962 年。

房弘毅书写,董雁、王惺卓释译:《赵孟頫书论全集》,北京:西苑出版社,2011 年。

冯友兰:《三松堂全集》,郑州:河南人民出版社,2001 年。

胡适著,季羡林编:《胡适全集》第 32 卷,合肥:安徽教育出版社,2003 年。

黄裳:《珠还记幸》,北京:生活·读书·新知三联书店,1985 年。

黄永玉:《比我老的老头》,北京:作家出版社,2003 年。

乐宝群:《画论汇要》,北京:故宫出版社,2022 年。

李敖主编:《齐民要术·唐伯虎全集·陶渊明集》,天津:天津古籍出版社,2016 年。

李德壎编著:《历代题画诗类编》,济南:山东教育出版社,1987 年。

李济著,张光直主编:《李济文集》第 3 卷,上海:上海人民出版社,2006 年。

李霖灿:《西湖雪山故人情——艺坛师友录》,杭州:浙江大学出版社,2011 年

李希泌、张椒华编:《中国古代藏书与近代图书馆史料(春秋至五四前后)》,北京:中华书局,1982 年。

李怡:《文史对话与大文学史观》,广州:花城出版社,2019 年。

郦国义等主编:《雅玩:文人与收藏》,上海:上海书店出版社,
　　2001年。

凌宇:《沈从文传》,北京:北京十月文艺出版社,1988年。

刘洪涛、杨瑞仁编:《沈从文研究资料》,天津:天津人民出版社,
　　2006年。

鲁迅:《鲁迅全集》第1卷,北京:人民文学出版社,2005年。

马德:《敦煌古代工匠研究》,北京:文物出版社,2018年。

孟悦、罗钢主编:《物质文化读本》,北京:北京大学出版社,
　　2008年。

齐东方、申秦雁主编:《花舞大唐春:何家村遗宝精粹》,北京:文
　　物出版社,2003年。

上海书店出版社编:《西清古鉴》,上海:上海书店出版社,
　　2023年。

沈从文著,张兆和等编:《沈从文全集》,太原:北岳文艺出版社,
　　2002年。

沈从文著,沈虎雏主编:《沈从文全集·补遗卷》,太原:北岳文
　　艺出版社,2020年。

宋文薰等主编:《考古与历史文化——庆祝高去寻先生八十大
　　寿论文集》,台北:正中书局,1991年。

孙机:《仰观集:古文物的欣赏与鉴别(修订本)》,北京:文物出
　　版社,2015年。

孙机:《中国古代物质文化》,香港:三联书店(香港)有限公司,
　　2016年。

汪曾祺:《汪曾祺文集·散文卷》,南京:江苏文艺出版社,
　　1994年。

汪曾祺:《我的老师沈从文》,郑州:大象出版社,2009年。

王国维:《王国维集》,北京:中国社会科学出版社,2008年。

王国维著,黄爱梅点校:《王国维手定观堂集林》,杭州:浙江教育出版社,2014年。

王珞编:《沈从文评说八十年》,北京:中国华侨出版社,2004年。

王世襄:《中国画论研究》,北京:生活·读书·新知三联书店,2013年。

王学珍、郭建荣主编:《北京大学史料》(第4卷,1946—1948),北京:北京大学出版社,2000年。

王亚蓉编:《沈从文晚年口述》,西安:陕西师范大学出版社,2003年。

王亚蓉编著:《章服之实:从沈从文先生晚年说起》,北京:世界图书出版公司,2013年。

闻一多:《闻一多选集》第2卷,成都:四川文艺出版社,1987年。

吴承学:《中国古代文体学研究》,北京:人民出版社,2011年。

吴宏聪:《吴宏聪自选集》,广州:广东人民出版社,2007年。

吴克敏:《国画的故事》,北京:故宫出版社,2018年。

吴企明:《诗画融通论》,北京:中华书局,2018年。

吴世勇编:《沈从文年谱(1902—1988)》,天津:天津人民出版社,2006年。

夏鼐、陈寅恪编:《中国科学院历史语言研究所集刊》第20本下册,上海:商务印书馆,1949年。

新文学选集编辑委员会编:《胡也频选集》,北京:开明书店,1951年。

徐城北:《直上三楼》,武汉:湖北人民出版社,2008年。

扬之水：《诗经名物新证》，天津：天津教育出版社，2007 年。

杨成志：《杨成志人类学民族学文集》，北京：民族出版社，
　2003 年。

俞剑华编著：《中国历代画论大观》，南京：凤凰美术出版社，
　2015 年。

张新颖：《沈从文的后半生：1948—1988》，桂林：广西师范大学
　出版社，2014 年。

张新颖：《沈从文精读》，上海：复旦大学出版社，2016 年。

张中行：《负暄琐话》，哈尔滨：黑龙江人民出版社，1986 年。

章鸿钊：《石雅》，天津：百花文艺出版社，2010 年。

郑振铎：《插图本中国文学史》，北平：朴社出版部，1932 年。

中国历史博物馆编：《中国历史博物馆 80 年》，北京：中国历史
　博物馆，1992 年。

周作人：《知堂杂诗抄》，长沙：岳麓书社，1987 年。

朱光潜等著，荒芜编：《我所认识的沈从文》，长沙：岳麓书社，
　1986 年。

〔美〕费正清著，阎亚婷等译：《费正清中国回忆录》，北京：中信
　出版集团股份有限公司，2017 年。

〔美〕金介甫著，符家钦译：《凤凰之子：沈从文传》，北京：中国
　友谊出版公司，2000 年。

〔美〕王德威：《想象中国的方法：历史·小说·叙事》，天津：百
　花文艺出版社，2016 年。

〔日〕小川利康、止庵编：《周作人致松枝茂夫手札》，桂林：广西
　师范大学出版社，2013 年。

报刊杂志

蔡鸿生:《唐代九姓胡贡品分析》,《文史》第 31 辑,北京:中华
　　书局,1988 年。

程光炜:《"鲁郭茅巴老曹"之说》,《南方周末》2001 年 9 月
　　29 日。

董志翘:《〈中国古代服饰研究〉在名物训诂方面的价值》,《淮
　　阴师范学院学报(哲学社会科学版)》2002 年第 5 期。

顾颉刚:《致中山大学文史两系同学书》,《国立中山大学日报》
　　1930 年 11 月 1 日。

郭沫若:《斥反动文艺》,《大众文艺丛刊》(香港)1948 年第
　　1 辑。

黄裳:《沈从文和他的新书——读〈中国古代服饰研究〉》,《读
　　书》1982 年第 11 期。

黄裳:《也说汪曾祺》,《读书》2009 年第 3 期。

解志熙:《爱欲抒写的"诗与真"——沈从文现代时期的文学行
　　为叙论(上)》,《中国现代文学研究丛刊》2012 年第 10 期。

解志熙:《爱欲抒写的"诗与真"——沈从文现代时期的文学行
　　为叙论(中)》,《中国现代文学研究丛刊》2012 年第 11 期。

解志熙:《爱欲抒写的"诗与真"——沈从文现代时期的文学行
　　为叙论(下)》,《中国现代文学研究丛刊》2012 年第 12 期。

金建陵:《田名瑜与沈从文的师生情谊》,《钟山风雨》2005 年第
　　2 期。

李军:《沈从文四张画的阐释问题——兼论王德威的"见"与
　　"不见"》,《文艺研究》2013 年第 1 期。

刘宜庆:《一封沈从文佚信中的文史交谊》,《中华读书报》2018

年 8 月 29 日。

刘志扬:《本土、区域与中国民族学人类学学科体系构建——中山大学百年西南民族研究回顾》,《广西民族大学学报(哲学社会科学版)》2019 年第 2 期。

罗义华:《梦断:沈从文"伟大中国文学作品"理想的寂灭及其内因》,《中山大学学报(社会科学版)》2019 年第 1 期。

孟晖:《沈从文"服饰研究"开创新的学术方向》,《北京青年报》2002 年 12 月 27 日。

彭玉平:《编后记》,《中山大学学报(社会科学版)》2021 年第 5 期。

钱世明:《读田名瑜〈送沈从文序〉》,《光明日报》2004 年 3 月 10 日。

钱仲联:《南社吟坛点将录》,《苏州大学学报(哲学社会科学版)》1994 年第 1 期。

田名瑜:《送沈从文序》,《南社湘集》1936 年第 6 期。

熊存瑞:《隋李静训墓出土金项链、金手镯的产地问题》,《文物》1987 年第 10 期。

徐中舒:《〈木兰歌〉再考》,《东方杂志》1925 年第 22 卷第 14 号。

扬之水:《"名物"之路不寂寞》,《羊城晚报》2018 年 9 月 1 日。

姚大荣:《木兰从军时地表微》,《东方杂志》1925 年第 22 卷第 2 号。

衣若芬:《"好古"思想之审美文化心态试论》,《中山大学学报(社会科学版)》2010 年第 2 期。

张海英:《论沈从文小说的气度与宋元文人画》,《中国文学研究》2001 年第 1 期。

钟叔河:《一封两千年前的情书》,《书屋》1999 年第 3 期。

周汝昌:《沈从文详注〈红楼梦〉》,《文汇报》2000 年 8 月 15 日。

周汝昌:《也谈"瓠觚斝"和"点犀盉"——关于〈红楼梦〉注释一
　　点商榷》,《光明日报·文学遗产》第 385 期,1961 年 10 月
　　22 日。

周作人:《一九三四年我所爱读的书籍》,《人间世》1935 年 1 月
　　5 日。

朱剑峰:《跨界与共生:全球生态危机时代下的人类学回应》,
　　《中山大学学报(社会科学版)》2019 年第 4 期。

邹建军:《论沈从文的诗美构成》,《理论与创作》1998 年第
　　6 期。

〔美〕王德威:《沈从文的三次启悟》,《凤凰文化》(网易)2019
　　年 7 月 22 日。

〔日〕津守阳:《从"气味"的追随者到"音乐"的崇拜者——沈从
　　文〈七色魇〉集的彷徨轨迹》,《汉语言文学研究》2016 年第
　　4 期。

后　记

这是本小书，还有点杂拌儿，但还是决定付梓。

我出生在湘西古丈县，成长在吉首市。从吉首到凤凰，通高速之前，走湘桂公路，盘山绕水，越陌度阡，车程两个多小时；通了高速以后，几乎一马平川，行车不过四五十分钟。可谓近也。

20 世纪 80 年代上中学，借改革开放春风，那时候有一大批现代文人学者，像"出土文物"一样浮出历史的地表，当中有个老乡沈从文，不仅是大作家，还是大学者。找来他的一些小说、散文读，把自己的知识水平，从"语文"提升到"文学"。

1988 年 5 月的一天，临近高考，我在那时吉首市唯一的一条公交线路的始发站候车，到离市区 10 公里地方的学校上学。公交站设在当时的邮电局边上，车未来时，我照例到邮电局的"阅报栏"前打发时间。猛地在《光明日报》上看到一则简讯：《一代名作家沈从文逝世》，心里不免咯噔一下。那时桐花开过，天微雨。

至今想不起是什么原因，那年我填报高考志愿，首选的竟然是考古专业。在厚厚几大本高校招生简章上几经翻找，只看到北京大学、吉林大学有考古学系，斗胆报了，结果考试成绩连重点线都没上，一切免谈。

后来一直读中文，从本科、硕士到博士，没有想过研究沈从文。

2005年后到中山大学读博、工作，因缘拜识了中文系老主任吴宏聪先生。吴宏聪先生是"文化大革命"之后复兴中国现代文学学科的有功之士，当时已年近九秩，对学术、文化抱有浓厚兴趣。他正在编订《吴宏聪自选集》，据他说，他还准备做一个"沈从文外传"的研究专题，有时让我代为查找一些资料。当他得知我来自湘西，和沈从文是同乡，对我的态度从熟识转为亲切。原来，在西南联大读书时，沈从文是他的老师，并且和杨振声一起，是他毕业论文的指导老师。杨、沈平生交谊师兼友，他们仨可谓是代序有传的。2007年，承蒙他惠赐一整套《沈从文全集》，似有寄意，使我再三思考之下，决定从一个较新角度研究沈从文，因为沈从文的研究成果已经汗牛充栋，假如不从一个新的角度入手，那么重复研究将是毫无意义的。现在，吴宏聪先生已经仙逝多年了，我也就只有这么一点文字。这些文字关乎沈从文的文学、文物（考古），兜兜转转，我似乎又回到了当年莫名其由的考古志愿，回到了湘西原点。何以使然？因缘之故。

2021年秋，我突然罹患严重眼疾，几乎失明。中山大学中文系主任，也是我所在学报编辑部主任、文科版主编彭玉平教授，为我的治疗和康复给予了太多太多的关心照顾。他断事明快准确，安排我的医事高效有条理，我最重要的一个手术，长达数小时，他是专门通过手机遥看了从手术室传输的全程直播的。我能够历险过关,恢复眼力,终于可以编订这些文字,彭老师的无私鼎力扶助是至关重要的。学报同事詹拔群君,在我目力尚弱的情况下,帮助整理书稿,尽心尽力,耗费了他不少八小时以外的时间。师、友的雪中送炭,令我心存感激。

南开大学的学术伉俪杨慧教授、芮欣教授,我们通过学术会议相识相知十多年。杨慧组织了一个学术活动"学灯论坛",持之以恒,逐渐产生较大影响,我们至少每年都要在论坛上见面一次。他们伉俪古道热肠,介绍拙著给中华书局的朱翠萍女史、罗华彤先生。大家都是学术出版人,非常亲切,朱翠萍女史和罗华彤先生为联系拙著的枣梨襄助甚力。责任编辑王贵彬先生严谨细致,耐心无比,他审订文稿,指正讹误,精编细辑,使拙著得以付刻梓行。我们是以文会友,对于诸位旧雨新朋,在此致以由衷的谢意。

这本小书非常有幸得到吴承学教授和李怡教授的不吝赐序,两位老师给予的勖勉之词,使我在惭愧之余,感到一种莫大的鼓励。吴承学老师对于我的工作、生活和理解学术、敬畏学术产生了无可替代的影响。当年我得以入职中山大学,成为一个中大人,端赖吴老师一人之力。在我罹患眼疾的两年里,吴老师经常通过微信关心我的病情。突然有一天,门铃响了,打开门一看,门口赫然站着的,是吴老师,那么热的天,那么大的学者来看我,令人动容。李怡老师则是我在中大学报的作者和专题文章主持人,在编辑论文与学术交往过程中,我都得到他的大力支持和帮助。在我看来,他们的大序,既是对小书作出的批评,帮助我更深一层地认识、理解这本小书,但扩而广之,也更像是两位老师"借题发挥",对于现代中国学和现代文学研究给予的重要启发和提示,鼓励研究者开拓视野与方法,充分发掘、利用史料开拓新境,进入历史深处作创新的研究。这使我在承教之余,也窃以为两序是对于学缘与情缘的记叙。于此我又想起吴老师讲过的一句话。他说,我们做学术编辑的并非不讲人情,编发的稿件不少就是学界认识甚至相熟同行的文章,但所谓讲人情,必须建立在学术质量的基础之上。吴老师的这句话是经常萦绕在我耳边的。每念及此,我就希望自己的些微研究成果,即使无甚深论,也要无负于学术之基本。现在,对于两位老师俯允赐序这件事,亦复如是。

　　最后,希望读到这本小书的读者,能进一步地增进对于沈从文和他所处时代的理解。

　　　　　2024 年中秋之夜于广州中山大学康乐园